"十三五"普通高等教育规划教材
全国财经类应用型本科院校通用教材

会计学基础（第2版）

主　编　伍瑞斌
副主编　覃士珍
参　编　刘喜明　梁宇华　余　伟
罗佩霞　薜国红　张　玉

中国财经出版传媒集团
中国财政经济出版社

图书在版编目（CIP）数据

会计学基础／伍瑞斌主编．—2版．—北京：中国财政经济出版社，2018.6（2023.2重印）
“十三五”普通高等教育规划教材　全国财经类应用型本科院校通用教材
ISBN 978－7－5095－8300－5

Ⅰ．①会…　Ⅱ．①伍…　Ⅲ．①会计学－高等学校－教材　Ⅳ．①F230

中国版本图书馆CIP数据核字（2018）第124168号

责任编辑：蔡　宾　　　　责任校对：胡永立
封面设计：邹海东

中国财政经济出版社出版
URL：http：//www.cfeph.cn
E－mail：cfeph＠cfeph.cn
（版权所有　翻印必究）
社址：北京市海淀区阜成路甲28号　邮政编码：100142
营销中心电话：010－88191537　北京财经书店电话：64033436　84041336
北京鑫海金澳胶印有限公司印刷　　各地新华书店经销
787×1092毫米　16开　17印张　412 000字
2018年8月第2版　2023年2月北京第3次印刷
定价：51.00元
ISBN 978－7－5095－8300－5
（图书出现印装问题，本社负责调换）
本社质量投诉电话：010－88190744
打击盗版举报热线：010－88191661　QQ：2242791300

再版说明

本教材自2013年9月出版以来，受到全国范围内院校师生的好评，本次再版前已印刷多次，取得了良好的社会效益和经济效益。但是，随着我国会计准则和相关会计法规的修订，以及会计从业资格证考试的取消，伴随着全国应用技术大学的兴起，广大读者对本教材也提出了更高的要求。为适应教学需要，全面提高本书的质量，我们对教材进行了一次修订。除了修正原书的疏漏之处，还一并吸收了当下最新的科研成果，充实了本书的内容。关于本教材的具体修订内容，特作以下几点说明：

第一，部分内容更新，风格保持原貌。按照最新税法，将制造业增值税的税率由17%调整到16%；同时对会计报表、部分会计科目，对账、结账等内容进行了更新。

第二，新增加“项目九　工作过程演练”内容，将最新工作过程系统化理念、载体、任务内容等真实案例写入教材，以培养学生应用型会计技能。同时删除原项目九和附件等内容。

第三，新增《基础会计示范课程》微信公众号 nnxyjckj，将教材相关的课件、试题、测试、案例分析、会计实训等内容放入其中，以配合教材使用，便于学生在线学习。

本教材由南宁学院伍瑞斌担任主编，覃士珍担任副主编。编写分工如下：伍瑞斌编写项目四、项目八任务4、项目七任务6、项目九；覃士珍编写项目二；刘喜明编写项目一；梁宇华编写项目三；余伟编写项目五；罗佩霞编写项目六；薛国红编写项目七任务1－5；张玉编写项目八任务1－3；伍瑞斌负责再版修订。

我们本着对读者负责和精益求精的精神，对原教材通篇进行了仔细斟酌和推敲，力求防止和消除一切瑕疵和错误。但由于水平所限，书中难免还会出现遗漏之处，敬请读者批评指正。同时借此机会，向使用本套教材的广大师生，向给予我们关心、鼓励和帮助的同行、专家学者致以由衷的感谢。

编者

2018年5月

目录

项目一　认识会计

项目二　会计等式与复式记账

项目三　制造型企业经济业务及借贷记账法的应用

项目四　填制和审核会计凭证

*项目九 工作过程演练

项目一
认 识 会 计

认知目标：

1. 了解会计的产生及其发展
2. 理解会计的基本概念和特点
3. 掌握会计的目标、对象与任务
4. 理解会计核算的基本前提和会计信息质量要求
5. 掌握会计核算的七项专门方法及其相互联系
6. 了解会计要素

学习重点与难点：

1. 会计概念的理解
2. 会计的核算基本前提和会计方法的理解
3. 会计对象、会计要素的区别与联系

任务一

会计的基本概念

引例

> 李芳准备到安宁公司当会计学徒，爸爸问："什么是会计?"李芳说："会计就是给职工发发工资，给单位记记账吧。"
> 问：什么是会计?

什么是会计，会计有什么特点，会计能够干什么，这些都是初学会计课程的人员非常关心的问题。会计是在社会生产实践中产生的，并随着社会经济的发展而发展，现代科技的发展使得会计的职能得到了进一步的扩展。

一、会计的发展历史

人类社会自从有了经济活动，计算和记录就成为必要，原始社会末期，有"结绳记事"，"刻木记数"等原始记录和计算的方法，这是会计的萌芽阶段。我国"会计"之职，最早设于西周，称为"司会"，主管钱粮赋税，并建立了"日成"、"月要"、"岁会"等报告文书，初步具备了旬报、月报、年报等会计报表的作用。清人焦循在《孟子正义·万章篇》中对"会计"一词的注释为："零星算之为计，总合算之为会。"

唐宋时期，随着生产力发展，逐步形成了一套记账、算账的古代会计结算法，即"四柱结算法"，亦称"四柱清册"。所谓"四柱"是指旧管（相当于"上期结存"）、新收（相当于"本期收入"）、开除（相当于"本期支出"）、实在（相当于"本期结存"）四个部分。"四柱结算法"把一定时期内财物收支记录，通过"旧管 + 新收 = 开除 + 实在"（即上期结存 + 本期收入 = 本期支出 + 本期结存）这一平衡公式加以总结，既可检查日常记账的正确性，又可系统、全面和综合地反映经济活动的全貌。这是我国古代会计的一个杰出成就，即使在现代会计中，仍然运用这一平衡关系。

明末清初，商业和手工业趋向繁荣，出现了以四柱为基础的"龙门账"，用以计算盈亏。把全部账目分为"进"（相当于各项收入）、"缴"（相当于各项支出）、"存"（相当于各项资产）、"该"（相当于资本及各项负债）四大类，运用"进 - 缴 = 存 - 该"的平衡公式计算盈亏，分别编制"进缴表"和"存该表"。在两表中计算求出的盈亏数应当相等，称为合"龙门"，以此勾稽全部账目的正误。在清代，随着资本主义生产关系的萌芽，又产生了"天地合账"，在这种方法下，账簿采用垂直书写，直行分为上下两格，上格记收，称为"天"；下格记付，称为"地"，上下两格所登记的数额必须相等，即所谓"天地合"。"四柱结算法"、"龙门账"和"天地合账"充分显示了我国历史上各个时期传统中式簿记的特色。其中，"龙门账"与"天地合账"都使用了复式记账方法。

19世纪中叶以后，以借贷复式记账法为主要内容的"英式会计"、"美式会计"传入我国，我国会计学者也致力于"西式会计"的传播。这对改革中式簿记，推行近代会计，促进我国会计的发展起到了一定的作用。中华人民共和国成立之后，国家在财政部设置了主管全国会计事务的会计司。实行高度集中的计划经济体制，引进了与此相适应的苏联计划经济会计模式，对旧中国会计制度与方法进行改造与革新。改革开放以后，为适应社会主义市场经济发展的需要，先后制定了《中华人民共和国会计法》、《企业会计准则》、《企业财务通则》和《企业会计制度》，强化了对会计工作的组织和指导。

从世界范围看，会计的发展也源远流长。据马克思的考察，早在原始印度公社时期，就已经出现了记账员，负责登记与农业生产相关的事项。奴隶社会的繁盛时期，出现了单式簿记法。到了封建社会，单式簿记法得到了充分发展。在奴隶和封建社会时期，由于商品经济尚不发达，会计主要是被政府部门用来记录、计算和考核钱物出纳等财政收支。从奴隶社会的繁盛时期到15世纪末，被称为古代会计时期，内部控制是古代簿记的重要特征。

在12世纪前后，意大利出现了复式记账法。15世纪末，即1494年，意大利数学家卢卡·帕齐利（Luca Pacioli）所著《算术、几何、比与比例概要》一书在威尼斯出版，本书对复式记账法做了系统的说明，为复式簿记在全世界的广泛流传奠定了基础。书中专设"簿记论"篇。《簿记论》的问世，标志着近代会计的开始，卢卡·帕齐利被称为"现代会计之父"。

18世纪末和19世纪初，英国爆发了工业革命，之后相继波及到其他西方国家。20世纪30年代，商品经济获得了长足的发展，企业规模日益壮大，所有权与经营权的分离逐渐成为企业经营的主要产权制度方式，这是现代会计的发展阶段。为满足内部管理者对会计信息的要求，管理会计逐渐与传统会计相分离，并形成了一个与财务会计相对独立的领域。现代管理会计的出现，是近代会计发展成为现代会计的重要标志，会计成为一门应用性学科，形成了财务会计和管理会计两大分支，会计标准和会计规范逐渐形成并不断完善。

二、会计的概念与特点

（一）会计的概念

通过会计的发展历史我们看到，会计是社会经济发展到一定阶段的产物，经济的发展推动了会计的发展。会计经历了一个由简单到复杂，由低级到高级的发展过程。关于会计的定义，是始终处在发展与变化中的，不同的历史时期人们对会计的认识是不同的。结合我国社会主义市场经济条件和会计的现代社会职能，我们给出会计定义如下：

会计是以货币为主要计量单位，以提供经济信息和提高经济效益为主要目标，采用专门的方法和程序，对企业、机关、事业单位和其他经济组织的经济活动进行连续、系统、综合、全面地核算和监督的一种经济管理活动。

关于会计的定义，中外会计界，许多学者提出了自己的观点，但是从来没有形成过一致的观点。现今，大致有以下四种提法：

（1）管理活动论。管理活动论的观点认为会计是指会计工作，是对能够用货币表现的经济事项，按特定的方法，予以计量、记录、分类、汇总和分析、评价。

（2）管理工具论。管理工具论的观点认为会计是指一种技术手段，是反映和监督生产过程的一种方法，是管理经济的一种工具。

（3）艺术论。所谓艺术论的观点认为会计是科学、能力和技巧的结合，旨在将具有或至少部分具有财务特征的交易事项，以具有意义的方式且用货币表示，予以记录、分类及汇总并解释由此产生的结果。

（4）信息系统论。所谓信息系统论的观点认为会计是一个信息系统，它预定输送给有关组织重要的财务和其他经济信息，以供信息使用者判断和决策之用。

（二）会计的特点

会计本质上是一种经济管理活动，具有以下特点：

（1）会计以货币作为主要计量单位。

（2）会计对经济活动所作的反映具有连续性、系统性、完整性和综合性。

（3）会计的核算职能与监督职能相结合。

（4）会计以提供经济信息和提高经济效益为主要目标。

阅读材料

根据《中华人民共和国会计法》第四章规定：

第二十七条　各单位应当建立、健全本单位内部会计监督制度。单位内部会计监督制度应当符合下列要求：

（一）记账人员与经济业务事项和会计事项的审批人员、经办人员、财物保管人员的职责权限应当明确，并相互分离、相互制约；

（二）重大对外投资、资产处置、资金调度和其他重要经济业务事项的决策和执行的相互监督、相互制约程序应当明确；

（三）财产清查的范围、期限和组织程序应当明确；

（四）对会计资料定期进行内部审计的办法和程序应当明确。

三、会计的职能

会计职能是指会计在经济管理中所具有的功能或能够发挥的作用，即人们在经济管理中用会计干什么。它集中体现着会计的本质。会计职能按其发展变化，分为基本职能和扩展职能。

1. 会计的基本职能

会计的基本职能是指会计本身所具有的最基本的功能和作用。《中华人民共和国会计法》确定的会计的基本职能是核算和监督。

会计核算职能也称会计反映职能，是指会计以货币为主要计量单位，通过确认、计量、记录、计算、报告等环节，对会计对象的经济活动进行记账、算账、报账，给有关方面提供会计信息的功能。

会计监督职能也称会计控制职能，是指会计按照一定的目的和要求，利用会计核算所提供的经济信息，对企业、机关、事业单位和其他经济组织的经济活动进行控制，使之达到预期目标。

会计核算职能是会计监督职能的基础，会计监督职能又贯穿于会计核算职能的全过程。会计核算是会计监督的依据，会计监督是会计核算的质量保证。两者相辅相成，既有独立要求，又紧密联系，缺一不可。

2. 会计的扩展职能

随着经济的不断发展，经济关系的复杂化和管理水平的不断提高，会计职能的内涵得到不断充实。会计的职能除了会计核算、会计监督这两大基本职能外，还包括会计预测、会计决策、会计控制和会计分析。这些职能从不同方面进一步强化了会计在经济管理中的职能作用。

【引例解答】

会计是以货币为主要计量单位，以提供经济信息和提高经济效益为主要目标，采用专门的方法和程序，对企业、机关、事业单位和其他经济组织的经济活动进行连续、系统、综合、全面地核算和监督的一种经济管理活动。

任务二

会　计　目　标

阅读材料

根据2006年新《企业会计准则——基本准则》第一章总则规定：

第四条　企业应当编制财务会计报告（又称财务报告，下同）。财务会计报告的目标是向财务会计报告使用者提供与企业财务状况、经营成果和现金流量等有关的会计信息，反映企业管理层受托责任履行情况，有助于财务会计报告使用者作出经济决策。

财务会计报告使用者包括投资者、债权人、政府及其有关部门和社会公众等。

一、会计的目标

会计的目标是指会计工作所要达到的终极目的。会计是整个经济管理的重要组成部分，会计的总体目标应当从属于经济管理的总体目标，或者说会计的总体目标是经济管理的总体目标下的子目标。人类在社会实践中运用会计的目的是要借助会计对经济活动进行反映和监督，为经营管理提供财务信息，并考核和评价经营责任，从而取得最大经济效益。经济效益是一个投入与产出进行比较的结果，在社会生产经营过程中，投入的价值量，经过价值运动要实现一定增值，收回的价值量与投入及消耗的价值量之比，就是经济效益。提高经济效益，就是在投入一定价值量的情况下，尽量争取收回更多的价值量，或者是在收回价值量一定的情况下，尽量减少投入的价值量。人类经济管理的总体目标是提高经济效益，作为经济管理重要组成部分的会计工作，理应以提高经济效益为最终目标。

在将提高经济效益为最终目标的前提下，我们还需研究会计的具体目标。财政部于2006年2月15日对外公布了修订后的《企业会计准则——基本准则》，新的会计准则第一次明确提出了“财务会计报告的目标”，第一章总则第四条指出：“财务会计报告的目标是向财务会计报告的使用者提供与企业财务状况、经营成果和现金流量等有关的会计信息，反映企业管理层受托责任履行情况，有助于财务会计报告使用者作出经济决策。”

企业进行会计工作的主要目标是满足会计信息使用者的信息需求，帮助会计信息使用者作出经济决策。因此，向会计信息使用者提供决策有用的会计信息是会计工作的基本目标。如果企业提供的财务会计报告对会计信息使用者的决策没有价值，财务会计报告就失去了其编制的意义。

在企业所有权和经营权相分离的情况下，企业管理层是受委托人之托对企业及其各项资产进行经营管理，负有受托责任，即企业管理层所经营管理的企业各项资产基本上均为所有者投入的资本，或者向债权人借入的资金形成的，企业管理层有责任妥善保管，并合理、有效地运营这些资产。因为企业的所有者、债权人等要及时或经常地了解企业经营管理层保管、使用资产的情况，以便评价企业管理层受托责任的履行情况和业绩情况，并决定是否需要调整投资或信贷政策，是否需要加强企业内部控制和其他制度建设，是否需要更换管理层等。因此，会计目标的内容是反映企业管理层受托责任的履行情况，以有助于评价企业的经营管理责任和资源使用的有效性。

二、会计信息使用者

会计信息是会计所提供各种资料的总称。会计信息使用者是指所有与企业存在利益关系的关系人，对会计信息的需求来自企业内部和外部两个方面。

会计信息企业内部的使用者包括企业管理者及内部员工。企业要实现其经营目标，必须对经营过程中遇到的重大问题进行正确的决策，而决策的正确与否，关系到企业的生存和发展。正确的决策通常是建立在客观、有用的会计信息的基础上，会计信息在企业决策中起着极其重要的作用。因此，企业会计应采用一定的程序和方法，将企业发生的交易或事项转化为有用的会计信息，以便为企业管理提供依据。

会计信息企业外部的使用者包括投资者（股东及其他形式的权益投资者）、借贷者（银行及其他形式的债权人）、供应商及客户、政府部门。企业在生产经营过程中必然与外界发生各种各样的经济关系，进行信息交流，因而凡是与企业存在这种经济关系的利益相关者都可能对企业的会计信息产生需求。

企业内外部的会计信息使用者都需要利用会计信息进行决策，且不同的会计信息使用者对会计信息的需求是不同的，会计只能为其提供通用的会计信息。一般来说，通用的会计信息可以归纳为：财务状况、经营成果以及相应的现金流量。

阅读材料

根据2006年新《企业会计准则——基本准则》第二章会计信息质量要求规定：

第十二条　企业应当以实际发生的交易或者事项为依据进行会计确认、计量和报告，如实反映符合确认和计量要求的各项会计要素及其他相关信息，保证会计信息真实可靠，内容完整。

第十三条　企业提供的会计信息应当与财务会计报告使用者的经济决策需要相关，有助于财务会计报告使用者对企业过去、现在或者未来的情况作出评价或者预测。

第十四条　企业提供的会计信息应当清晰明了，便于财务会计报告使用者理解和使用。

第十五条　企业提供的会计信息应当具有可比性。

同一企业不同时期发生的相同或者相似的交易或者事项，应当采用一致的会计政策，不得随意变更。确需变更的，应当在附注中说明。

不同企业发生的相同或者相似的交易或者事项，应当采用规定的会计政策，确保会计信息口径一致、相互可比。

第十六条　企业应当按照交易或者事项的经济实质进行会计确认、计量和报告，不应仅以交易或者事项的法律形式为依据。

第十七条　企业提供的会计信息应当反映与企业财务状况、经营成果和现金流量等有关的所有重要交易或者事项。

第十八条　企业对交易或者事项进行会计确认、计量和报告应当保持应有的谨慎，不应高估资产或者收益、低估负债或者费用。

第十九条　企业对于已经发生的交易或者事项。应当及时进行会计确认、计量和报告，不得提前或者延后。

三、会计信息质量要求

会计工作的主要目标是为了满足会计信息使用者的信息需求，帮助会计信息使用者作出经济决策。衡量会计信息质量的高低是评价会计工作成败的标准，为了规范企业会计确认、计量和报告行为，保证会计信息质量，我国最新颁布的《企业会计准则——基本准则》，对会计信息的质量要求有以下八项内容：可靠性、相关性、可理解性、可比性、实质重于形式、重要性、谨慎性和及时性。

1. 可靠性

可靠性又称真实性，是指会计核算提供的信息应当以实际发生的经济业务（交易或者事项）及表明这些经济业务发生的合法凭证为依据，如实反映财务状况和经营成果，保证会计信息真实可靠，内容完整。这是对会计信息最重要的质量要求。

2. 相关性

相关性是指企业提供的会计信息应当与财务会计报告使用者的经济决策需要相关，有助于财务会计报告使用者对企业过去、现在或者未来的情况做出评价或者预测。

3. 可理解性

可理解性也称清晰性，是指企业提供的会计信息应当清晰明了，便于财务会计报告使用者理解和使用。提供会计信息的目的在于使用，要使用就必须了解会计信息的内涵，明确会计信息的内容，如果无法做到这一点，就谈不上对决策有用。

4. 可比性

可比性是指企业提供的会计信息应当具有可比性。可比性包括两个方面：（1）纵向可比，即同一企业不同时期发生的相同或者相似的交易或者事项，应当采用一致的会计政策，不得随意变更。确需变更的，应当在附注中说明。（2）横向可比，即不同企业发生的相同或者相似的交易或者事项，应当采用规定的会计政策，确保会计信息口径一致、相互可比。

5. 实质重于形式

实质重于形式是指企业应当按照交易或者事项的经济实质进行会计确认、计量和报告，不应仅以交易或者事项的法律形式为依据。这是因为，有时候交易或者事项的法律形式并不能真实反映其实质内容，因此为了真实反映企业的财务状况和经营成果，就必须根据它们的实质和经济现实，而不是仅仅根据它们的法律形式进行核算和反映。

6. 重要性

重要性是指企业提供的会计信息应当反映与企业财务状况、经营成果和现金流量等有关的所有重要交易或者事项。

7. 谨慎性

谨慎性是指谨慎性原则又称稳健性原则、审慎性原则，是指企业对交易或者事项进行会计确认、计量和报告应当保持应有的谨慎，不应高估资产或者收益、低估负债或者费用。也就是说凡是可以预见的可能发生的损失和费用都应合理地予以估计、确认并记录，而没有确定把握的收入，则不能予以确认和入账，不抬高资产和收益也不压低负债和费用，进而有效地规避不确定因素带来的风险。如果某一项经济业务有多种处理方法可供选择，则应采取不导致夸大资产、虚增利润的方法。

8. 及时性

及时性是指企业对于已经发生的交易或者事项，应当及时进行会计确认、计量和报告，不得提前或者延后。

四、权责发生制

为实现会计目标，保证会计信息的有用性，正确划分各个会计期间的收入和费用，确定各个会计期间的损益，必须确定会计计量的基础。《企业会计准则——基本准则》第一章总则中第九条规定："企业应当以权责发生制为基础进行会计确认、计量和报告。"

权责发生制亦称应收应付制，是指企业以收入的权利和支出的义务是否归属本期为标准来确认本期收入和费用的一种会计处理方法。也就是以应收应付为标准，而不是以款项的实际收付是否在本期发生为标准来确认本期的收入和费用。在权责发生制下，凡属于本期实现的收入和发生的费用，不论款项是否实际收到或实际支出，都应作为本期的收入和费用入账；凡不属于本期的收入和费用，即使款项已在本期收到或付出，也不作为本期的收入和费用处理。

任务三

会　计　对　象

会计对象是指会计所要核算监督的内容，即会计所要核算监督的客体。这是对会计对象最一般、最概括的表述。实际上这句话并没有讲清楚会计对象究竟是什么，因为这个所要核算和监督的内容究竟是什么并没有明确表达，这样，我们就要对这个问题进行进一步讨论。

社会再生产过程包括生产、交换、分配、消费四个环节，是一个连续不断运动再生产的过程。在市场经济条件下社会再生产过程不但是物质资料的生产过程，而且也是价值的耗费、形成、实现、补偿和分配的过程。会计是以货币作为主要计量单位的。所以，社会再生产过程中，会计只能核算和监督其中能用货币表现的那部分经济活动。在我国，企业、机关、事业单位和其他组织经济活动的内容虽各不相同，但它们的所有财产物资都可以用货币的形式表现出来，并在生产经营和收支活动中不断发生变化，这些财产物资的货币表现及货币本身称为资金。因此，会计对象就是社会再生产过程中的资金运动。

企业与机关、事业单位的工作性质及其经济活动的内容不同，其会计对象的内容也有所不同。同样是企业，不同的行业，如工业企业、商业企业、农业、交通运输业，其会计对象的具体内容也有差异。下面我们就分别介绍一下不同单位的具体会计对象。

一、企业会计对象的内容

企业资金运动表现为三种类型：资金进入企业、资金在企业内部循环周转、资金退出企业。企业的经营活动内容主要是生产经营活动，投入企业的资金随着生产经营活动的进行而不断变化，经过采购、生产、销售三个阶段，周而复始地循环周转，直到资金退出企业。

任何事物的运动都有相对静止和显著变动两种形态，资金运动也不例外，也有静态和动态两个方面。我们先看一下企业资金运动的静态表现。

（一）企业资金运动的静态表现

企业资金运动的静态表现是指企业在一定时点上资金分布和存在形态，以及企业资金的取得和来源。资产是企业的资金占用，其分布和存在的形态主要是房屋及建筑物、机器设备、材料物资、在产品（或加工中商品）、产成品（或库存商品）、库存现金、银行存款以及结算过程中的应收及预付款项等，如图1－1所示。

- 企业资金分布和存在形态
  - 流动资产
    - 货币资金——现金及银行存款
    - 存货——在途物资、在产品、库存商品等
    - 结算债权——应收及预付
  - 非流动资产
    - 固定资产——房屋及建筑物、机器设备、在建工程等
    - 无形资产——专利权、商标权、非专利技术等

图1－1　企业资金分布和存在形态

企业资金的来源，其取得和形成的形态主要是投入资本、待分配利润、借款及结算过程中的应付、应交及预收款项等，如图1－2所示。

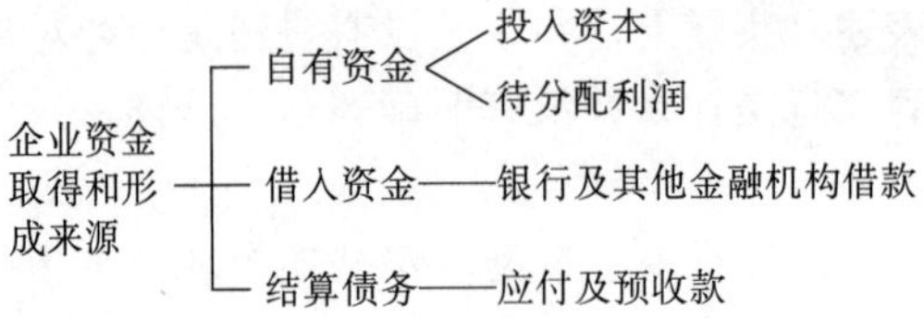

图 1－2　企业资产取得和形成来源

（二）企业资金运动的动态表现

企业资金运动的动态表现是资金的循环和周转。它反映企业在一定时期内资金在生产经营过程各阶段不断转变形态，周而复始的的循环周转。

1. 工业企业资金运动的动态表现

工业企业的资金运动表现为三种类型：资金进入企业、资金在企业内部循环周转、资金退出企业，如图 1－3 所示。

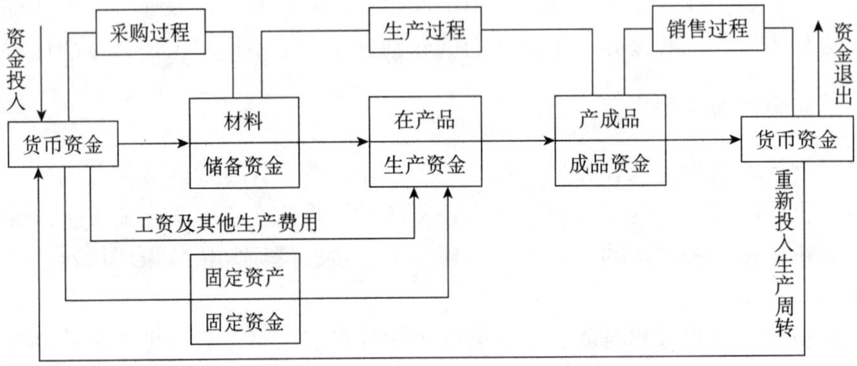

图 1－3　工业企业的资金运动图

（1）资金进入企业。工业企业要进行生产经营活动，就必须拥有一定数量的资金，即必须拥有一定数量的财产物资（包括厂房、机器设备、工具等劳动资料，以及原材料、在产品、产成品等劳动对象）和一定数量的货币资金。这些资金的来源渠道主要是企业所有者投资和向银行等金融机构筹资。当企业取得货币资金或财产物资时，资金就进入了企业。

（2）资金在企业内部循环周转。工业企业的生产经营过程分为采购、生产和销售三个阶段：

①采购阶段是生产准备阶段，企业用货币资金采购各种材料物资并储存待用，企业的资金由货币资金形态转化为储备资金形态。②生产阶段是工人运用劳动资料对劳动对象进行加工，生产出产品的阶段。生产阶段既是产品制造阶段，又是物化劳动和活劳动的耗费阶段。生产阶段是工业企业最主要的阶段。在生产过程中要发生各种耗费，包括材料耗费、支付工资、固定资产耗费和支付其他费用等。企业的资金先由储备资金形态转化为生产资金形态，进而再转化为成品资金形态。③销售阶段是产品价值的实现阶段。在销售阶段，企业要出售产品，收回货币。这时企业的资金又由成品资金形态转化为货币资金形态。工业企业的资金由货币资金开始，依次转化为储备资金、生产资金、成品资金，最后又回到货币资金的过程叫做资金循环。由于再生产过程不断地重复进行

而引起的资金的不断循环叫做资金周转。在企业经营资金的周转过程中，作为资金循环起点与终点的货币资金是不相等的，其差额形成利润或亏损。

（3）资金退出。当企业偿还借款、上缴税金、分配利润、抽减资本金后，部分资金将不再参加周转，而是退出了企业。因为销售产品取得货款，成本费用得到补偿，部分资金又重新进入生产经营过程，在企业内部循环周转。

工业会计对象是：由于经营资金的取得、运用和退出企业等经济活动所引起的各种资金占用和资金来源的增减变化情况；生产经营过程中各项费用支出和产品成本形成的过程；以及企业销售收入的取得和企业纯收入的实现、分配情况。

2. 商品流通企业资金运动的动态表现

商品流通企业的主要职能是组织商品流通。与工业企业相比，其资金运动较为简单，其经营过程仅有采购和销售两个阶段。在采购阶段，货币资金转化为商品资金；在销售阶段，商品资金又转化为货币资金。这样周而复始地循环下去，就形成了商品流通企业的资金周转。

商品流通企业会计对象是：经营资金的取得、周转和退出企业所组成的资金运动，如图1-4所示。

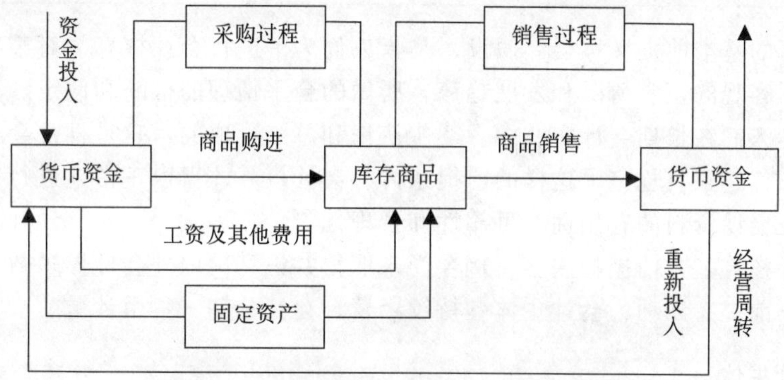

图1-4　商品流通企业的资金运动图

二、机关、事业单位会计对象的内容

机关、事业单位与企业不同，并不从事商品的生产和流通，是非营利性组织，其职责是完成国家赋予的各项任务。为了执行国家所赋予的任务，它们同样需要具备一定数量的财产作为完成国家所赋予任务的物质条件，也要消耗一定的人力、物力和财力（用货币表现即为行政和事业费用）。一般来说，机关、事业单位本身没有或只有很少一部分业务收入（可以抵补一部分国家预算拨款），因此，它的费用开支的来源主要靠国家预算拨款。机关、事业单位的经济活动，一方面按预算向国库取得货币资金，另一方面又按预算以货币资金支付各项费用，实际上就是对预算资金的一收一支，这就构成机关、事业单位的经济活动。即：预算资金的一收一支，资金不能实现周转。因此，机关、事业单位的会计对象可以概括为预算资金的收支或预算资金的运动。

任务四

会计核算的基本前提

阅读材料

根据2006年新《企业会计准则——基本准则》第一章总则规定：

第五条　企业应当对其本身发生的交易或者事项进行会计确认、计量和报告。

第六条　企业会计确认、计量和报告应当以持续经营为前提。

第七条　企业应当划分会计期间，分期结算账目和编制财务会计报告。会计期间分为年度和中期。中期是指短于一个完整的会计年度的报告期间。

第八条　企业会计应当以货币计量。

第九条　企业应当以权责发生制为基础进行会计确认、计量和报告。

会计核算的基本前提又称会计假设，是指人们为了进行会计核算，对某些未被确认的事物，根据客观的正常情况和发展趋势，所做的合乎情理的推断和假定。会计核算的基本前提，是人们在长期会计实践中，逐步认识和总结形成的。它是日常会计处理应当具备的前提条件，只有规定了这样的前提条件，会计核算才得以正常地进行。其最终目的是为了保证会计资料的有用性、可靠性和合理性。

关于会计核算基本前提的内容，迄今尚未取得共识，国内外会计界多数人公认的会计核算的基本前提有四项：会计主体、持续经营、会计分期、货币计量。

一、会计主体

我国《企业会计准则——基本准则》第一章总则第五条规定：“企业应当对其本身发生的交易或者事项进行会计确认、计算和报告。”这是对企业会计主体假设的描述。其基本含义是：会计确认、计量和报告是用来说明特定单位所发生的交易或事项，对该特定单位的各项生产经营活动的记录和反映应当与其所有者的活动、债权人的活动以及交易双方的活动相分离。

1. 会计主体的概念

会计主体是会计工作为其服务的特定单位和组织。会计主体假设规定了会计工作的空间范围，会计只能核算和监督其特定主体的经济活动，只能计量、记录和报告其特定主体的资金运动和结果。也就是说，会计核算是反映一个特定主体的经济活动，只计本主体的账。尽管单位本身的经济活动总是和其他单位和个人的经济活动相联系，但对会计来说，其核算的范围既不包括企业所有者本人，也不包括其他企业的经济活动。

2. 会计主体与法律主体的区别

会计主体与法律主体（经济上的法人）不是一个概念。一般来说，法律主体必然是会计主体，但会计主体并不一定就是法律主体。作为会计主体的特定单位，可以是一个法人单位，也可以是若干独立企业组织起来的、需要编制合并财务报表的公司或企业集团，还可以是不具备法人资格的经济实体（如企业、机关、事业单位下属的二级核算单位）。典型的会计主体是企业。

将会计主体作为会计的基本假设，对会计核算的范围从空间上进行了有效的界定，有利于正确地反映一个经济实体所拥有的财产及承担的债务，计算其经营成果，提供准确的财务信息。

二、持续经营

我国《企业会计准则——基本准则》第一章第六条规定："企业会计确认、计量和报告应当以持续经营为前提。"这就是对企业持续经营假设的描述，其基本含义是：企业会计确认、计量和报告的前提条件为：企业的经营活动将按照现在的形式和既定的目标无限期地继续下去，在可以预见的将来，不会进行破产清算。

持续经营是会计主体的经营活动将无限期地延续下去，在可以预见的将来不会因破产、清算、解散而不复存在。会计主体所持有的资产将按照预定的目标，在正常的经营过程中被耗用、出售或转让，它所承担的债务也将如期偿还。由此，会计主体才可能采用历史成本来确认、计量其资产等要素，使会计核算与报告系统处于稳定状态。这一假设规定了会计工作的时间范围。

在市场经济条件下，激烈的市场竞争使企业被淘汰、兼并的可能性随时存在，但这仅仅是一种可能性，会计处理如果以这种可能性为依据来进行，就会给会计工作带来很大的困难。既然不能确切地肯定一个会计主体何时会破产、解散，那么就不如假定它可以无限期地持续经营下去。这种假定的合理性在于：第一，每个企业都有长期生存下去的愿望，为企业服务的会计以企业的愿望为假定前提，是顺理成章的；第二，就大多数企业来说，它们是会持续经营下去的，破产清算的只是少数。

持续经营假设可以与会计主体假设结合为：会计要为特定的会计主体在不会面临破产清算或解散的情况下进行会计核算。

三、会计分期

我国《企业会计准则——基本准则》第一章第七条规定："企业应当划分会计期间，分期结算账目和编制财务会计报告。会计期间分为年度和中期。中期是指短于一个完整会计年度的报告期间。"这是对企业会计分期假设的描述。

1. 会计分期的概念

会计分期是指把会计主体持续不断的经营活动划分为若干连续的，长短相同的会计期间。会计分期这一会计假设是从持续经营会计假设引申出来的。会计分期假设的基本含义是：将持续经营活动期间划为较短的相对等距的会计期间。这样便于对会计主体的经营状况进行及时、连续的反映。

2. 会计期间的划分

会计主体的经营活动从时间上来看是持续不断的，需要将持续不断的经营过程划分为若干期间，以便核算资金运动，报告经营成果，定期为会计信息使用者提供信息。企业会计期间划分的长短会影响其损益的确定，一般来说会计期间划分的越短，反映企业经济活动的会计信息就越不可靠。如果将企业从成立到关闭作为会计期间，会计信息最真实、可靠，但是这是大多数投资者和其他会计信息使用者都不可能同意的。因此，会计期间划分的不可能太长，否则会影响会计信息使用者对会计信息的需求，恰当划分会计期间是非常必要的。一般使用公历的一年作为尺度，叫做会计年度，会计年度确定后，一般按日历确定会计半年度、会计季度和会计月度。

会计期间是人为划分的，目前世界各国会计年度的划分大致有六种形式：

（1）三月制。即以从公历每年 3 月 1 日至次年 2 月的最后一天为一个会计年度，如土耳其、阿富汗、以色列等国。

（2）四月制。即以从公历每年 4 月 1 日至次年 3 月的 31 日止为一个会计年度，如英国、加拿大、日本、印度等国。

（3）七月制。即以从公历每年 7 月 1 日至次年 6 月 30 日止为一个会计年度，如瑞典、瑞士、澳大利亚等国。

（4）十月制。即以从公历每年 10 月 1 日至次年 9 月的 30 日止为一个会计年度，如美国、墨西哥、泰国等国。

（5）公历制。即以从公历每年 1 月 1 日至当年 12 月 31 日止为一个会计年度，如俄罗斯、德国、法国等。因为以日历年度为会计年度，适应人们的历史习惯，所以用公历制为会计年度的国家或地区最多。

（6）特殊制。有些国家或地区不以公历制的月份或年度为会计年度，而是确定一个特殊的时间区间为“会计年度”，如伊朗以从公历每年 3 月 21 日至次年 3 月 20 日止为一个会计年度；埃塞俄比亚以从公历每年 7 月 8 日至次年 7 月 7 日止为一个会计年度。

我国的会计年度采用公历制。《中华人民共和国会计法》第一章第十一条规定：“会计年度自 1 月 1 日起至 12 月 31 日止。”

会计分期假设可以与前两条假设结合为：会计要为特定的会计主体在不会面临破产清算或解散的情况下分期进行会计核算。

四、货币计量

我国《企业会计准则——基本准则》第一章第八条规定：“企业会计应当以货币计量。”这是对企业货币计量的描述。

1. 货币计量的概念

货币计量是指会计主体在会计核算过程中应采用货币作为计量单位，进行计量、记录和报告会计主体的经营活动，并假定在不同时期货币本身的币值不变。货币计量假设包含两层含义：一是一切作为会计事项的经济活动均能用货币计量；二是假定货币币值是稳定不变的。货币计量的假设是对会计计量手段和方法的规定。

2. 会计计量是会计记录的前提

会计主体可能发生各种各样的经济活动，不同特点的经济活动可以用不同的计量单位进行计量，当这些计量单位不能统一时，就无法进行汇总、比较。为了全面完整反映会计主体的经营活动，会计核算需要有统一的计量尺度。在商品经济条件下，货币作为特殊的商品，是商品的一般等价物，是衡量一切商品价值的共同尺度，最适合充当这种统一的计量尺度。选择货币作为会计核算的计量单位，可以以货币形式反映会计主体经营活动的全过程和全貌。同时，由于以货币作为会计计量的统一尺度，这就决定了会计核算的对象，只限于那些能够用货币计量的经济活动。

货币计量以货币价值不变、币值稳定为条件，对于货币购买力的波动不予考虑。因为只有在币值稳定或相对稳定的情况下，不同时点的资产的价值才具有可比性，不同时间的收入和费用才能进行比较，才能计算确定其经营成果，会计核算提供的会计信息才能客观、可靠地反映会计主体的经营状况。但是，货币本身的币值是不稳定的，币值变动时有发生，也就是说，货币并不是一个充分稳定的计量单位。这就需要假定币值不变。

《中华人民共和国会计法》第二章第十二条规定，“会计核算以人民币为记账本位币。业务收支以人民币以外的货币为主的单位，可以选定其中一种货币作为记账本位币，但是编报的财务会计报告应当折算为人民币。”

我国在境外设立的企业，通常用当地币种进行日常会计核算，但向国内编报会计报表时，应当折算为人民币。

货币计量假设可以与前三条假设结合为：一是会计以货币为主要计量单位；二是为特定的会计主体在不会面临破产清算的情况下；三是分期进行会计核算。

任务五

会计核算方法

阅读材料

根据《中华人民共和国会计法》第二章会计核算第九条规定：

各单位必须根据实际发生的经济业务事项进行会计核算，填制会计凭证，登记会计账簿，编制财务会计报告。任何单位不得以虚假的经济业务事项或者资料进行会计核算。

会计的方法是指为了发挥会计职能，实现会计目标而采取的技术手段。要做好会计工作，必须运用一系列专门的方法来对企业、机关和事业单位的资金运动进行连续、全面、系统、综合的反映和监督。随着会计核算和监督的内容日趋复杂以及经济管理对会计不断提出新的要求，会计的方法也在不断地改进和发展。目前，会计方法主要包括会计核算方法、会计分析方法和会计预测方法等。

会计核算是会计的最基本环节，会计核算方法是最基本、最主要的方法。会计学基础主要涉及会计核算方法。

会计核算的方法是指对会计主体已发生的经济活动进行完整、连续、系统的记录和计算，为经营管理提供必要的会计信息所应用的方法。主要包括：设置账户、复式记账、填制和审核凭证、登记账簿、成本计算、财产清查、编制会计报表。

一、设置账户

账户是对会计对象的具体内容分门别类进行记录、反映的工具。设置账户就是根据国家统一规定的会计科目和经济管理要求，科学地建立账户体系的过程，是对会计对象的具体内容进行归类反映和监督而采用的一种会计专门方法。会计对象的具体内容复杂繁多，为了对各种不同的内容分别进行反映和记录，在进行会计核算之前，必须将复杂繁多的会计对象的具体内容进行科学的分类，划分为若干项目，即为会计科目，据此设置若干个会计账户，以便取得经营管理所需要的各种不同性质的核算指标。每个会计账户只能反映一定的经济内容，这样就可以使所设置的账户既有分工又有联系地反映整个会计对象的内容，提供管理所需要的各种会计信息。

二、复式记账

在账簿中记录经济业务，必须要使用一定的记账方法，在会计工作的实践中，逐渐产生了一种复式记账的专门方法。复式记账是相对单式记账而言的，复式记账是对每笔经济业务，都以相等的金额同时在两个或两个以上相互关联的账户中进行登记的一种专门方法。在单位的资金运动过程中，任何一项经济业务都会引起资金的双重（或多重）变化。为了全面反映每一项经济业务所引起的这种双重（或多重）变化，就必须以相等的金额在两个或两个以上相互关联的账户中同时进行登记，使每一项经济业务所涉及的两个或两个以上账户之间产生对应关系；同时对应账户中所记录的金额又平行相等；通过账户之间的对应关系，可以了解经济业务的内容；通过账户之间的平行关系，可以检查有关经济业务的记录是否正确。例如，安宁公司用600元现金购买原材料。这笔经济业务，一方面引起库存材料的增加，需要在“库存材料”账户中记增加600元；另一方面又引起现金的减少，需要在“库存现金”账户中记减少600元。“库存材料”和“库存现金”相互联系地分别记入600元。采用复式记账的方法，可以如实地、完整地记录资金运动的来龙去脉，全面地反映单位的经济活动。

三、填制和审核凭证

填制和审核凭证是为了审查经济业务（或称会计事项）是否合理合法，保证会计记录完整、可靠而采用的一种专门方法。单位的资金运动是由一项项具体的经济业务所构成的，每项经济业务的发生或完成，都会使单位的经济状况或资金形态发生变化。对于这些经济业务所引起的经济状况或资金形态变化，需要填制或取得原始凭证。会计凭证是记录经济业务、明确经济责任的书面证明，是登记账簿的重要依据。对已经填制和取得原始凭证的经济业务，会计人员要对填制和取得的原始凭证进行审核，对其记载的经济内容及数据进行辨认，审查其是否合理、合法。

填制和审核凭证是会计核算工作的第一步，只有填制并审核无误的会计凭证，才会使记账有真实可靠的依据。填制和审核凭证既是会计信息处理的一个环节，也是实施会计监督的一种方式。

四、登记账簿

登记账簿又称记账，是把所有会计对象的具体内容，按经济业务发生的顺序，以审核无误的会计凭证为依据，在账簿上全面地、系统地、连续地记录的一种专门方法。账簿是用来全面、系统、连续地记录经济业务的簿籍，也是保存会计信息的重要工具。它有一定的格式，应该利用所设置的账户和复式记账的方法，根据审核无误的会计凭证，序时、分类地进行登记。账簿登记后，还应定期计算和累计各项核算指标，并定期结账和对账，使账证之间、账账之间保持一致。账簿所提供的数据资料，是编制财务会计报告的主要依据。

五、成本计算

成本计算是指在生产经营过程中，按一定成本对象，归集和分配所发生的费用支出，从而计算各个成本对象的总成本和单位成本的一种专门方法。这一专门方法主要是在企业会计中采用的。在企业中，生产过程同时也是消耗过程，为了核算经营过程中各个阶段的费用支出，需要将各个阶段发生的费用支出按照一定的对象加以归集、计算。例如，在工业企业中，供应阶段所发生的费用，要按材料的品种来归集、计算；生产阶段所发生的费用，要按在产品、产成品品种来归集、计算；销售阶段所发生的费用，按售出产品的品种来归集。同样，在商业企业中，需要计算商品的购进和销售成本；在建筑安装施工企业中，需要计算材料、器材的采购成本和工程的施工成本等等。

通过成本计算可以正确地对会计核算对象进行计价，可以考核经济活动过程中物化劳动和活劳动的耗费程度，为在经营管理中正确计算盈亏提供数据资料。并且，促使企业寻求节约支出和降低成本的途径，从而不断降低成本，增加经营盈利。

六、财产清查

财产清查是通过实物盘点、往来款项核对来检查财产物资实有数额，并查明实有数与账存数是否相符的一种专门方法。由于种种原因，财产物资的账面记录往往与实际结存情况不一致，因而，在日常会计核算过程中，为了保证会计信息真实、正确，必须定期或不定期地对各项财产物资和往来款项进行清查、盘点和核对。在清查中，如果发现账实不符，应及时查明原因，通过一定的审批手续，及时调整账簿记录，使账面数额与实存数额保持一致，做到相符。通过财产清查，还可以查明各项财产物资的保管和使用情况，改进财产物资的管理，挖掘物资潜力，进一步提高资金的使用效果。总之，财产清查对于保证会计核算资料的真实性和正确性，监督财产的安全与合理使用等都具有重要的作用。

七、编制财务会计报告

财务会计报告是指单位对外提供的反映单位在某一特定日期财务状况和某一会计期间经营成果、现金流量等会计信息的文件。年度、半年度财务会计报告包括：会计报表、会计报表附注、财务情况说明书，季度、月度财务会计报告通常仅指会计报表。

编制财务会计报告是将账簿记录内容定期地加以分类、整理和总结，形成会计信息使用者所需要的会计信息的过程。会计信息使用者的需要主要有两个方面：某一特定时期内，单位的经营成果和盈利能力；在某一特定日期单位的财务状况。

财务会计报告所提供的一系列会计核算指标，不仅是分析考核财务计划和预算执行情况，编制下期财务计划和预算的重要依据，也是进行经营决策和国民经济综合平衡工作必要的参考资料。

从填制会计凭证到登记账簿，再根据账簿记录编制出财务会计报告，一个会计期间的会计核算工作即告结束，然后按照上述程序进入新的会计期间，如此循环往复，直至企业停业清算。

上述各种会计方法，是相互联系、密切配合的一个完整体系。在实际会计工作中，一般要全面地、正确地、相互联系地加以应用。对于日常发生的各项经济业务，首先要填制和审核凭证，按照所设置的账户，采用复式记账的方法在有关的账簿中进行登记，还要对生产经营过程中所发生的费用进行成本计算，会计期间届满，要进行结账和对账，要定期、不定期地进行财产清查，在保证账实相符的基础上，定期编制财务会计报告。

在会计核算方法体系中，就其主要工作程序有三个环节：填制和审核凭证、登记账簿和编制财务会计报告。简称为"会计凭证──→账簿（账户）──→财务会计报告"，即会计基本模式。以上各种方法之间的关系，如图 1－5 所示。

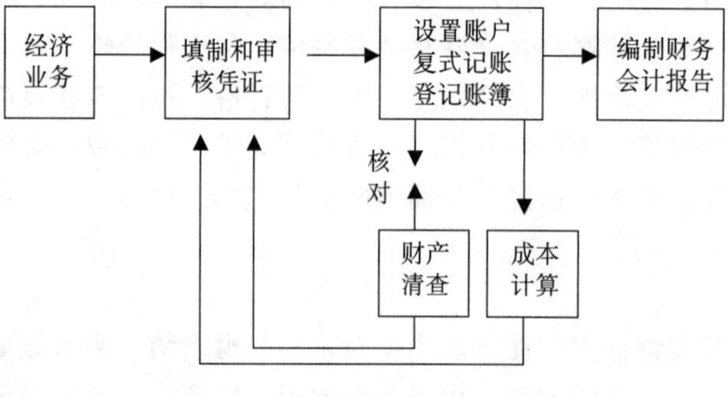

图 1－5　会计核算方法关系图

任务六

会　计　要　素

阅读材料

根据 2006 年新《企业会计准则——基本准则》第一章总则要求规定：

第十条　企业应当按照交易或者事项的经济特征确定会计要素。会计要素包括资产、负债、所有者权益、收入、费用和利润。

本项目中任务三曾经提到，会计对象是会计再生产过程中的资金运动。这一概念过于抽象。会计对象的内容繁多，涉及面广。为了便于会计核算，必须对会计对象的具体内容进行适当的分类。这样不仅有利于对不同经济类别进行确认、计量、记录和报告，而且为设置会计科目和设计财务会计报表提供依据。这种分类的类别，在会计上称为会计要素。

会计要素，是对会计对象所做的基本分类，是会计对象的具体构成因素，是会计用以反映财务状况，确定经营成果的基本单位。

会计要素应当按交易或事项的经济特征确定。机关、事业单位的会计要素由资产、负债、净资产、收入和支出五项构成。其中，前三项反映了单位资金收支活动的静态表现；后两项反映了单位资金收支活动的动态表现。

根据《企业会计准则——基本准则》第一章第十条规定，会计要素包括资产、负债、所有者权益、收入、费用和利润，共六项。由于企业财务会计报表的内容主要分为反映财务状况和反映经营成果两个方面，因此，企业会计要素也相应地分为反映财务状况的会计要素（又称资产负债表要素）和反映经营成果的会计要素（又称利润表要素）。前者包括资产、负债、所有者权益；后者包括收入、费用和利润。

本节重点阐述企业单位的会计要素。

一、资产

资产是指企业过去的交易或者事项形成的、由企业拥有或控制的，预期会给企业带来未来经济利益的资源。

符合以上资产定义的资源，在同时满足以下两个条件时，确认为资产：①与该资源有关的经济利益很可能流入企业；②该资源的成本或价值能够可靠地计量。

（一）资产的特征

1. 资产由过去的交易或者事项形成

也就是说，资产必须是现实的资产，而不能是预期的资产，是企业在过去一个时期里，通过交易或事项所形成的，是过去已经发生的交易或事项所形成的结果。“过去发生”原则在资产定义中占举足轻重的地位。这是传统会计的一个显著特点。企业过去的交易或者事项包括购买、生产、建造行为或其他交易或者事项。预期在未来发生的交易或者事项不形成资产。

2. 资产必须由企业所拥有或控制

会计并不计量所有的资源，而仅计量在某一会计主体拥有或控制下的资源。所谓拥有是指企业享有某项资源的所有权，而所谓控制是指虽然不享有某项资源的所有权，但该资源能被企业所控制，如融资租入固定资产等。

3. 资产应该预期会给企业带来经济利益

资产应该具有可以直接或者间接导致现金和现金等价物流入企业的潜力。这是资产的本质所在。企业的一些已经不能带来未来经济利益流入的项目，如陈旧毁损的没有实际价值的实物资产、已经无望收回的债权等都不能再作为资产来核算和呈报。

4. 资产必须能以货币计量

不能确认其价值的资源不能确认为资产。可计量性是所有会计要素确认的重要前提，资产的确认也是如此。只有当有关资源的成本或者价值能够可靠地计量时，资产才能予以确认。在实务中，企业取得的许多资产都是发生了实际成本的。例如，企业购买或者生产的存货、购置的厂房或设备等，对于这些资产，只要实际发生的购买成本或者生产成本能够可靠计量，就视为符合了资产确认的可计量条件。

（二）资产的构成

企业的资产按其流动性的不同可以分为流动资产和非流动性资产（或长期资产）。

1. 流动资产。

流动资产是指可以在一年内或者超过一年的一个营业周期内变现或耗用的资产。主要包括库存现金、银行存款、短期投资、应收及预付款项、存货等。所谓变现，就是转化为现金（货币资金），例如，收回应收账款及预付款项、销售商品收回货款等；所谓耗用，指的是在生产经营过程中的消耗使用，例如，原材料被生产部门领用。

2. 非流动资产

非流动资产是指一年以上或超过一年的一个营业周期以上才能变现或被耗用的资产。如长期股权投资、固定资产、无形资产和长期待摊费用等。其中：固定资产是指使用年限在一年以上，单位价值在规定标准以上，并在使用过程中保持其原有实物形态的资产。如房屋及建筑物、机器设备、运输设备、工具器具等。无形资产是指企业拥有或者控制、没有实物形态的可辨认非货币性长期资产。包括专利权、非专利技术、商标权、著作权、土地使用权等。长期待摊费用是指企业已经发生但应由本期和以后各期负担的分摊期限在一年以上的各项费用，如固定资产大修理支出、以经营租赁方式租入的固定资产发生的改良支出等。

二、负债

负债指企业过去的交易或者事项形成的、预期会导致经济利益流出企业的现实义务。

符合以上负债定义的义务，在同时满足以下两个条件时，确认为负债：①与该义务有关的经济利益很可能流出企业；②未来流出的经济利益的金额能够可靠地计量。

（一）负债的特征

1. 负债由过去的交易或者事项形成

只有企业实际已经承担了相应的义务时，才能在会计处理中确认这项负债。而未来的经济业务，例如公司董事会宣布今年下半年发行债券，宣布当日并不产生现存的经济责任，因而不属于企业负债。“过去发生”原则在负债定义中也占有举足轻重的地位。这也是传统会计的一个显著特点。

2. 负债是将来某个时日履行的强制性责任

这种强制性源于相关的法律、合同等的规定。强制性规定包括负债的金额、偿还时间、利率及不能按时偿还的惩罚措施等。

3. 负债的清偿预期导致经济利益流出企业

负债的清偿意味着企业的经济利益的牺牲，企业可以用现金偿还、以实物资产偿还或以提供劳务偿还。现在的负债代表着企业将来经济利益的付出，将会导致企业资产的减少。

4. 负债金额能用货币计量或估计

企业对当地政府的一些承诺，包括社会治安、计划生育、环境卫生、居民就业等，无法用货币计量，不属于负债。

（二）负债的构成

负债通常是按照流动性进行分类的。这样分类的目的在于了解企业流动资产和流动负债的相对比例，大致反映出企业的短期偿债能力，从而向债权人揭示债权的相对安全程度。负债按照流动性不同，可以分为流动负债和非流动负债（长期负债）。

1. 流动负债

流动负债是指将在一年或者超过一年的一个营业周期内偿还的债务，包括短期借款、应付票据、应付账款、预收账款、应付职工薪酬、应付利息、应交税费、其他应付款等。

2. 非流动负债

非流动负债是指偿还期在一年以上或者超过一年的一个营业周期以上的债务，包括长期借款、应付债券、长期应付款等。

三、所有者权益

所有者权益又称股东权益，是指企业资产扣除负债后由所有者享有的剩余权益。所有者权益在数值上等于企业全部资产减去全部负债的余额，其实质是企业从投资者手中所吸收的投入资本及其增值，同时也是企业进行经济活动的"本钱"。

（一）所有者权益的特征

（1）所有者仅对企业的净资产享有所有权，净资产是资产减去负债后的余额。

（2）所有者权益不是一个独立的要素，其金额的确认、计量依赖于资产和负债。

（二）所有者权益的构成

所有者权益的来源包括所有者投入的资本、直接计入所有者权益的利得和损失、留存收益等，通常由实收资本、资本公积、盈余公积和未分配利润构成。

（1）所有者投入的资本包括实收资本（或者股本）和资本公积。

（2）直接计入所有者权益的利得和损失，是指不应计入当期损益、会导致所有者权益发生增减变动的、与所有者投入资本或者向所有者分配利润无关的利得或者损失。利得是指由企业非日常活动所形成的、会导致所有者权益增加的、与所有者投入资本无关的经济利益的流入。损失是指由企业非日常活动所发生的、会导致所有者权益减少的、与所有者分配利润无关的经济利益的流出。

（3）留存收益主要包括盈余公积和未分配利润。

（三）所有者权益与负债的区别

所有者权益和负债同属权益，都是对企业财产的要求权，也都体现企业的资金来源，但两者之间有着本质的区别：

（1）负债是企业对债权人所承担的经济责任，企业负有偿还义务；而所有者权益则是企业对投资人所承担的经济责任，在一般情况下是不需要归还给投资者的。

（2）债权人只享有按期收回利息和债务本金的权利，而无权参与企业的利润分配和经营管理；投资者则既可以参与企业的利润分配，也可以参与企业的经营管理。

（3）在企业清算时，负债拥有优先求偿权；而所有者权益则只能在清偿了所有的负债以后，才返还给投资者。

四、收入

收入是指企业在日常活动中形成的，会导致所有者权益增加的、与所有者投入资本无关的经济利益的总流入。收入只有在经济利益很可能流入从而导致企业资产增加或者负债减少，且经济利益的流入额能够可靠计量时才能予以确认。

（一）收入的特征

（1）收入从企业的日常活动产生，而不是从偶发的交易或事项中产生（如出售固定资产）。

（2）收入可能表现为资产的增加或负债的减少，或者二者兼而有之。

（3）收入最终导致企业所有者权益的增加，但不是由投资者的投资形成。

（4）收入只包括本企业能够可靠计量的经济利益的流入，收入不包括为第三方或者客户代收的款项。

（二）收入的构成

收入主要包括主营业务收入、其他业务收入和投资收益等。在这里应该特别强调的是，以上所定义的收入是营业性收入，是狭义上的概念。广义的收入还包括直接计入当期利润的利得，即营业外收入。

营业外收入是指企业发生的与其日常生产经营无直接关系的各项收入，包括处置固定资产净收益、取得的罚款收入、接受的捐赠收入等。

五、费用

费用是指企业在日常活动中发生的，会导致所有者权益减少的、与所有者分配利润无关的经济利益的总流出。费用只有在经济利益很可能流出从而导致企业资产减少或者负债增加，且经济利益的流出额能够可靠计量时才能予以确认。

（一）费用的特征

（1）费用是在企业的日常活动中产生的，而不是从偶发的交易或事项中产生。

（2）费用可能表现为资产的减少或负债的增加，或者二者兼而有之。

（3）费用是为取得收入而付出的代价，因此费用的确认应当与收入配比确定。

（4）费用会导致所有者权益减少，但与向所有者分配利润无关。

（5）费用表现为企业能够可靠计量的经济利益的流出。

（二）费用的构成

这里所说的费用其实包括两方面的内容，计入成本的费用（成本）和计入当期损益的费用（期间费用）。

（1）计入成本的费用，也称生产费用，按计入方式可分为直接费用和间接费用。

（2）计入当期损益的费用，是指不计入生产成本，而在发生的会计期间直接计入当期损益的费用，包括销售费用、管理费用和财务费用。

应该特别强调的是，以上所定义的费用是营业性支出，是狭义上的概念。广义上的费用还包括直接计入当期利润的损失，即营业外支出和所得税费用。

营业外支出是指企业发生的与其日常生产经营无直接关系的各项支出，包括固定资产盘亏、处置固定资产净损失、处置无形资产净损失、罚款支出和捐赠支出等。

所得税费用是指企业按企业所得税法的规定向国家缴纳的所得税。

六、利润

利润是指企业在一定会计期间的经营成果，利润包括收入减去费用后的净额、直接计入当期利润的利得和损失等。

直接计入当期利润的利得和损失，是指应当计入当期损益，或导致所有者权益发生增减变动的、与所有者投入资本或者向所有者分配利润无关的利得或者损失。

（一）利润的特征

利润不是一个独立的要素，其金额取决于收入和费用、直接计入当期利润的利得和损失金额的计量。

（二）利润的构成

（1）这里的利润在具体内容上包括营业利润、利润总额和净利润，在数额上等于净利润。

（2）营业利润是指营业性的收入与营业性的支出的差额，即狭义收入与狭义费用配比后的结果。

（3）利润总额是指营业利润加上营业外收入，减去营业外支出后的金额。

（4）净利润是指利润总额减去所得税费用后的金额，是广义收入与广义费用配比后的结果。

思考与练习

一、复习思考题

1. 简述会计的产生与发展过程。
2. 什么是会计？如何认识会计的本质？
3. 会计的基本职能有哪些？如何理解？
4. 什么是会计目标？
5. 什么是会计的对象？如何理解不同行业的会计对象？
6. 什么是会计要素？企业会计要素分为哪几类？各个会计要素的含义、特点是什么？又包括了哪些具体项目？
7. 什么是会计核算的基本前提？会计核算的基本前提有哪些？各自的含义以及在会计核算中的意义是什么？
8. 会计的信息质量要求有哪些？如何理解？

二、练习题

（一）填空题

1. 会计从本质上讲是一种__________。

2. ______和______是会计的两个基本职能。

3. ______是会计核算和监督的具体内容。

4. 企业会计要素分为______、______、______、______、______和______六类。其中______、______和______是反映企业财务状况的会计要素；______、______和______是反映企业经营成果的会计要素。

5. 企业的负债按其流动性可分为______和______。

6. 企业所有者权益主要包括______、______、______和______等。其中：______和______统称留存收益。

7. 企业的期间费用包括______、______和______。

8. 会计核算的基本前提主要包括______、______、______和______四项。

9. 我国的会计期间分为______、______、______和______四种。会计年度起止时间自______至______。

10. 在我国，一般应选用______作为记账本位币。

11. 会计核算的专门方法主要包括______、______、______、______、______、______和编制财务会计报告等。

12. 我国企业会计准则规定企业应当以______为基础进行会计确认、计量和报告。

（二）选择题

1. 对"会计"这一基本概念的认识，下列说法正确的是（　　）。

A. 会计是经济管理的重要组成部分

B. 核算和监督是会计的两个基本职能

C. 会计以货币作为主要计量形式

D. 会计是以提高经济效益作为根本目标

2. 下列信息，属于会计信息的是（　　）。

A. 财务状况　　B. 经营成果　　C. 工作效率　　D. 现金流量

3. 会计信息使用者主要包括（　　）。

A. 投资人　　B. 债权人　　C. 政府有关部门　　D. 内部管理者

4. 用来反映企业财务状况的会计要素是（　　）。

A. 资产　　B. 负债　　C. 费用　　D. 所有者权益

5. 用来反映企业经营成果的会计要素是（　　）。

A. 收入　　B. 资产　　C. 费用　　D. 利润

6. 所有者权益是指所有者在企业资产中享有的经济利益，主要包括（　　）。

A. 实收资本　　B. 资本公积　　C. 盈余公积　　D. 未分配利润

7. 期间费用包括（　　）

A. 制造费用　　B. 管理费用　　C. 销售费用　　D. 财务费用

8. 在会计核算的基本前提中，用以确定会计核算空间范围的是（　　），用以确定时间范围的是（　　）。

A. 会计主体　　B. 持续经营　　C. 会计分期　　D. 货币计量

9. 下列组织，可以作为一个会计主体进行会计核算的是（　　）。

A. 独资企业　　B. 企业的生产或销售部门

C. 分公司　　D. 子公司

10. 在我国，企业的会计期间分为（　　）。

A. 年度　　B. 半年度　　C. 季度　　D. 月度

11. 下列各项，不属于核算方法的是（　　）。

A. 登记账簿　　B. 编制会计报表

C. 填制会计凭证　　D. 编制财务预算

（三）判断题

1. 任何经济社会都离不开会计；经济愈发展，会计愈重要。（　　）

2. 会计的职能只有核算和监督。（　　）

3. 会计的职能以货币作为计量单位。（　　）

4. 会计的根本目标与企业的最终目标是一致的。（　　）

5. 会计提供会计信息的重要形式是编报财务会计报表。（　　）

6. 会计核算是会计监督的基础，会计监督是会计核算的保障。（　　）

7. 资产不一定都具有实物形态。（　　）

8. 企业确认为资产的资源，企业必定拥有此项资源的所有权。（　　）

9. 已不能给企业带来经济利益的项目，不能继续确认为企业的资产。（　　）

10. 只有已经发生的交易或事项形成的资源或债务，会计上才能确认为资产或负债。（　　）

11. 应收及预收的款项，应属于企业的资产。（　　）

12. 应付及预收款项，应属于企业的负债。（　　）

13. 偿还期刚好为1年的债务，应列为流动负债。（　　）

14. 一般来说，法律主体必然是会计主体，但会计主体并不一定是法律主体。（　　）

15. 在我国，一个会计年度是从每年的1月1日至12月31日。（　　）

16. 在我国境内设立的企业进行会计核算必须以人民币作为记账本位币。（　　）

17. 谨慎性原则要求企业尽可能低估资产，少计收入。（　　）

18. 在会计方法体系中，会计核算方法是基础。（　　）

（四）业务题

1. 目的：熟悉会计要素的具体内容。

2. 资料：安宁有限责任公司某年9月份有关项目（部分）及金额如下：

（1）存在银行的款项；

（2）出纳保管的现金；

（3）存放在仓库里的原材料；

（4）应交所得税；

（5）投资净收益；

（6）投资人投入资本；

(7) 预收客户的购货款；
(8) 厂房；
(9) 出售产品的收入；
(10) 为期6个月的银行贷款；
(11) 欠职工工资；
(12) 行政管理部门发生费用；
(13) 应收客户销售货款；
(14) 房屋租金收入；
(15) 库存产成品；
(16) 车间里的在产品；
(17) 应付采购料款；
(18) 一项专利权；
(19) 购买A公司股票，拟5年后出售；
(20) 应付给投资人的利润；
(21) 净利润中提取的盈余公积；
(22) 生产产品直接耗用材料；
(23) 广告费；
(24) 车间发生制造费用；
(25) 生产产品工人工资及福利费；
(26) 产生借款利息支出；
(27) 为期3年的银行贷款；
(28) 向供应商预付采购料款；
(29) 汇款手续费；
(30) 购买B公司债券，拟半年后出售；
(31) 未分配利润；
(32) 机器设备；
(33) 支付下半年财产保险费。

3. 要求：指出上述项目各属哪一类会计要素？将项目序号填入空白处。

资产项目有：＿＿＿＿＿＿＿＿＿＿＿＿＿＿＿＿＿＿＿＿。
负债项目有：＿＿＿＿＿＿＿＿＿＿＿＿＿＿＿＿＿＿＿＿。
所有者权益项目有：＿＿＿＿＿＿＿＿＿＿＿＿＿＿＿＿＿。
收入项目有：＿＿＿＿＿＿＿＿＿＿＿＿＿＿＿＿＿＿＿＿。
费用项目有：＿＿＿＿＿＿＿＿＿＿＿＿＿＿＿＿＿＿＿＿。
利润项目有：＿＿＿＿＿＿＿＿＿＿＿＿＿＿＿＿＿＿＿＿。

项目二

会计等式与复式记账

认知目标：

1. 理解会计六要素的含义
2. 掌握会计等式及其基本变化
3. 了解会计科目设置的意义及分类
4. 掌握账户的概念、基本结构及账户金额间的关系
5. 理解复式记账法、借贷记账法的含义
6. 掌握各类账户的基本结构

学习重点与难点：

1. 会计等式、会计要素、会计科目与账户之间的关系
2. 经济业务发生对会计等式的影响
3. 借贷记账法的基本内容
4. 会计分录的编制

引例

李芳和张民在学校读书时就听说和发现，同样是从事会计工作，有的人工作得心应手能成为企业爱请、老板爱用的优秀会计，但也有些水平差工作能力低下的会计，他们的工作被人形容为“糊涂会计糊涂账”。说明会计工作有一套具体工作方法，想要成为一名优秀的会计必须要掌握一定的会计核算能力和方法。

问：1. 什么是会计科目、账户？

2. 借贷记账法下的会计分录如何编制？

任务一

会　计　等　式

阅读材料

根据2006年《企业会计准则——基本准则》规定：

第二十条　资产是指企业过去的交易或者事项形成的、由企业拥有或者控制的、预期会给企业带来经济利益的资源。前款所指的企业过去的交易或者事项包括购买、生产、建造行为或其他交易或者事项。预期在未来发生的交易或者事项不形成资产。由企业拥有或者控制，是指企业享有某项资源的所有权，或者虽然不享有某项资源的所有权，但该资源能被企业所控制。预期会给企业带来经济利益，是指直接或者间接导致现金和现金等价物流入企业的潜力。

第二十一条　符合本准则第二十条规定的资产定义的资源，在同时满足以下条件时，确认为资产：

（一）与该资源有关的经济利益很可能流入企业；

（二）该资源的成本或者价值能够可靠地计量。

第二十三条　负债是指企业过去的交易或者事项形成的、预期会导致经济利益流出企业的现时义务。现时义务是指企业在现行条件下已承担的义务。未来发生的交易或者事项形成的义务，不属于现时义务，不应当确认为负债。

第二十四条　符合本准则第二十三条规定的负债定义的义务、在同时满足以下条件时，确认为负债：

（一）与该义务有关的经济利益很可能流出企业；

（二）未来流出的经济利益的金额能够可靠地计量。

第二十六条　所有者权益是指企业资产扣除负债后由所有者享有的剩余权益。

公司的所有者权益又称为股东权益。

第二十七条　所有者权益的来源包括所有者投入的资本、直接计入所有者权益的利得和损失、留存收益等。

一、会计等式

前面已经述及：会计要素分为资产、负债、所有者权益、收入、费用和利润六种。每种会计要素都具有其自身的特点，包含有不同的内容。但是，各种会计要素之间又存在着必然的内在的联系。在会计上，将用来反映和描述会计要素之间数量关系的表达式，称为会计等式。

凡是企业从事生产经营活动，实现经营目标，都必须拥有一定数量与结构，且能在未来带来经济利益的资产。而资产最初进入企业的来源渠道不外乎两种：一是由债权人提供；二是由投资人提供。会计上，将企业资产的提供者对企业资产享有的权利，总称为"权益"。其中属于债权人的部分，称为"债权人权益"，通常又称为"负债"；属于投资人的部分，称为"投资人权益"，通常又称为"所有者权益"。

● **工作提醒**

债权人权益优于投资人权益，即当企业因某些原因解散清算时，其变现的资产首先应该用于偿还负债，偿清全部负债后余下的资产再在企业投资人之间进行分配。

资产表明企业拥有或控制什么样的经济资源；权益表明企业拥有或控制的经济资源由谁提供，谁对这些经济资源享有权利。也就是说，资产和权益分别反映企业经济活动过程中同一资金的两个不同侧面，二者相互依存、互为条件，没有无权益的资产，也没有无资产的权益。有一定数额的资产，就必定有一定数额的权益；反之，有一定数额的权益，也必然有一定数额的资产。也就是说，一个企业的资产总额与权益（负债和所有者权益）总额必定彼此相等。从任何一个特定时点（如期初、期末）来看，企业的资产与权益（负债和所有者权益）之间必然保持着一种数量上的平衡关系，用公式表示：

资产 = 权益
　　 = 债权人权益 + 投资人权益
　　 = 负债 + 所有者权益

● **熟　记**

资产 = 负债 + 所有者权益，是会计基本等式，也称为会计恒等式。

上述等式称为"会计基本等式"，它反映了在某一特定时点企业的财务状况，是复式记账和构建资产负债表的理论依据。

【例2－1】 甲、乙、丙、丁四方共同出资创办天明公司，其中甲方投入价值250 000元的生产设备，乙方投入价值1 200 000元的房屋及建筑物，丙方投入价值800 000元的原材料，丁方投入价值180 000元的一项专利权，另投入200 000元的资金存入公司开户银行。天明公司还赊购一批价值100 000元的原材料，又向银行借入半年期的银行借款300 000元，也已存入公司开户银行。天明公司于××年1月1日成立。该公司××年1月1日成立时资产与权益（负债和所有者权益），如表2－1所示。

表 2－1　　天明公司资产负债表　　单位：元

资产项目	金　额	权益项目	金　额
银行存款	500 000	负债	
原材料	900 000	短期借款	300 000
固定资产	1 450 000	应付账款	100 000
无形资产	180 000	负债合计	400 000
		所有者权益	
		实收资本	2 630 000
		所有者权益合计	
资产总计	3 030 000	权益（负债和所有者权益）总计	3 030 000

表 2－1 表明天明公司在××年 1 月 1 日时其资产与权益（负债和所有者权益）之间的平衡关系。

阅读材料

根据 2006 年《企业会计准则—基本准则》规定：

第三十条　收入是指企业在日常活动中形成的、会导致所有者权益增加的、与所有者投入资本无关的经济利益的总流入。

第三十一条　收入只有在经济利益很可能流入从而导致企业资产增加或者负债减少，且经济利益的流入额能够可靠计量时才能予以确认。

第三十三条　费用是指企业在日常活动中发生的、会导致所有者权益减少的、与向所有者分配利润无关的经济利益的总流出。

第三十四条　费用只有在经济利益很可能流出从而导致企业资产减少或者负债增加，且经济利益的流出额能够可靠计量时才能予以确认。

第三十七条　利润是指企业在一定会计期间的经营成果。利润包括收入减去费用后的净额、直接计入当期利润的利得和损失等。

第三十八条　直接计入当期利润的利得和损失，是指应当计入当期损益、会导致所有者权益发生增减变动的、与所有者投入资本或者向所有者分配利润无关的利得或者损失。

第三十九条　利润金额取决于收入和费用、直接计入当期利润的利得和损失金额的计量。

企业在生产经营过程中，由于开展生产经营活动而取得收入，同时也会因之发生费用。一定会计期间取得的收入与其相配比的费用相抵后，如有剩余，则为企业的利润；如收入不足以抵销费用，则为企业的亏损。

一定会计期间收入、费用、利润三者之间的数量关系用公式表示则为：

收入－费用＝利润（或亏损）

上述公式反映了企业在一定期间的经营成果。是编制利润表的理论依据。

通过前面的叙述：收入可以导致资产的增加或负债的减少，费用可以导致资产减少或负债增加，一定会计期间的净利润或净亏损，将最终由所有者权益承担：收入大于费用时，所有者权益将按确定的净利润而增加；收入小于费用时，所有者权益将按确定的净亏损而减少。因此，在会计期间观察企业六大会计要素之间的相互关系时，会计基本等式可进一步扩展为如下会计等式：

资产 = 负债 + 所有者权益 + （收入 - 费用）

= 负债 + 所有者权益 + 利润

上述会计基本等式的扩展表达式，表示了资产负债表要素（资产、负债、所有者权益）与利润表要素（收入、费用和利润）相互之间的内在联系和在数量上的依存关系。

二、经济业务的类型及对会计基本等式的影响

（一）经济业务的含义及其类型

企业在其生产经营过程中，会发生各种各样的经济活动。这些活动有的能引起会计要素发生变化，例如：购料、领料、销售商品与外单位结算货款等；有的则不能引起会计要素发生变化，例如：编制预算、与外单位签订购销合同，填制材料请购单等。

企业在生产经营过程中发生的各种经济业务对企业会计要素的影响，可归纳为四大类，九种基本类型：

第一大类：经济业务发生，引起资产内部项目之间有增有减。

经济业务发生，引起一项资产增加，另一项资产减少。

第二大类：经济业务发生，引起权益内部项目之间有增有减。具体可分为以下四种基本类型：

1. 经济业务发生，引起一项负债增加，另一项负债减少。
2. 经济业务发生，引起一项所有者权益增加，另一项所有者权益减少。
3. 经济业务发生，引起一项负债增加，一项所有者权益减少。
4. 经济业务发生，引起一项所有者权益增加，一项负债减少。

第三大类：经济业务发生，引起资产项目与权益项目同时增加。具体可分为以下两种基本类型：

1. 经济业务发生，引起一项资产增加，一项负债同时增加。
2. 经济业务发生，引起一项资产增加，一项所有者权益同时增加。

第四大类：经济业务发生，引起资产项目与权益项目同时减少。具体可分为以下两种基本类型：

1. 经济业务发生，引起一项资产减少，一项负债同时减少。
2. 经济业务发生，引起一项资产减少，一项所有者权益同时减少。

（二）经济业务的发生对会计基本等式的影响

如上所述，企业发生的每一项经济业务，都会引起企业的资产和权益（负债和所有者权益）发生增减变化。那么，企业经济业务的发生会不会破坏会计基本等式？下面通过例举九种基本经济业务类型加以证明。

【例2－2】 华信公司2013年1月初资产总额1 000 000元，负债总额300 000元，所有者权益总额700 000元。该公司2013年1月份发生如下经济业务（部分）。

1. 从其开户银行提取现金1 000元备用

该项经济业务引起资产要素中的“库存现金”增加1 000元，“银行存款”减少1 000元，不涉及所有者权益和负债要素，对会计基本等式的影响如下：

资产	=	负债	+	所有者权益
1 000 000	=	300 000	+	700 000
+1 000				
－1 000				
1 000 000	=	300 000	+	700 000

从影响结果看，该项经济业务的发生不会破坏会计基本等式。

2. 采购一批生产用原材料，价值15 000元，款项未付

该项经济业务引起资产要素中的“原材料”增加15 000元，同时引起负债要素中的“应付账款”增加15 000元，不涉及所有者权益要素，对会计基本等式的影响如下：

资产	=	负债	+	所有者权益
1 000 000	=	300 000	+	700 000
+ 15 000		+ 15 000		
1 015 000	=	315 000	+	700 000

从影响结果看，该项经济业务的发生，不会破坏会计基本等式。

3. 用银行存款2 000元，偿还前欠货款

该项经济业务引起资产要素中的“银行存款”减少2 000元，同时引起负债要素中的“应付账款”减少2 000元，不涉及所有者权益要素。对会计基本等式的影响如下：

资产	=	负债	+	所有者权益
1 015 000	=	315 000	+	700 000
－2 000		－2 000		
1 013 000	=	313 000	+	700 000

从影响结果看，该项经济业务的发生，不会破坏会计基本等式。

4. 甲投资人代公司偿还到期的50 000元短期借款，并协商作为对公司的追加投资

该项经济业务引起负债要素中的“短期借款”减少50 000元，同时引起所有者权益要素中的“实收资本”增加50 000元，不涉及资产要素。对会计基本等式的影响如下：

资产	=	负债	+	所有者权益
1 013 000	=	313 000	+	700 000
		− 50 000		+ 50 000
1 013 000	=	263 000	+	750 000

从影响结果看，该项经济业务的发生不会破坏会计基本等式。

5. 开出 17 000 元，期限 4 个月的商业汇票，抵付前欠货款

该项经济业务引起负债要素内部的“应付票据”增加 17 000 元，“应付账款”减少 17 000 元，不涉及资产和所有者权益要素。对会计基本等式的影响如下：

资产	=	负债	+	所有者权益
1 013 000	=	263 000	+	750 000
		+ 17 000		
		− 17 000		
1 013 000	=	263 000	+	750 000

从影响结果看，该项经济业务的发生不会破坏会计基本等式。

6. 用银行存款 13 000 元，归还乙投资人的投资

该项经济业务引起资产要素中的“银行存款”减少 13 000 元，同时引起所有者权益要素中的“实收资本”减少 13 000 元，不涉及负债要素。对会计基本等式的影响如下：

资产	=	负债	+	所有者权益
1 013 000	=	263 000	+	750 000
− 13 000				−13 000
1 000 000	=	263 000	+	737 000

从影响结果看，该项经济业务的发生不会破坏会计基本等式。

7. 根据有关决议，决定向投资人分配利润 10 000 元，尚未发放

该项经济业务引起所有者权益要素中的“未分配利润”减少 10 000 元，负债要素中的“应付股利”增加 10 000 元，不涉及资产要素。对会计基本等式的影响如下：

资产	=	负债	+	所有者权益
1 000 000	=	263 000	+	737 000
		+ 10 000		− 10 000
1 000 000	=	273 000	+	727 000

从影响结果看，该项经济业务的发生不会破坏会计基本等式。

8. 用资本公积20 000元，转增资本金

该项经济业务引起所有者权益要素内部“资本公积”减少20 000元，“实收资本”增加20 000元，不涉及资产和负债要素。对会计基本等式的影响如下：

资产	=	负债	+	所有者权益
1 000 000	=	273 000	+	727 000
				− 20 000
				+ 20 000
1 000 000	=	273 000	+	727 000

从影响结果看，该项经济业务的发生不会破坏会计基本等式。

9. 丙投资人向公司投入一台价值80 000元的设备

该项经济业务引起资产要素中的“固定资产”增加80 000元，同时引起所有者权益要素中的“实收资产”增加80 000元，不涉及负债要素。对会计基本等式的影响如下：

资产	=	负债	+	所有者权益
1 000 000	=	273 000	+	727 000
+ 80 000				+ 80 000
1 080 000	=	273 000	+	807 000

从影响结果看，该项经济业务的发生不会破坏会计基本等式。

综上所述，可以得出结论，无论企业发生什么样的经济业务，无论这些经济业务将引起会计要素项目发生怎样的变化，资产总额恒等于权益总额。资产和权益的平衡关系是设置账户、复式记账与编制会计报表的理论依据。

任务二

会计科目与账户

阅读材料

根据财政部关于印发《会计基础工作规范》的通知规定：

第四十一条　各单位根据国家统一会计制度的要求，在不影响会计核算要求、会计报表指标汇总和对外统一会计报表的前提下，可以根据实际情况自行设置和使用会计科目。

事业行政单位会计科目的设置和使用，应当符合国家统一事业行政单位会计制度的规定。

一、会计科目

（一）会计科目的概念及其意义

会计要素是对会计对象的具体内容按要求进行的基本分类。会计作为一种经济管理活动，要从数量上核算和监督各项会计要素的增减变化情况，以便向有关各方提供其所需的会计信息，不但需要取得各项会计要素增减变化及其结果的总括数字，而且需要取得一系列更加具体的分类的数量指标。这就要求对各项会计要素按其经济内容或用途作进一步的分类。这种对会计要素的具体内容进行分类核算和监督所规定的项目，称为会计科目。

通过设置会计科目，可以把各项会计要素所包含的具体内容分门别类地记在账上，清楚地为会计信息使用者提供其所需的一系列具体的分类数量指标。会计对象、会计要素、会计科目三者的关系非常密切，会计对象是企业的资金运动；会计要素是对会计对象的基本分类；会计科目则是对会计要素的进一步分类。

（二）会计科目的设置原则

我国当前使用的会计科目，是国家财政部门统一设置的。企业根据国家统一规定的会计科目进行具体的会计核算，在能够提供统一核算指标的前提下，各单位根据自己的具体情况及投资者的要求，可自行增设、减少或合并某些会计科目。在设置会计科目的过程中，努力做到科学、合理、适用，一般应遵循以下原则：

1. 合法性原则

在设置会计科目时应当符合国家统一会计制度的相关规定，以保证会计信息的可比性。

2. 相关性原则

会计的目标是向有关各方提供其所需的会计信息，所设置的会计科目要能为提供有关各方所需要的会计信息服务。

3. 适用性原则

不同的单位其性质、行业、组织形式、经营规模及业务种类不尽相同，在设置会计科目时应在符合国家统一会计制度有关规定的基础上，根据各单位自身特点，满足单位实际需要。

● **工作提醒**

会计科目表中的科目在编号时留有空号是为了方便增加会计科目。

（三）会计科目的分类

我国《企业会计准则——应用指南》中参考的主要会计科目，如表 2－2 所示。

表 2－2　　会计科目参照表

编号	名　称	编号	名　称
	一、资产类	1015	其他货币资金
1001	库存现金	1101	交易性金融资产
1002	银行存款	1121	应收票据

续表

编号	名　称	编号	名　称
1122	应收账款	1811	递延所得税资产
1123	预付账款	1901	待处理财产损溢
1131	应收股利		二、负债类
1132	应收利息	2001	短期借款
1231	其他应收款	2101	交易性金融负债
1241	坏账准备	2201	应付票据
1321	代理业务资产	2202	应付账款
1401	材料采购	2205	预收账款
1402	在途物资	2211	应付职工薪酬
1403	原材料	2221	应交税费
1404	材料成本差异	2231	应付股利
1406	库存商品	2232	应付利息
1407	发出商品	2241	其他应付款
1410	商品进销差价	2341	代理业务负债
1411	委托加工物资	2411	预计负债
1431	周转材料	2501	递延收益
1461	存货跌价准备	2601	长期借款
1521	持有至到期投资	2602	长期债券
1522	持有至到期投资减值准备	2801	长期应付款
1523	可供出售金融资产	2802	未确认融资费用
1524	长期股权投资	2811	专项应付款
1525	长期股权投资减值准备	2901	递延所得税负债
1526	投资性房地产		三、共同类
1531	长期应收款	3101	衍生工具
1541	未实现融资收益	3201	套期工具
1601	固定资产	3202	被套期项目
1602	累计折旧		四、所有者权益类
1603	固定资产减值准备	4001	实收资本
1604	在建工程	4002	资本公积
1605	工程物资	4101	盈余公积
1606	固定资产清理	4103	本年利润
1701	无形资产	4104	利润分配
1702	累计摊销	4201	库存股
1703	无形资产减值准备		五、成本类
1711	商誉	5001	生产成本
1801	长期待摊费用	5101	制造费用

续表

编号	名　称	编号	名　称
5201	劳务成本	6402	其他业务成本
5301	研发支出	6405	税金及附加
	六、损益类	6601	销售费用
6001	主营业务收入	6602	管理费用
6051	其他业务收入	6603	财务费用
6101	公允价值变动损益	6701	资产减值损失
6111	投资收益	6711	营业外支出
6301	营业外收入	6801	所得税费用
6401	主营业务成本	6901	以前年度损益调整

会计科目之间并不是孤立的，它们相互联系、相互补充、构成一个完整的会计科目体系。为了正确地掌握和运用会计科目，对会计科目按不同的标准进行分类。

1. 按其经济内容分类

企业单位会计科目，按其经济内容分类，一般可分为六类：资产类、负债类、共同类、成本类、所有者权益类和损益类。

会计科目按经济内容分类，是对会计科目最直接、最基本的分类。通过对会计科目按经济内容分类，便于了解和掌握会计科目所核算和监督的内容，有利于正确运用各会计科目所提供的核算资料。

2. 按其提供核算指标的详细程度分类

会计科目按其所提供核算指标的详细程度，可分为总分类科目和明细分类科目。

（1）总分类科目——是对会计要素的具体内容进行总括分类，用以提供总括核算指标的会计科目，又称一级科目。表 2-2 中所列示的会计科目均属于总分类科目。

（2）明细分类科目——是对总分类科目作进一步分类，用以提供明细核算指标的会计科目，又称明细科目。如“应付账款”科目（总分类科目）可按债权人的名称或姓名设置明细分类科目，反映应付账款的具体对象。

需要指出的是，当某一总分类科目下属的明细分类科目较多时，可在总分类科目与明细分类科目之间设置二级或多级科目。如在“原材料”科目（总分类科目）下先按原材料的类别分设二级科目，在每个二级科目下按原材料的品种和规格再分设明细科目。

二、账户

（一）账户的含义

账户是根据会计科目开设的，具有一定的结构，用来记录各个会计科目所反映经济业务内容的增减变动情况及其结果的载体。

会计科目只是对会计要素的具体内容进行分类后所规定的项目，它不能把自身所包含的经济业务内容的增减变动情况及其结果记录下来，以取得有用的会计信息。为此，在设置会计科目以后，还必须根据所设置的会计科目开设具有一定结构、能够记录经济业务内容增减变动情况及其结果的账户。

（二）账户的基本结构

账户作为用来记录经济业务内容的载体，存在一定的结构。账户的基本结构主要包括两部分：账户的名称和账户的方向。

账户的名称指出了某账户具体是什么账户，同时也限定了某账户记录的是什么样的经济业务内容。会计科目就是账户的名称。

账户的方向规定了账户记录经济业务内容的位置。由于经济业务的发生所引起某项经济业务内容的变化，从数量上看，不外乎增加和减少两种情况。因此账户规定了左、右两个方向，用一个方向记录某项经济内容的增加金额；用另一个方向记录某项经济业务内容的减少金额。至于账户左、右两方的名称，以及用哪一方记录增加金额，哪一方记录减少金额，则取决于所采用记账方法和账户本身的性质。

账户的基本结构可用“T”形账户表示，如表 2－3 所示。

表 2－3　“T”形账户结构

左	账户名称（会计科目）	右

需要说明的是，上述“T”形账户是账户最简化格式。在实际工作中，账户除包括名称和增、减两个方向外，还包括一些辅助部分，如“日期”、“凭证号数”、“摘要”、“余额”等，如表 2－4 所示。

表 2－4　账户结构

日期	凭证号数	摘要	借方	贷方	余额

（三）账户的本期发生额和余额

1. 账户的本期发生额

账户的本期发生额是指某账户记录的经济业务内容在某一会计期间的增加金额合计和减少金额合计的统称。其中：账户本期记录的增加金额合计，称为账户的本期增加发生额，亦称账户的本期增加额；账户本期记录的减少金额合计，称为账户的本期减少发生额，亦称账户的本期减少额。

2. 账户的余额

账户的余额是指某账户所记录的经济业务内容在某一会计期间期初或期末时的结存金额。它表示某账户所记录的经济内容在某一会计期间增减变动的结果。又分为账户的期初余额和账户的期末余额。上期期末余额，即为本期期初余额；本期期末余额，即为下期的期初余额。

账户的四项金额要素关系如下：

期末余额 = 期初余额 + 本期增加额 - 本期减少额

（四）账户的分类

与会计科目的分类对应，账户按经济内容可分为资产类账户、负债类账户、共同类账户、所有者权益类账户、成本类账户和损益类账户；账户按所提供核算指标的详细程度，可分为总分类账户（通称总账）和明细分类账户（通称明账），总分类账户是指根据总分类科目设置，用来提供总括核算指标的账户，明细分类账户是指根据明细分类科目设置，用来提供详细核算指标的账户，总账与其所属的明细账之间存在的关系是：总账驾驭和控制明细账，明细账对总账起到详细反映和补充说明的作用。

三、账户与会计科目的关系

账户与会计科目既有共同点，又有区别。账户是根据会计科目设置的，会计科目是账户的名称，二者所反映的经济内容是一致的；账户是记录经济业务内容的载体，具有一定的结构，会计科目只是包含一定经济业务内容的项目，不存在结构。由于二者联系密切，在实际工作中，对会计科目和账户不加以严格区分，而是互相通用。

任务三

复式记账原理

一、记账方法

如任务二所述，企业发生的经济业务必然会引起会计要素的增减变化，如何将这些经济业务登记到有关账户中，这需要采用一定的记账方法。所谓记账方法，是指根据一定的原理和规则，采用一定的计量单位和记账符号，利用文字和数字来记载经济业务、反映资金运动的专门方法。按记录经济业务方式的不同，记账方法可以分为单式记账法和复式记账法。

（一）单式记账法

单式记账法是对发生的每一项经济业务只在一个账户中登记的方法，通常只登记现金和银行存款的收付以及应收、应付款的结算。例如，用现金500元给职工发放奖金，该业务发生后，只在“库存现金”账户中登记现金减少500元，而不设账登记该笔现金用于何处。又如，车间从原材料仓库领料生产和产品生产完工验收入成品库，这两笔业务发生后在单式记账法中都不设置任何账户进行记载。单式记账法是一种不科学、不完善的记账方法，目前我国企业、机关和事业单位均不采用。

（二）复式记账法

复式记账法是指对于每一项经济业务，都要以相等的金额同时在两个或两个以上的账户中相互联系地进行登记，借以反映一项经济业务所引起的资金增减变化的一种记账方法。

1. 复式记账的原理

复式记账的理论依据是会计基本等式，即：

资产＝负债＋所有者权益

它是以记账内容之间所表现出来的数量上的平衡关系作为记账方法的基础。各单位在经营活动过程中所发生的任何一项经济业务，都将引起资产、负债、所有者权益等会计要素项目之间的增减变动，在会计基本等式中，如有一个会计要素项目发生增减变化，则其他一项或几项必然也会发生相同数额的增减变化。因此，要如实且全面地反映这种规律性变化，必须通过两个或两个以上账户，相互联系地做双重记录，才能使这种经济活动的客观规律得到全面反映，这就是复式记账法的核心。

2. 复式记账的特点

复式记账法是一种科学的记账方法，与单式记账法相比，有两个明显的特点：一是对于企业发生的每一项经济业务，都要在两个或两个以上相互联系的账户中同时进行登记，可以全面地反映经济业务的来龙去脉和经济活动的过程及结果；二是由于每项经济业务，都要在两个或两个以上的账户以相等的金额进行登记，因此可以对账户记录的结果进行试算平衡，检查账户记录是否正确。

3. 复式记账的分类

复式记账法是经过长期的会计实践逐步形成的，在我国的会计发展过程中曾经出现过增减记账法、收付记账法和借贷记账法。根据我国《企业会计准则》规定，企业会计记账一律采用借贷记账法。

阅读材料

借贷记账法是13世纪意大利地中海沿海城市产生，于1873年由英国传入日本，于1905年由日本传入我国。借贷记账法起源于13－14世纪的意大利。借贷记账法“借”、“贷”两字，最初是以其本来含义记账的，反映的是“债权”和“债务”的关系。随着商品经济的发展，借贷记账法也在不断发展和完善，“借”、“贷”两字逐渐失去其本来含义，变成了纯粹的记账符号。1494年，意大利数学家卢卡·帕乔利的《算术、几何、比与比例概要》一书问世，标志着借贷记账法正式成为大家公认的复式记账法，同时，也标志着近代会计的开始。卢卡·帕乔利被称为“近代会计之父”。

二、借贷记账法

（一）借贷记账法的概念

借贷记账法是以“借”、“贷”二字作为记账符号，以“有借必有贷，借贷必相等”作为记账规则，是用来记录和反映会计要素增减变化情况和结果的一种复式记账法。

借贷记账法开始只是一种单式记账方法，后来逐步发展为复式记账法。最初“借”、“贷”是当时的借贷资本家为了记录债权债务的增减变化将会计账户分成两方，用贷方登记吸收的存款，记在贷主（债权人）的名下，表示自己的债务；借方登记放出去的贷款，记在借主（债务人）的名下，表示自己的债权。随着社会经济的发展、经济业务的日益复杂，借、贷两个字的应用也逐渐扩展到说明财产物资和经营损益等经济业务的增减变动，失去了原来的文字意义，变成纯粹的记账符号。

（二）借贷记账法的结构

在借贷记账法下，任何账户都分为借方和贷方两个基本部分，通常左边为借方，右边为贷方。记账时，账户的借贷两方必须做相反方向的记录，即对于每一个账户而言，如果借方用来登记增加额，则贷方就用来登记减少额；反之，如果贷方用来登记增加额，则借方就用来登记减少额。账户的期初、期末余额一般应与增加额计入同一方向。至于账户的哪一方登记增加金额，哪一方登记减少金额，则取决于账户的性质即账户是资产、成本与费用，还是负债、所有者权益与收入。

下面分别说明各类账户的结构。

1. 资产类账户的结构

资产类账户其借方登记增加额，贷方登记减少额，由于资产的减少额一般不会大于它的期初余额与本期增加额之和，所以，此类账户如有余额，余额通常在借方，如表2-5所示。

表2-5　　资产类账户结构

借	账户名称（会计科目）		贷
期初余额	×××		
本期增加额	×××	本期减少额	×××
本期发生额	×××	本期发生额	×××
期末余额	×××		

资产类账户的期末余额可根据下列公式计算：

期末借方余额 = 期初借方余额 + 本期借方发生额 - 本期贷方发生额

2. 负债类账户和所有者权益类账户的结构

在负债类和所有者权益类账户中，借方登记减少额，贷方登记增加额，由于负债的减少额一般不会大于它的期初余额与本期增加额之和，所以，此类账户如有余额，一般在贷方，如表2-6所示。

表2-6　　负债、所有者权益类账户结构

借	账户名称（会计科目）		贷
		期初余额	×××
本期减少额	×××	本期增加额	×××
本期发生额	×××	本期发生额	×××
		期末余额	×××

负债类和所有者权益类账户的期末余额可根据下列公式计算：

期末贷方余额 = 期初贷方余额 + 本期贷方发生额 - 本期借方发生额

3. 成本类账户的结构

成本类账户的结构与资产类账户类似，账户的借方登记增加额，贷方登记减少（转销）额，由于借方登记的成本增加额一般都要通过贷方转出，贷方的转出数不可能大于期末余额与本期增加额之和，成本类账户通常没有余额，如有，则余额在借方，如表 2－7 所示。

表 2－7　　成本类账户结构

借		账户名称（会计科目）	贷
期初余额	×××		
本期增加额	×××	本期减少额	×××
本期发生额	×××	本期发生额	×××
期末余额	×××		

成本类账户的期末余额可根据下列公式计算：

期末借方余额＝期初借方余额＋本期借方发生额－本期贷方发生额

4. 收入类账户的结构

收入类账户的结构与负债类和所有者权益类账户类似，借方登记减少（转销）额，贷方登记增加额，由于贷方登记的收入增加额一般要通过借方转出，借方的转出数通常与贷方登记的收入增加额相等，因此，此类账户通常无余额，如表 2－8 所示。

表 2－8　　收入类账户结构

借		账户名称（会计科目）	贷
		期初余额	无
本期减少额	×××	本期增加额	×××
本期发生额	×××	本期发生额	×××
		期末余额	无

5. 费用类账户的结构

企业在生产经营过程中所发生的各种耗费，大多由资产转化而来，因此，在以费用抵消收入之前，可将其视为一种特殊资产。

费用类账户的结构与资产类账户类似，借方登记增加额，贷方登记减少（转销）额，由于借方登记的费用增加额一般要通过贷方转出，贷方的转出数通常与借方登记的收入增加额相等，因此，此类账户通常无余额，如表 2－9 所示。

表 2－9　　费用类账户结构

借		账户名称（会计科目）	贷
		期初余额	无
本期增加额	×××	本期减少额	×××
本期发生额	×××	本期发生额	×××
期末余额	无		

综上所述，将借贷记账法下各类账户的结构进行归纳，如表 2－10 所示。

表 2-10　　借贷记账法下各类账户的结构

账户类型	借方	贷方	余额方向
资产类	增加	减少	借方
负债类	减少	增加	贷方
所有者权益类	减少	增加	贷方
收入类	减少（转销）	增加	一般无余额
费用、成本类	增加	减少（转销）	一般无余额

由表 2-10 可见：

（1）从记账方向看，可把账户分为两大类：一类是资产、成本、费用，此类账户借方登记增加额，贷方登记减少额；另一类是负债、所有者权益、收入，此类账户贷方登记增加额，借方登记减少额。

（2）从余额的计算看，一般情况下资产、负债、所有者权益类账户有余额，且余额的方向与本期增加额相同，即资产类账户的期初、期末余额通常在借方，负债与所有者权益类账户的期初、期末余额在贷方。而收入、费用类账户，要在期末结转到“本年利润”账户，所以期初期末通常无余额。

（3）从余额的方向看，如果期末余额与期初余额的方向相同，说明账户的性质未变，如果期末余额与期初余额的方向相反，说明账户的性质已经改变。

（三）借贷记账法的记账规则

借贷记账法的记账规则是“有借必有贷，借贷必相等”，即任何一笔经济业务，不论是涉及资产或权益某一方面的账户，还是涉及资产和权益两方面的账户，都应按其内容，一方面计入一个或几个有关账户的借方，另一方面计入一个或几个账户的贷方，计入借方的金额之和必须等于计入贷方的金额之和。

现举例观察经济业务的借贷记录（忽略税金）。

● 记账规则之歌

借增贷减是资产，权益和它正相反。成本资产总相同，细细记牢莫弄乱。损益账户要分辨，费用收入不一般。收入增加贷方看，减少借方来结转。

【例 2-3】（1）安宁有限责任公司收回宏飞公司所欠货款 30 000 元，已存入银行。

这项经济业务的发生，一方面企业的银行存款增加 30 000 元，另一方面企业的应收账款项目减少了 30 000 元，“银行存款”是资产类项目，增加应计入该账户的借方，“应收账款”是资产类项目，减少应计入该账户的贷方。

借　银行存款	贷
30 000	

借　应收账款	贷
	30 000

【例 2-3】（2）安宁有限责任公司收到投资者投入价值 150 000 元的生产设备。

这项经济业务的发生，一方面企业的固定资产项目增加了 150 000 元，另一方面实收资本项目也增加 150 000 元。“固定资产”是资产类项目，增加应计入该账户的借方，

“实收资本”是所有者权益类项目，增加应计入该账户的贷方。

借　固定资产	贷
150 000	

借　实收资本	贷
	150 000

【例2-3】（3）安宁有限责任公司向银行借入短期借款50 000元用于偿还前欠迅达公司的货款。

这项经济业务的发生，一方面是企业的短期借款项目增加了50 000元，另一方面应付账款项目也减少50 000元。“短期借款”是负债类项目，增加应计入该账户的贷方，“应付账款”是负债类项目，减少应计入该账户的借方。

借　短期借款	贷
	50 000

借　应付账款	贷
50 000	

【例2-3】（4）安宁有限责任公司以银行存款50 000偿还到期的短期借款。

这项经济业务的发生，一方面是企业的银行存款项目减少了50 000元，另一方面短期借款项目也减少50 000元。“银行存款”是资产类项目，减少应计入该账户的贷方，“短期借款”是负债类项目，减少应计入该账户的借方。

借　银行存款	贷
	50 000

借　短期借款	贷
50 000	

（四）会计分录

采用借贷记账法在账户中登记经济业务时，有关账户之间的应借应贷的相互关系称为账户对应关系。发生对应关系的账户，称为对应账户。

在会计工作中，为了保证账户记录的正确性，每项经济业务在登入账户之前要先通过记账凭证编制会计分录，然后计入有关账户。会计分录是指在记账凭证中指明某项经济业务应登记的账户名称、记账的借贷方向和金额的一种记录。

会计分录的编制步骤如下：

（1）分析经济业务所涉及的账户（两个或两个以上）并判断其性质。

（2）分析经济业务中涉及的每个账户的增减变化。

（3）根据各类账户的结构，判断所涉及的账户应登记的借贷方向。

（4）根据“有借必有贷，借贷必相等”检查借贷金额是否相等。

仍然以【例2-3】（1）—（4）所举的经济业务，说明会计分录的编制方法。

【例2-3】（1）安宁有限责任公司收回宏飞公司所欠货款30 000元，已存入银行。

借：银行存款　　30 000
　　贷：应收账款　　30 000

【例2-3】（2）安宁有限责任公司收到投资者投入价值150 000元的生产设备。

借：固定资产　　150 000
　　贷：实收资本　　150 000

【例2－3】（3）安宁有限责任公司向银行借入短期借款50 000元用于偿还前欠迅达公司的货款。

借：应付账款 50 000

　　贷：短期借款 50 000

【例2－3】（4）安宁有限责任公司以银行存款50 000偿还到期的短期借款。

借：短期借款 50 000

　　贷：银行存款 50 000

以上【例2－3】(1)—(4)的四笔分录，是由一个账户的借方和另一个账户的贷方相对应组成的，这种只涉及一借一贷的会计分录称为简单会计分录。有些会计分录是以一个账户的借方与另外几个账户的贷方，或者一个账户的贷方与另外几个账户的借方相对应组成的，这种涉及两个以上账户的会计分录称为复合会计分录。

【例2－3】（5）安宁有限责任公司收到投资人投入仪器仪表价值40 000元及投资款60 000元，已存入银行。

借：固定资产 40 000

　　银行存款 60 000

　　贷：实收资本 100 000

复合会计分录实际上是由若干个简单会计分录合并组成的。如［例2－3］（5）也可拆分为：

借：固定资产 40 000

　　贷：实收资本 40 000

借：银行存款 60 000

　　贷：实收资本 60 000

【例2－3】（6）安宁有限责任公司购入设备价值200 000元，其中180 000元已转账支付，余款20 000元暂欠。

借：固定资产 200 000

　　贷：银行存款 180 000

　　　　应付账款 20 000

三、试算平衡

为了保证一定时期内发生的经济业务在会计记录中的正确性，需要定期对账户记录进行试算平衡。所谓试算平衡，是指根据会计等式的平衡关系和记账规则的要求来检查账户记录是否正确、完整的一种验证方法。

在借贷记账法下，试算平衡有发生额试算平衡法和余额试算平衡法，发生额试算平衡法是以全部账户的借、贷发生额为依据来检查账户记录的正确性；余额试算平衡法是根据账户余额为依据来检查账户记录的正确性。

1. 发生额试算平衡法公式为

全部账户本期借方发生额合计数＝全部账户本期贷方发生额合计数

2. 余额试算平衡法公式为

全部账户期初借方余额合计数＝全部账户期初贷方余额合计数

全部账户期末借方余额合计数 = 全部账户期末贷方余额合计数

【例2-4】 安宁有限责任公司2018年6月1日有关账户余额，本期发生额参看【例2-3】(1)—(6)，编制试算平衡表，如表2-11所示。

表2-11　　安宁有限责任公司2018年6月1日账户余额　　单位：元

账户名称	借方余额	账户名称	贷方余额
银行存款	200 000	短期借款	150 000
应收账款	70 000	应付账款	50 000
固定资产	250 000	实收资本	320 000
合　计	520 000	合　计	520 000

表2-12　　总分类账户试算平衡表2018年6月30日　　单位：元

账户名称	期初余额		本期发生额		期末余额	
	借方	贷方	借方	贷方	借方	贷方
银行存款	200 000		90 000	230 000	60 000	
应收账款	70 000			30 000	40 000	
固定资产	250 000		390 000		640 000	
短期借款		150 000	50 000	50 000		150 000
应付账款		50 000	50 000	20 000		20 000
实收资本		320 000		250 000		570 000
合　计	520 000	520 000	580 000	580 000	740 000	740 000

试算平衡只是通过借贷金额是否平衡来检查账户记录是否正确。如果借贷不平衡，账户记录或计算肯定有错，应该查找原因并予以更正。如果借贷平衡，也并不能肯定记账没有错误，因为有几种记账错误并不影响借贷平衡。例如某项经济业务在有关账户中全部漏记、重记或借贷账户互相颠倒，又如计入有关账户的借贷金额偶然出现多记、少计并相互抵消。另外，试算平衡表只能检查部分数字性的错误，检查不出文字性的错误。因此，需要对一切会计记录进行日常或定期的复核，以保证账户记录的正确性。

【引例解答】

1. 什么是会计科目、账户？

答：对会计要素的具体内容进行分类核算和监督所规定的项目，称为会计科目。

账户是根据会计科目开设的，具有一定的结构，用来记录各个会计科目所反映经济业务内容的增减变动情况及其结果的载体。

2. 借贷记账法下的会计分录如何编制？

答：会计分录的编制步骤如下：

(1) 分析经济业务所涉及的账户（两个或两个以上）并判断其性质。

(2) 分析经济业务中涉及的每个账户的增减变化。

(3) 根据各类账户的结构，判断所涉及的账户应登记的借贷方向。

(4) 根据“有借必有贷，借贷必相等”检查借贷金额是否相等。

思考与练习

一、复习思考题

1. 什么是权益？简述权益包括的内容。
2. 什么是会计等式？有何意义？
3. 什么是会计科目？有何意义？
4. 设置会计科目应遵循哪些原则？
5. 会计科目按经济业务内容，所提供核算指标的详细程度分别如何分类？
6. 什么是账户？为什么要设置账户？
7. 简述账户的基本结构。
8. 简述账户的本期发生额和余额的含义及相互关系。
9. 如何理解账户与会计科目之间的相互关系？
10. 什么是借贷记账法？
11. 如何理解试算平衡？如何进行账户的试算平衡？
12. 简述会计分录的编制步骤。

二、练习题

（一）填空题

1. 会计等式是指____________________表达式。

2. 会计上的权益是指____________________。它包括____________和____________两个方面。

3. 用来描述收入、费用和利润之间数量关系的会计等式是____________。它是____________的理论依据。

4. 会计科目是____________________所规定的项目。

5. 单位设置会计科目一般应遵循________________、________________和________________原则。

6. 企业的会计科目按经济内容，一般可分为__________、__________、__________、__________、__________和__________六类。

7. 会计科目按提供核算指标的详细程度可分为____________和____________两大类。

8. 账户是根据____________开设，具有____________，用来记录____________________的载体。

9. 账户的期末余额 = __________ + __________ − __________。

10. 账户分为左、右两个方面，哪一方记增加金额，哪一方记减少金额取决于____________________。

（二）选择题

1. 下列式子，属于会计等式的是（　　），其中（　　）是会计基本等式。

A. 收入－费用＝利润

B. 资产＝负债＋所有者权益

C. 资产＋费用＝负债＋所有者权益＋收入

D. 期末余额＝期初余额＋本期增加额

2. 经济业务的类型包括（　　）。

A. 引起资产与权益同增的业务　B. 引起资产与权益同减的业务

C. 引起权益内部项目有增有减的业务　D. 引起资产内部项目有增有减的业务

3. 一项资产增加，可能引起（　　）。

A. 一项资产减少　B. 一项负债减少

C. 一项负债增加　D. 一项所有者权益增加

4. 一项负债减少，可能引起（　　）。

A. 一项所有者权益增加　B. 一项资产减少

C. 另一项负债增加　D. 一项资产增加

5. 下列经济业务中，引起资产和权益同增的是（　　）。

A. 用银行存款对外投资　B. 收到投资人一台机器

C. 将现金存入开户行　D. 从银行借款存入开户行

6. 用银行存款上缴应交税金，引起会计要素变动情况是（　　）。

A. 资产与所有者权益同减　B. 资产内部项目有增有减

C. 资产与负债同减　D. 负债与所有者权益同减

7. 下列经济业务中，引起所有者权益内部项目有增有减的是（　　）。

A. 将应付股利转作资本　B. 用银行存款偿还长期借款

C. 将资本公积转增资本　D. 收到国家投资转入固定资产

8. 下列引起资产和负债同增的经济业务是（　　）。

A. 赊购材料　B. 向银行借款存入开户银行

C. 用银行存款购买固定资产　D. 用闲置的房屋对外投资

9. 用银行存款预付购货款，引起会计要素变动的情况是（　　）。

A. 一项资产减少，一项负债减少　B. 一项资产减少，另一项资产增加

C. 一项资产减少，一项所有者权益减少　D. 一项资产减少，一项负债增加

10. 某企业某年末，资产总额为200万元，流动负债为60万元，长期负债为20万元，则年末该企业的权益总额为（　　）。

A. 180万元　B. 140万元　C. 200万元　D. 120万元

11. 一个账户所能提供的金额指标包括（　　）。

A. 本期增加额　B. 本期减少额　C. 期初余额　D. 期末余额

12. 下列原则中，属于会计科目设置原则的是（　　）。

A. 合法性原则　B. 适用性原则

C. 权责发生制原则　D. 相关性原则

（三）判断题

1. 经济业务就是企业发生的经济活动。（　）

2. 会计上的权益包括负债和所有者权益，负债优先于所有权益。（　）

3. 无论发生什么样的经济业务，都不会破坏资产与权益之间存在的数量上的平衡关系。（　）

4. 目前，我国企业使用的一级会计科目一般由国家统一会计制度规定。（　）

5. 对于明细科目较多的会计科目，可在总分类科目下设置二级或多级明细科目。（　）

6. 为满足管理的需要，企业的会计科目设置得越细越好。（　）

7. 一个账户的期末余额转到下期，即为下期的期初余额。（　）

8. 会计科目和账户既有联系又有区别，但在实际工作中，两者往往相互通用。（　）

9. 一个账户分左、右两方，左方记经济业务内容的增加，右方记经济内容的减少。
（　）

10. 会计科目和账户的区别在于：账户有结构而会计科目没有结构。（　）

（四）业务题

［业务题一］

1. 目的：熟悉资产、负债和所有者权益的内容及资产与权益之间存在的数量上的平衡关系。

2. 资料：某企业某年1月31日资产、负债、所有者权益资料如下：

序号	项目	金额	资产	权益	
				负债	所有者权益
1	仓库中的原材料	100 000			
2	尚未缴纳的税金	106 000			
3	还在加工中的产品	440 000			
4	从银行取得的长期借款	480 000			
5	车间的生产用厂房	460 000			
6	运输用的汽车	280 000			
7	仓库中存放的产品	320 000			
8	收到的投资款	1 800 000			
9	办公室用的电脑	150 000			
10	生产用的机器设备	1 000 000			
11	欠宏发工厂的材料款	200 000			
12	外单位对企业的投资	820 000			
13	办公大楼	400 000			
14	银行里的存款	360 000			
15	本月的利润	242 000			
16	现金	1 600			
17	出借包装物收取的押金	5 600			
18	员工预借的差旅费	1 000			
19	尚未收回的被欠货款	141 000			
合计					

3. 要求：将上述各项目的金额按所属会计要素类别填入相应栏内，并分别计算出合计数，观察合计数验证资产与权益之间数量上的平衡关系。

［业务题二］

1. 目的：熟悉经济业务类型。

2. 资料：某企业某年6月份发生下列经济业务（部分）：

（1）用银行存款购买材料价值10 000元。

（2）用银行存款归还长期借款100 000元。

（3）用银行存款偿付前欠某单位货款7 000元。

（4）收到投资人甲投入的设备50 000元。

（5）从某单位购进一批材料价值6 000元，款未付。

（6）向银行借入长期借款300 000元，存入银行存款户。

（7）将盈余公积20 000元转作实收资本。

（8）向银行取得短期借款120 000元直接偿还欠某单位货款。

（9）企业投资人乙代企业归还短期借款80 000元，并将其转为投入资本。

（10）经研究，用盈余公积金4 000元给投资者分派利润，利润尚未实际发放。

（11）经批准，以银行存款9 000元，代投资人丙以资本金偿还其应付给其他单位的欠款。

（12）企业以固定资产350 000元对外投资。

3. 要求：分析上列各项经济业务的类型，填入下表。

类　　型	经济业务序号
1. 一项资产增加，另一项资产减少	
2. 一项负债增加，另一项负债减少	
3. 一项所有者权益增加，另一项所有者权益减少	
4. 一项负债增加，一项所有者权益减少	
5. 一项负债减少，一项所有者权益增加	
6. 一项资产增加，一项负债增加	
7. 一项资产增加，一项所有者权益增加	
8. 一项资产减少，一项负债减少	
9. 一项资产减少，一项所有者权益减少	

［业务题三］

1. 目的：练习经济业务的发生对会计基本等式的影响。

2. 资料：

（1）某企业某年9月1日的资产、负债、所有者权益及余额情况如下表：

单位：元

资　产	金　额	负债及所有者权益	金　额
库存现金	1 000	短期借款	100 000
银行存款	309 000	应付账款	40 000
应收账款	230 000	应付职工薪酬	60 000
其他应收款	10 000	长期借款	300 000
固定资产	450 000	实收资本	450 000
		盈余公积	50 000
合　计	1 000 000	合　计	1 000 000

（2）该企业9月份发生如下经济业务（部分）：

①收回应收账款50 000元，存入开户银行；

②从开户银行提取现金50 000元，备发工资；

③用现金50 000元发放工资；

④从银行借入期限为2年的款项150 000元，存入开户行；

⑤收到投资者投入款项250 000元，存入开户行；

⑥用盈余公积50 000元转增资本；

⑦用银行存款归还到期的短期借款100 000元；

⑧将长期借款150 000元转增资本；

⑨从银行借入1年期借款40 000元，直接偿付应付账款。

3. 要求：分析上述经济业务的发生引起资产、负债、所有者权益相关项目发生变化的情况及对会计基本等式的影响，并将有关数据填入下表。

单位：元

资产项目	期初余额	本期增加	本期减少	期末余额	负债及所有者权益项目	期初余额	本期增加	本期减少	期末余额
库存现金					短期借款				
银行存款					应付账款				
应收账款					应付职工薪酬				
其他应收款					长期借款				
固定资产					实收资本				
					盈余公积				
合　计					合　计				

［业务题四］

1. 目的：练习编制会计分录。

2. 资料：见［业务题一］［业务题三］资料。

3. 要求：根据上述经济业务编制会计分录。

项目三

制造型企业经济业务及借贷记账法的应用

认知目标：

1. 了解制造型企业的主要经济业务
2. 理解并掌握资金筹资与投资业务的核算
3. 理解并掌握采购与付款业务的核算
4. 理解并掌握产品生产业务的核算
5. 理解并掌握产品销售与收款业务的核算
6. 理解并掌握企业利润形成与分配业务的核算

学习重点与难点：

1. 识别制造型企业的经济业务
2. 正确处理资金筹资与投资业务的核算
3. 正确处理采购与付款业务的核算
4. 正确处理产品生产业务的核算
5. 正确处理产品销售与收款业务的核算
6. 正确处理企业利润形成与分配业务的核算

任务一

企业主要经济业务介绍

企业是指从事生产、流通、服务等经济活动，以生产或服务满足社会需要，实行自主经营、独立核算、依法设立的一种盈利性的经济组织。企业主要指独立的盈利性组织，并可进一步分为公司制企业和非公司制企业，公司制企业如有限责任公司、股份有限公司，非公司制企业如合伙制企业、个人独资企业、个体工商户等。

任何一个生产制造企业，要想从事经营活动，必须拥有一定的物质基础才可以进行生产，这些物质包括：厂房、机器设备、原材料等，这些劳动资料与生产工人的劳动相结合才能生产出劳动产品。因此，生产制造型企业的主要特征有：对所销售的产品进行加工或者装配，有购进原材料，有使用人工生产装配的过程，具体业务流程包括以下几个面，如图 3－1 所示：

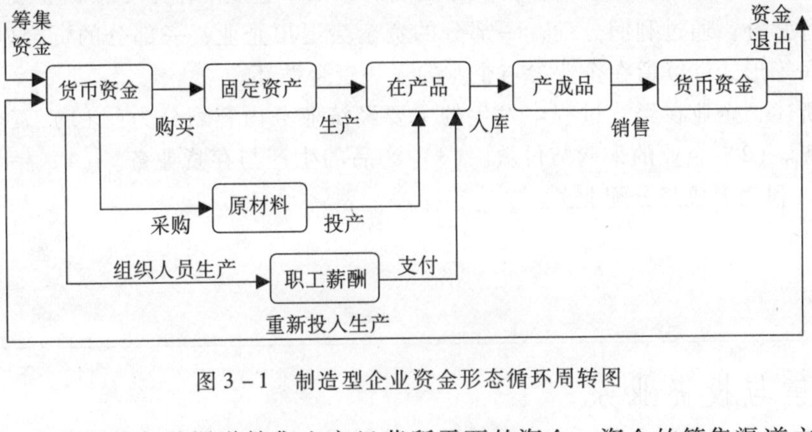

图 3－1　制造型企业资金形态循环周转图

首先，企业要从各种渠道筹集生产经营所需要的资金。资金的筹集渠道主要包括权益类资金的筹集和负债类资金筹集。前者形成企业的所有者权益，后者形成企业的负债。筹集到的资金一部分投资形成企业的固定资产、无形资产等非流动资产，货币资金是企业筹集到的资金最初的表现形态，也可以说，货币资金形态是资金运动的起点。企业筹集到的资金首先进入投资过程，既购买生产厂房、机器设备等固定资产，为生产经营做好准备。

其次，另一部分采购原材料、支付劳动者的薪酬和生产的费用等参与企业的生产过程形成企业的流动资产。采购与付款业务包括：支付材料价款、发生采购费用、计算采购成本，以及材料的验收入库结转成本等。产品的生产与仓储过程是制造型企业经营过程的中心环节。在生产过程中，劳动者借助生产资料进行产品加工，生产出各种各样的产品满足社会的需要。生产过程既是产品的制造过程，又是生产资料和劳动的耗费过程。从实物形态及其变化过程图看，原材料通过劳动者的劳动加工形成在产品，随着生产过程地不断进行，在产品终究会完工入库，形成企业的产成品。从价值形态上来看，生产过程中发生的各种耗费，形成企业的生产费用，包括：生产产品耗费的材料就形成材料成本；支付给劳动者的报酬就形成了薪酬和福利；使用厂房、机器设备就形成了产品的折旧成本；以上的各项成本费用相加就构成产品的生产成本。生产费用的发生、归集和分配，以及完工产品生产成本的计算等构成产品的生产与仓储过程的内容。

产品的销售和收款业务是企业的产品价值实现的过程。在销售过程中，企业通过销售产品，按照销售价格与购货方办理各种款项的结算，收回货款，计算并及时缴纳销售环节的各种销售税金，结转销售成本等。通过销售环节使得产成品转化为货币资金，回到资金运动的起点状态，在销售过程中，为了更好地完成销售还会发生如包装费、广告费等销售费用核算。对于生产制造型企业而言，除了销售产品是主要的经营业务外，还会发生一些如销售多余材料、出租闲置厂房或生产设备以及对外投资等非主营业务。在营业活动之外，企业还会发生非营业业务，如获得政府的捐赠、对其他单位组织无偿捐赠等形成企业的营业外收入和营业外支出。

最后，企业所获得的各项收入抵偿了各项成本费用后的差额，形成企业的利润。企业实现了利润后一部分要以所得税的形式上缴国家，另一部分要按照规定的程序进行合理分配提取法定盈余公积金、给投资者分配利润；如果企业发生了亏损，亦要按照相关的程序进行弥补。通过利润分配，一部分的资金会退出企业，一部分的资金以公积金、未分配利润等形式继续留在企业参与企业的下一资金循环。

综上所述，企业在经营过程中发生的主要经济业务内容划分为：（1）资金的筹集与投资业务。（2）企业的采购与付款。（3）产品的生产与存货业务。（4）销售与收款业务。（5）利润形成与分配业务。

任务二

资金筹集与投资业务

阅读材料

根据《中华人民共和国公司法》对实收资本的规定：

第二十六条　有限责任公司的注册资本为在公司登记机关登记的全体股东认缴的出资额。公司全体股东的首次出资额不得低于注册资本的百分之二十，也不得低于法定的注册资本最低限额，其余部分由股东自公司成立之日起两年内缴足；其中，投资公司可以在五年内缴足。

有限责任公司注册资本的最低限额为人民币三万元。法律、行政法规对有限责任公司注册资本的最低限额有较高规定的，从其规定。

第二十七条　股东可以用货币出资，也可以用实物、知识产权、土地使用权等可以用货币估价并可以依法转让的非货币财产作价出资；但是，法律、行政法规规定不得作为出资的财产除外。

对作为出资的非货币财产应当评估作价，核实财产，不得高估或者低估作价。法律、行政法规对评估作价有规定的，从其规定。

全体股东的货币出资金额不得低于有限责任公司注册资本的百分之三十。

第二十八条　股东应当按期足额缴纳公司章程中规定的各自所认缴的出资额。股东以货币出资的，应当将货币出资足额存入有限责任公司在银行开设的账户；以非货币财产出资的，应当依法办理其财产权的转移手续。

股东不按照前款规定缴纳出资的，除应当向公司足额缴纳外，还应当向已按期足额缴纳出资的股东承担违约责任。

第二十九条　股东缴纳出资后，必须经依法设立的验资机构验资并出具证明。

第三十条　股东的首次出资经依法设立的验资机构验资后，由全体股东指定的代表或者共同委托的代理人向公司登记机关报送公司登记申请书、公司章程、验资证明等文件，申请设立登记。

一、资金筹集业务核算

（一）权益类资金筹集业务

1. 实收资本

（1）实收资本的定义。实收资本是指企业投资者按照企业章程或合同、协议的约定，实际投入企业的资本。我国实行的是注册资本制，因此在投资者足额缴纳资本之后，企业的实收资本应该等于企业的注册资本。所有者向企业投入的资本，在一般情况下无需偿还，可以长期周转使用。

（2）实收资本的确认和计量。由于企业组织形式不同，所有者投入资本的会计核算方法也有所不同。除股份有限公司对股东投入的资本应设置“股本”科目外，其余企业均设置“实收资本”科目，核算企业实际收到的投资者投入的资本。

“实收资本”属于所有者权益类账户，用以核算企业实际收到投资者投入的资本增减变动及其结余的情况。该账户的贷方登记所有者投入企业资本的增加额，借方登记所得者投入资本的减少额，期末余额在贷方，反映企业期末所有者投入资本金的结余额。该账户按照投资者设置明细账，进行明细分类核算，如表 3－1 所示。

表 3－1

借方　　　　实收资本	贷方
实收资本的减少额 （依法减资而减少的资本）	实收资本的增加额 （收到投资者投入的资本）
	期末余额：实有资本数额

（3）“实收资本”主要财务处理。

本项目例题来源于工业企业安宁有限责任公司。

【例 3－1】　安宁有限责任公司由安信、安远、安福、安晋、安踏（有限责任公司）等五位股东组成，安远、安福、安晋三个公司各自出资 100 万元设立，收到款项已存入银行。

企业收到投资者以现金投入的资本时，借记“库存现金”或“银行存款”账户，按投资者在企业注册资本中所占的份额，贷记“实收资本”账户。这项经济业务的发生，一方面使公司的银行存款增加了3 000 000元，记入“银行存款”账户的借方；另一方面使得公司的所有者投资增加3 000 000元，记入“实收资本”账户贷方，安宁有限责任公司应编制会计分录如下：

借：银行存款　　3 000 000
　　贷：实收资本——安信公司　　1 000 000
　　　　　　　　——安远公司　　1 000 000
　　　　　　　　——安福公司　　1 000 000

【例3-2】 安宁有限责任公司另接受安晋公司作为资本投入的生产设备一台，该设备不需要安装，合同约定该设备的价值为500 000万元。与其公允价值相符，不考虑其他因素。

企业接受投资者作价投入的房屋、建筑物、机器设备等固定资产，应按照投资合同或协议约定的价值确定固定资产的价值，但投资合同或协议约定价值不公允的除外。公司设备的增加属于资产的增加，按照投资合同或协议约定的价值借记“固定资产”账户；投资者对公司的投资增加是所有者权益的增加，应记入“实收资本”账户的贷方。安宁有限责任公司进行会计处理时，应编制如下会计分录：

借：固定资产　　500 000
　　贷：实收资本——安晋公司　　500 000

【例3-3】 安宁有限责任公司收到安踏公司以一块土地使用权作为投入资本，按照投资合同和协议约定的价值为500 000元。假设合同约定的价值与公允价值相符。

企业接受投资者以土地使用权方式投入的资本，应按照投资合同或协议约定的价值确定为企业的无形资产价值，但投资合同或协议约定价值不公允的除外。在进行会计处理时，应按照投资合同或协议约定的价值借记“无形资产”账户，表示企业无形资产的增加；贷记“实收资本”账户，表示所有者权益的增加。安宁有限责任公司应编制如下会计分录：

借：无形资产　　500 000
　　贷：实收资本——安踏公司　　500 000

另外，除了接受投资者的投资会影响到实收资本的变动外，还有以下的几种情形：

①资本公积转增资本。企业将资本公积转增资本时，应按照转增金额，借记“资本公积”账户，贷记“实收资本”账户。②盈余公积转增资本。企业将盈余公积转增资本时，应按照转增金额，借记“盈余公积”账户，贷记“实收资本”账户。③企业减少注册资本。一般企业按法定程序上报经批准减少注册资本时，借记“实收资本”科目，贷记“库存现金”、“银行存款”等科目。

2. 资本公积

（1）资本公积的定义。资本公积是企业收到投资者的超出其在企业注册资本中所占份额的投资以及直接计入所有者权益的利得和损失，资本公积包括资本溢价和直接计入所有者权益的利得和损失。

资本溢价是企业收到投资者的超出其在企业注册资本中所占份额的投资。形成资本溢价的原因有溢价发行股票，投资者超额缴入资本等。直接计入所有者权益的利得和损失是指不应计入当期损益、会导致所有者权益发生增减变动的、与所有者投入资本或者向所有者分配利润无关的利得和损失。

（2）资本公积的确认和计量。资本公积是指归所有者所共有的、非收益转化而形成的资本，是一种特殊的所有者权益。产生于权益性投资，包括创建时的初始投资和经营后的利润积累。资本公积是投资人投入企业资金的另一种形式，是一种准资本或资本的储备形式，因其产权性质、日常管理上的特殊性，它既不同于实收资本，也不属于留存收益，会计上要单独设置“资本公积”账户进行核算。

“资本公积”属于所有者权益类账户，该账户的贷方登记资本公积的增加额，借方登记资本公积的减少额，期末余额在贷方，表示资本公积的结余额。该账户设置“资本溢价”“其他资本公积”等明细账户，进行明细分类核算，如表3－2所示。

表3－2

借方	资本公积　　　　贷方
资本公积的减少额	资本公积的增加额
	期末余额：资本公积的结余额

（3）“资本公积”主要账务处理。初建有限责任公司时，各投资者按照合同、协议或公司章程投入企业的资本，应全部记入“实收资本”科目，注册资本为在公司登记的全体股东认缴的出资额。在企业经营一段时间后，如有新投资者介入，新介入的投资者缴纳的出资额大于其按约定比例计算的其在注册资本中所占的份额部分，记入“资本公积”科目。其相关账务处理内容在《中级财务会计》中详细讲解。

（4）以安宁公司为例，2017年12月31日，安宁有限责任公司股本400万股，每股1元，累计400万元，未分配利润250万元，2018年1月10日安顺投资公司有意想成为安宁有限责任公司的股东，并表示愿意出资180万元获得公司20%的股份（占股100万元）。

该项经济业务的发生，既涉及接受投资又涉及超过法定份额资本的业务。属于法定份额部分应计入实收资本，超过部分则作为资本公积。因此涉及“银行存款”“实收资本”“资本公积”三个账户。一方面使公司的银行存款增加了1 800 000元，记入“银行存款”账户的借方；另一方面使得公司的所有者投资增加1 800 000元，记入“实收资本”和“资本公积”账户贷方，安宁有限责任公司应编制会计分录如下：

借：银行存款　　　　1 800 000

　　贷：实收资本——安顺公司　　　　1 000 000

　　　　资本公积——资本溢价　　　　800 000

上述1—4笔筹资业务的T型账户核算，如表3－3所示：

表 3－3

实收资本	
	3 000 000（1）
	500 000（2）
	500 000（3）
	1 000 000（4）

资本公积	
	800 000（4）

银行存款	
3 000 000（1）	
1 800 000（4）	

无形资产	
500 000（3）	

固定资产	
500 000（2）	

（二）负债类资金筹集业务核算

1. 短期借款

（1）短期借款的定义。短期借款是指企业向银行或其他金融机构等借入的期限在1年以下（含1年）的各种借款。企业借入的各种借款必须按规定用途使用，按期支付利息并按期归还本金。借入的期限在1年以上的各种借款，在“长期借款”科目核算，不在“短期借款”科目核算。

（2）短期借款的确认和计量。“短期借款”属于负债类账户。用来核算企业向银行或其他金融机构等借入的期限在1年以下（含1年）的各种借款的增减变动及结余情况。贷方登记短期借款的增加额，借方登记短期借款的减少额。期末余额在贷方表示企业尚未偿还短期借款的本金。该账户按债权人设置明细账户，并按照贷款的种类进行明细分类核算，如表3－4所示。

表 3－4

借方　　短期借款	贷方
短期借款的减少额 （归还的短期借款本金）	短期借款的增加额 （借入的短期借款本金）
	期末余额：未偿还短期借款的本金

各种短期借款的使用，都是要支付利息的。计算利息时要注意利率与期限口径应保持一致。“百分之几”、“千分之几”、“万分之几”一般分别指的是年利率、月利率、日利率。本书中的利率指的是年利率，期限如按月表示，利率要换算成月利率；期限如按日表示，利率要换算成日利率。实务中为方便计算，一般规定一年为360天。公式如下：

短期借款利息＝借款本金×利率×借款时间

企业借入的各种短期借款，借记“银行存款”科目，贷记“短期借款”科目；归还借款时，借记“短期借款”科目，贷记“银行存款”科目。“短期借款”科目应按债权人设置明细账，并按借款种类进行明细核算。“短期借款”科目期末贷方余额，反映企业尚未偿还的短期借款的本金。

2. 财务费用

“财务费用”属于损益类账户。用来核算企业为筹集生产经营所需资金等所发生的筹资费用，包括利息支出、汇总损益以及相关手续费、企业发生的现金折扣或收到的现金折扣等。借方登记发生的各项财务费用；贷方登记期末转入“本年利润”账户的财务费用。期末结转后没有余额。账户按费用项目设置明细账进行明细分类核算，如表3-5所示。

表3-5

借方　　　　财务费用	贷方
财务费用的增加额 （发生的利息支出、银行手续费、外汇汇兑损失等）	财务费用的减少额 （发生的利息收入、外汇汇兑收益以及期末转入“本年利润”账户的财务费用）
期末余额：结转后无余额	

企业发生的财务费用，在“财务费用”科目核算，企业发生的财务费用，借记“财务费用”科目，贷记“应付利息”或“长期借款”科目；取得银行存款的定期或活期利息收入借记“银行存款”科目，贷记“财务费用”科目。期末，财务费用科目无余额。

【例3-4】 安宁有限责任公司4月1日向工商银行申请取得期限为2个月的借款100万元，用于生产经营临时性需要，借款年利率为6%，到期还本付息。款项已存入银行。公司应编制的会计分录如下：

（1）取得借款时，企业的银行存款增加，同时企业的负债也增加，涉及“银行存款”和“短期借款”两个账户，分别记入“银行存款”账户的借方和“短期借款”账户的贷方。

借：银行存款　　　　1 000 000

　　贷：短期借款　　　　1 000 000

（2）4月末计算利息，把年利率换算成月利率：$6\% \times 1/12 = 0.5\% = 5‰$

4月份应负担的利息：$1\,000\,000 \times 5‰ = 5\,000$（元）

该经济业务涉及“财务费用”和“应付利息”两个账户，分别记入“财务费用”账户的借方和“应付利息”账户的贷方，表示财务费用和应付利息的增加。

借：财务费用　　　　5 000

　　贷：应付利息　　　　5 000

（3）5月末计算利息，5月份应付利息：$1\,000\,000 \times 5‰ = 5\,000$（元）

借：财务费用　　　　5 000

　　贷：应付利息　　　　5 000

（4）借款到期，归还本金1 000 000元，以及2个月的利息 = 5 000 + 5 000

=10 000（元）

归还借款时，企业的银行存款减少，同时企业的负债也减少，涉及“银行存款”、“短期借款”和“应付利息”三个账户，分别记入“银行存款”账户的贷方和“短期借款”“应付利息”账户的借方。

借：短期借款　　　　1 000 000
　　应付利息　　　　10 000
　　贷：银行存款　　　　1 010 000

上述短期借款筹资业务的T型账户核算，如表3－6所示。

表3－6

短期借款	
1 000 000（4）	1 000 000（1）

银行存款	
1 000 000（1）	1 010 000（4）

财务费用	
5 000（2）	
5 000（3）	

应付利息	
10 000（4）	5 000（2）
	5 000（3）

3. 长期借款

（1）长期借款的定义。长期借款是指企业从银行或其他金融机构借入的期限在一年以上（不含一年）的借款。企业借入的长期借款，主要是用来购买扩大生产经营规模而增加的大型生产设备、厂房等固定资产。企业应按照规定的利率和使用期限定期计算应支付的利息。贷款到期，应按照规定按期清偿借款本息。按还款方式不同常见的两种还本付息的方式：“分期付息、到期还本”和“到期一次性还本付息”。

（2）长期借款的确认和计量。为了反映企业长期借款的本金、应计利息及归还本息情况，企业需要设置“长期借款”“应付利息”“账务费用”“在建工程”等账户。“长期借款”属于负债类账户，用来核算企业向银行或其他金融机构等借入的期限在1年以上的各种借款的增减变动及结余情况。贷方登记长期借款的增加额，借方登记长期借款的减少额。期末余额在贷方表示企业尚未偿还长期借款的本金及利息。该账户按债权人设置明细账户，并按贷款种类进行明细分类核算，如表3－7所示。

表 3－7

借方	长期借款 贷方
长期借款的减少额 （归还的本息）	长期借款的增加额 （借款的本金及每期计提的利息）
	期末余额：未偿还长期借款本息

（3）“长期借款”账户主要财务处理。长期借款利息费用应按权责发生制核算的要求，符合资本化的要予以资本化，不符合资本化的直接计入当期损益。具体来说，就是在该长期借款所进行的长期工程项目完工之前所发生的利息，应计入工程的成本；在工程完工达到可使用状态后产生的利息费用应停止资本化，在利息发生的当期直接计入当期损益。“长期借款”账务处理内容将在《中级财务会计》详细讲解。

下面举例说明长期借款的借入、计息和归还的核算：

【例 3－5】 安宁有限责任公司 2018 年 1 月 1 日向银行借入 120 万元，期限 2 年的借款全部用于建造一幢厂房。借款年利率为 10%，每年年末支付利息，期满后还清本金。该项固定资产于第一年末达到预定可使用状态，利息支出符合资本化条件。编制的会计分录如下：

（1）取得借款时，企业的银行存款增加，同时企业的负债也增加，涉及“银行存款”和“长期借款”两个账户，分别记入“银行存款”账户的借方和“长期借款”账户的贷方。

借：银行存款 1 200 000

　　贷：长期借款 1 200 000

（2）将长期借款全部支付用于建造厂房时企业的银行存款减少，支付的款项形成建造厂房的成本，涉及“在建工程”和“银行存款”两个账户，分别记入“在建工程”账户的借方和“银行存款”账户的贷方，“在建工程”账户将在投资业务中介绍。

借：在建工程 1 200 000

　　贷：银行存款 1 200 000

（3）第一年计息时，利息符合资本化条件，也就是说这部分利息可以计入厂房的成本。因此涉及“在建工程”和“应付利息”两个账户，分别记入“在建工程”账户的借方和“应付利息”账户的贷方。表示厂房建造成本和应付利息的增加。

2018 年 1—12 月全年应付利息：1 200 000 × 10% ＝120 000（元）

2018 年每月应计利息：120 000 ÷ 12 ＝ 10 000（元）

2018 年每月计算利息会计分录如下：

借：在建工程 10 000

　　贷：应付利息 10 000

（4）2018 年 12 月 25 日应支付利息 120 000 元，该经济业务涉及“银行存款”和“应付利息”两个账户，分别记入“应付利息”账户的借方和“银行存款”账户的贷方，表示应付利息和银行存款的减少。

借：应付利息 120 000

　　贷：银行存款 120 000

长期借款筹资业务的T型账户发生额核算，如表3－8所示。

表3－8

长期借款	
	1 200 000（1）

在建工程	
1 200 000（2） 10 000×12（3）	

财务费用	
10 000×12（5）	

应付利息	
120 000（4）	10 000×12（3）

银行存款	
1 200 000（1）	1 200 000（2） 120 000（4）

二、企业投资业务核算

（一）企业投资业务介绍

投资活动是指企业为享有被投资单位分配的利润，或为谋求其他利益，将资产让渡给其他单位而获得另一项资产的活动。包括企业购买股票、公司债券、房地产或注资其他公司等。制造型企业的投资业务还包括购买固定资产、无形资产等为生产经营所准备的非流动资产投资。本书重点介绍制造型企业购买固定资产、无形资产投资业务核算。

阅读材料

根据《中华人民共和国增值税暂行条例》对固定资产增值税的规定：

2008年11月5日修订的《中华人民共和国增值税暂行条例》规定：自2009年1月1日起，在全国推行增值税转型改革，其核心是企业外购机器设备所含的增值税额在当期可以全额扣除。国务院财政、税务主管部门规定的纳税人自用消费品进项税额不得抵扣。个人拥有的应征消费税的游艇、汽车和摩托车等物品与企业技术改进、生产设备更新无关，且容易混入生产经营用品计算抵扣进项税额。为堵塞税收漏洞，借鉴国际惯例，对纳税人自用的应征消费税的摩托车、汽车、游艇进项税额不得抵扣。

（二）投资业务主要账户设置

1. 固定资产

（1）固定资产的定义及确认条件。固定资产，是指同时具有下列特征的有形资产：①为生产商品、提供劳务、出租或经营管理而持有。②使用寿命超过一个会计年度。

从固定资产的定义看，固定资产具有以下三个特征：①为生产商品、提供劳务、出租或经营管理而持有。②固定资产是有形资产。③使用寿命超过一个会计年度。

固定资产同时满足下列条件的，才能予以确认：①与该固定资产有关的经济利益很可能流入企业；②该固定资产的成本能够可靠地计量。

（2）固定资产的初始计量。固定资产的初始计量，指确定固定资产的取得成本。固定资产应当按照历史成本进行初始计量。企业取得固定资产的方式有外购、自行建造、投资者投入、债务重组、企业合并、以及融资租赁等。取得的方式不同，其成本的确定也不相同。

企业购入的固定资产分为不需要安装的固定资产和需要安装的固定资产。外购固定资产的成本包括：购买价款、相关税费、使固定资产达到预定可使用状态前所发生的可归属于该项资产的运输费、装卸费、安装费和专业人员服务费等。

企业应当设置“固定资产”账户核算企业固定资产的增减变动和结存的情况。该账户属于资产类账户。借方登记因接受投资、购买、建造等而增加的固定资产；贷方登记因报废、对外投资等而减少的固定资产。期末余额在借方，表示期末企业固定资产的原值。账户接固定资产类别、使用部门和项目设置明细账户，如表3－9所示。

表3－9

借方　　　　固定资产	贷方
固定资产的增加额 （接受投资、购买、建造的固定资产等）	固定资产的减少额 （报废、对外投资的固定资产）
期末余额：企业期末固定资产原值	

2. 在建工程

固定资产自行建造、更新改造和大修理项目支出核算的账户是“在建工程”。“在建工程”属于资产类账户。该账户按工程项目和外购工程物资设置明细。借方登记投入在建工程的各项支出增加数；贷方登记工程竣工的工程额，固定资产交付使用的工程成本数及项目工程物资和退回工程款、退库材料的发生额；借方余额表示尚未竣工的在建工程的实际成本，如表3－10所示。

表3－10

借方　　　　在建工程	贷方
在建工程的增加额	在建工程的减少额（完工结转）
期末余额：尚未竣工的在建工程实际成本	

3. 无形资产

（1）无形资产的定义及确定条件。无形资产是指企业拥有或者控制的没有实物形态的可辨认的非货币性资产。包括专利权、非专利技术、商标权、著作权、特许权以及土地使用权等。

无形资产应当在符合定义的前提下，同时满足以下两个确认条件时，才能予以确认。

①与该资产有关的经济利益很可能流入企业；②该无形资产的成本能够可靠的计量。

无形资产取得途经：外购、投资者投入、自主研发、通过资产交换取得、通过债务重组取得等。

无形资产通常按实际成本计量，即以取得无形资产并使之达到预定用途而发生的全部支出，作为无形资产的成本。

（2）“无形资产”账户核算。企业应当设置“无形资产”账户核算企业无形资产的增减变动及结余的情况。该账户属于资产类账户。借方登记因接受投资、购买等而增加的无形资产；贷方登记因出售、对外投资等而减少的无形资产。期末余额在借方，表示期末企业无形资产的原值。账户按无形资产类别设置明细账，如表 3－11 所示。

表 3－11

借方　　　　无形资产	贷方
无形资产的增加额 接受投资、购买等而增加的无形资产	无形资产的减少额 出售、对外投资等而减少的无形资产
期末余额：企业无形资产的原值	

● **用心记一记**

增值税应纳税额计算公式：

应纳税额＝当期销项税额－当期进项税额

4. 应交税费

“应交税费”属于负债类账户。用来核算企业应缴纳的各种税费，包括增值税、消费税、所得税等。贷方登记按规定应交的税费，借方登记实际缴纳的各项税费。借方余额反映多交或尚未抵扣的税费，贷方余额表示企业尚未缴纳的税费，一般按各种税种设置明细分类账。

在购买固定资产业务中涉及的是“应交税费——应交增值税（进项税额）”明细账户。按我国增值税法的规定，增值税是指在中华人民共和国内销售货物或提供加工、修理修配劳务以及进口货物的单位和个人，就其货物销售或提供应税劳务的增值额和货物进口金额为计税依据而课征的一种流转税。

增值税是一种价外税，采取两段征收法，分为增值税进项税和销项税。公式为：

当期应纳增值税＝当期销项税－当期进项税

销项税额是指纳税人销售货物或应税劳务，按照销售额和规定的税率（增值税基本税率 16%）计算并向购买方收取的增值税税额，公式为：

销项税额＝销售额×增值税税率

进项税额是指纳税人购进货物或接受劳务所支付或负担的增值税税额，进项税额＝购进货物或劳务价款×增值税税率。我国目前所采用的增值税计算方法为购进扣税法，即在计算进项税额时，按当期购进商品已纳税额计算。实务中，采用凭增值税专用发票或其他合法扣税凭证注明税款进行抵扣。增值税的进项税额与销项税额是相对应的，销售方的销项税就是购货方的进项税。因此，应交税费——应交增值税下设的明细有：进项税额、销项税额、已交税额、转出未交增值税、转出多交增值税等，如表 3－12 所示。应交增值税部分在《税务会计》课程详细讲解，《基础会计》部分是涉及采购环节的进项税、销售环节的销项税，其他复查的增值税计算在此省略。

表 3－12

借方　　应缴税费	贷方
应缴税费的减少额	应缴税费的增加额
期末余额：多缴或尚未抵扣的税费	期末余额：尚未缴纳的税费

（三）投资业务主要账务处理

【例 3－6】　安宁有限责任公司购入不需要安装全新生产设备一台，价款 10 000 元，增值税额 1 600 元，款项已用银行存款支付、国家财政部税务总局关于调整增值税税率的通知，财税［2018］32 号文规定，制造业增值税率由 17% 调整为 16%。

取得生产设备时，企业的固定资产增加，购买生产设备的增值税可以抵扣应计入增值税的进项税额。因此，涉及“银行存款”、“固定资产”和“应交税费”三个账户，分别记入“固定资产”、“应交税费”账户的借方和“银行存款”账户的贷方。企业应编制如下会计分录：

借：固定资产　　10 000
　　应交税费——应交增值税（进项税额）　　1 600
　贷：银行存款　　11 600

【例 3－7】　安宁有限责任公司购入需要安装全新生产设备一台，价款 10 000 元，增值税额 1 600 元，款项已用银行存款支付。

取得需要安装的生产设备时，应先记入“在建工程”账户，购买生产设备的增值税可以抵扣应计入增值税的进项税额。因此涉及“银行存款”、“在建工程”和“应交税费”三个账户，分别记入“在建工程”、“应交税费”账户的借方和“银行存款”账户的贷方。企业应编制如下会计分录：

借：在建工程　　10 000
　　应交税费——应交增值税（进项税额）　　1 600
　贷：银行存款　　11 600

【例 3－8】　安装过程中发生的其他费用 1 000 元，以现金支付。

安装过程中发生的费用应计入在建工程的成本，涉及“在建工程”和“库存现金”两个账户，分别记入“在建工程”的借方和“库存现金”账户的贷方，企业应编制的会计分录：

借：在建工程　　1 000
　贷：库存现金　　1 000

【例 3－9】　固定资产达到预定可使用状态。入账成本＝10 000＋1 000＝11 000（元）

该业务涉及“在建工程”和“固定资产”两个账户，分别记入“固定资产”的借方和“在建工程”账户的贷方，企业应编制的会计分录：

借：固定资产　　11 000

　　贷：在建工程　　11 000

【例 3－10】 安宁有限责任公司从某公司购入一项商标权，价款 100 000 元，款项已用银行存款支付。

取得商标权时，属于企业的无形资产增加，因此涉及“银行存款”和“无形资产”两个账户，分别记入“无形资产”账户的借方和“银行存款”账户的贷方。企业应编制会计分录：

借：无形资产　　100 000

　　贷：银行存款　　100 000

投资类【例 3－6】至【例 3－10】T 型账户本期发生额核算，如表 3－13 所示：

表 3－13

固定资产	
10 000（6）	
11 000（9）	

应交税费（进项税额）	
1 600（6）	
1 600（7）	

银行存款	
	11 600（6）
	11 600（7）
	100 000（10）

在建工程	
10 000（7）	11 000（9）
1 000（8）	

无形资产	
100 000（10）	

库存现金	
	1 000（8）

任务三

企业采购与付款业务

阅读材料

2017 年 10 月 30 日，国务院第 191 次常务会议通过修改《中华人民共和国增值税暂行条例》的决定第八条规定：纳税人购进货物、劳务、服务、无形资产、不动产支付或者负担的增值税额，为进项税额。下列进项税额准予从销项税额中抵扣：（一）从销售方取得的增值税专用发票上注明的增值税额。（二）从海关取得的海关进口增值税专用缴款书上注明的增值税额。（三）购进农产品，除取得增值税专用发票或者海关进口增值税专用缴款书外，按照农产品收购发票或者销售发票上注明的农产品买价和11%的扣除率计算的进项税额，国务院另有规定的除外。进项税额计算公式：进项税额 = 买价 × 扣除率。（四）自境外单位或者个人购进劳务、服务、无形资产或者境内的不动产，从税务机关或者扣缴义务人取得的代扣代缴税款的完税凭证上注明的增值税额。

本教材只讲授按实际成本计价的采购与付款业务核算，按计划成本计价的采购与付款业务核算在中级财务会计讲授。

企业以货币资金购买各种原材料，并且支付货款、采购费用和相关税金等，形成了企业的采购与付款业务。企业的经营规模较小，原材料的种类不是很多，而且原材料的收、发业务不频繁的情况下，企业可以按照实际成本计价方法核算原材料的收发业务。材料实际采购成本一般包括买价和采购费用。具体包括：

（1）买价。

（2）采购过程中的运输费、装卸费、保险费、包装费等。

（3）运输途中的合理损耗。

（4）入库前的挑选整理等。

一、采购与付款业务账户设置

（一）在途物资与材料采购

1. 在途物资

用于核算企业实际成本进行材料、商品等物资的日常核算，贷款已付尚未验收入库的各种物资采购成本。

“在途物资”属于资产类账户。核算企业尚未验收入库的各种物资实际成本。借方登记购入的在途物资的实际成本额；贷方登记验收入库的在途物资的实际成本。期末余额在借方，反映企业尚未验收入库的在途物资的实际成本。该账户一般按物资品种设置明细账户，如表 3 - 14 所示。

表 3 - 14

借方　　　　在途物资	贷方
在途物资的增加额 （购入的在途物资成本）	在途物资的减少额 （验收入库的在途物资成本）
期末余额：尚未验收入库的在途物资	

2. 材料采购

材料采购是企业在计划成本法下核算在途材料的采购成本的会计科目。方法不同，选择不同的科目，《基础会计》不涉及材料采购账务处理。

（二）原材料

“原材料”属于资产类账户。核算企业库存的各种原材料收入、发出、结存的情况。借方登记验收入库的原材料的实际成本，贷方登记发出的各种原料的实际成本。期末余额在借方，表示月末企业库存原材料的实际成本，一般按原材料类别、品种、规格等设置明细账户，进行明细分类核算，如表 3 - 15 所示。

表 3-15

借方	原材料 贷方
原材料的增加额 验收入库的原料实际成本	原材料的减少额 发出的各种原料实际成本
期末余额：库存的原料实际成本	

（三）应付账款

应付账款是指因购买材料、商品或接受劳务供应等而发生的债务。这种负债通常是由于交易双方在商品购销和提供劳务等活动中由于取得物资或接受劳务与支付价款在时间上不一致而产生的。

“应付账款”属于负债类账户，核算企业因采购材料、商品和接受劳务等应付给供应单位的款项。该账户贷方登记企业购买材料、商品、接受劳务供应的应付而未付的款项；借方登记偿还的应付账款和开出商业汇票抵付的应付账款，或已冲销的无法支付的应付账款；期末余额一般在贷方，表示企业尚未偿还的款项。有时也有借方余额，表示企业多支付了货款，通常用于预付货款不多的单位，省去“预付账款”科目，合并在“应付账款”内一起核算。该账户一般按供应单位的名称设置明细账户，进行明细分类核算，如表 3-16 所示。

表 3-16

借方	应付账款 贷方
应付账款的减少额	应付账款的增加额
期末余额：多支付的货款	期末余额：尚未偿还的款项

企业购入材料、商品等时，若货款尚未支付，根据有关凭证（发票账单、随货同行发票上记载的实际价款或暂估价值），借记“在途物资”“原材料”等账户，按可抵扣的增值税额，借记“应交税费——应交增值税（进项税额）”账户；按应付的价款，贷记“应付账款”账户。

（四）预付账款

“预付账款”属于资产类账户，核算企业按照购货合同规定预付给供应单位的款项。借方登记企业预付给销货方的款项，贷方登记企业收到货物后结算的款项。“预付账款”科目期末借方余额，反映企业实际预付的款项；期末如为贷方余额，反映企业尚未补付的款项。“预付账款”账户应按供应单位设置明细账，进行明细核算，如表 3-17 所示。

表 3-17

借方	预付账款 贷方
预付账款的增加额	预付账款的减少额
期末余额：实际预付的款项	期末余额：尚未补付的款项

企业因购货而预付的款项，借记“预付账款”科目，贷记“银行存款”科目。收到所购物资时，根据发票账单等列明应计入购入物资成本的金额，借记“在途物资”、“原材料”和“库存商品”等科目，按专用发票上注明的增值税额，借记“应交税费——应交增值税（进项税额）”科目；按应付金额，贷记“预付账款”科目。补付的款项，借记“预付账款”科目，贷记“银行存款”科目；退回多付的款项，借记“银行存款”科目，贷记“预付账款”科目。预付款项情况不多的企业，也可以将预付的款项直接记入“应付账款”科目的借方，不设置“预付账款”科目。

（五）应付票据

“应付票据”属于负债类账户，核算企业采用商业汇票结算方式购买材料、商品和接受劳务等而开出、承兑商业汇票的增减变动及结余情况。该账户贷方登记企业开出、承兑商业汇票的增加数；借方登记商业汇票到期后而减少的数额。期末余额一般在贷方表示企业尚未到期的商业汇票的结余数，该账户按照债权人设置明细账户，同时设置“应付票据备查簿”详细的登记商业汇票的种类、号数和出票日期、到期日、票面金额、交易合同号和债权人姓名。应付票据到期结清时，在备查簿中注销，如表3－18所示。

表3－18

借方　　应付票据	贷方
应付票据的减少额	应付票据的增加额
	期末余额：尚未到期商业汇票余额

二、采购与付款业务账务处理

【例3－11】 安宁有限责任公司向A公司购入材料一批，价款50 000元，增值税额8 000元，材料尚未运到，货款已用银行存款支付。

购买材料会使企业的材料增加，因其尚未运到应记入“在途物资”账户。购买材料的增值税可以抵扣应计入增值税进项税额。因此涉及“银行存款”、“在途物资”和“应交税费”三个账户，分别记入“在途物资”、“应交税费”账户的借方和“银行存款”账户的贷方。企业应编制如下会计分录：

借：在途物资　　50 000
　　应交税费——应交增值税（进项税额）　　8 000
　贷：银行存款　　58 000

【例3－12】 安宁有限责任公司从A公司购入下列材料：甲材料5 000千克，不含税单价24元；乙材料1 000千克，不含税单价20元，增值税率16%，价税合计162 400元。另发生入库前的挑选整理费1 800元，材料已验收入库，货款尚未支付。

对于该项经济业务，首先要计算购入材料的买价和增值税进项税额。甲材料的买价为120 000元（24×5 000），乙材料的买价20 000元（20×1 000），买价合计为140 000

元（120 000 +20 000），增值税进项税额为 22 400 元（140 000 ×16%）。另：企业以银行存款支付了 1 800 元的入库挑选整理费，该笔费用应按材料的重量比例进行分配（费用分摊可以按数量、重量、体积或买价金额进行分配），分别计入甲、乙材料的采购成本。

费用分配率 =1 800 ÷(5 000 +1 000) =0.3（元/千克）

甲材料应负担的入库前挑选整理费 =0.3 ×5 000 =1 500（元）

乙材料应负担的入库前挑选整理费 =0.3 ×1 000 =300（元）

甲材料的入账成本为 121 500 元（120 000 +1 500）；乙材料的入账成本为 20 300 元（20 000 +300）。企业应编制如下会计分录：

借：原材料——甲材料	121 500	
——乙材料	20 300	
应交税费——应交增值税（进项税额）	22 400	
贷：应付账款——A 公司		162 400
银行存款		1 800

【例 3 -13】 4 月 3 日安宁有限责任公司欲从 C 公司购入特殊规格的丙材料 2 000 千克，不含税单价 50 元。增值税率 16%。C 公司要求要预先支付 20% 的货款才开始生产该种特殊型号的材料。安宁有限责任公司当天支付了 20 000 元的预付款项；4 月 15 日，收到 C 公司发来的丙材料 2 000 千克，不考虑相关运费。材料已验收入库；4 月 20 日，安宁有限责任公司以银行存款支付剩余货款。

（1）4 月 3 日预先支付货款，该业务的发生涉及“银行存款”和“预付账款”两个账户，记入“银行存款”账户的贷方表示银行存款的减少，“预付账款”借方表示预付账款的增加。会计分录编制如下：

借：预付账款——C 公司	20 000	
贷：银行存款		20 000

（2）4 月 15 日收到丙材料，丙材料的价款 =50 ×2 000 =100 000 元，增值税进项税额 =100 000 ×16% =16 000 元，价税合计 116 000 元。安宁有限责任公司已预付了 20 000 元货款，尚欠 C 公司 96 000 元未支付。可扣除的增值税进项税额 16 000 元。丙材料入账价值 100 000 元。

借：原材料——丙材料	100 000	
应交税费——应交增值税（进项税额）	16 000	
贷：预付账款——C 公司		116 000

（3）4 月 20 日支付 C 公司货款 96 000 元，这项经济业务涉及“预付账款”和银行存款两个账户，编制会计分录如下：

借：预付账款——C 公司	96 000	
贷：银行存款		96 000

【例 3 -11】至【例 3 -13】T 型账户本期发生额核算如表 3 -19 所示：

表 3－19

在途物资

借方	贷方
50 000（12）	

应交税费（进项税额）

借方	贷方
8 000（11）	
22 400（12）	
16 000（13）	

银行存款

借方	贷方
	58 000（11）
	1 800（12）
	20 000（13）
	96 000（13）

原材料

借方	贷方
20 300（12）	
100 000（13）	

应付账款

借方	贷方
	162 400（12）

预付账款

借方	贷方
20 000（13）	116 000（13）
96 000（13）	

任务四

产品生产业务核算

一、产品生产业务概述

产品生产阶段是制造型企业生产经营活动中极为重要的一个环节。产品的生产过程需要耗费各种物资和人力。是企业为获得收入而预先支付并需要得到补偿的资金耗费，是收入的形成、实现的前提条件。生产费用是指制造型企业在一定时期内为生产产品而发生的能够用货币表现的各种耗费，包括：材料耗费、支付生产工人薪酬、水电费、固定资产折旧费等。生产费用按其计入产品成本的方式不同，可以分为直接费用和间接费用。直接费用是指企业生产产品过程中实际消耗的直接材料和直接人工，在会计上一般称为成本项目。间接费用是指企业为生产产品而发生的各项间接支出，通常称为制造费用。

直接材料，指直接用于产品生产、构成产品实体的原材料及主要材料、外购半产品以及有助于产品形成的的辅助材料等。

直接人工，是指直接参加产品生产的职工薪酬。包括：工资、奖金、职工福利费、工会经费、职工教育经费、五险一金（医疗保险费、养老保险费，失业保险费、工伤保险费和生育保险费以及住房公积金）。

制造费用，指企业各生产单位为组织和管理生产而发生的各项间接费用。包括：间接人工的工资及各项福利费、固定资产折旧费和修理费、车间办公费、水电费、机物料消耗及其他制造费用。如果企业生产的产品品种超过一种，制造费用则应该按照一定的标准在各产品中进行合理的分配。

对制造费用进行分配时，常用的方法有生产工人工资比例法、生产工时比例法、机器工时比例法等。公式如下：

$$制造费用分配率 = \frac{本月发生的制造费用总额}{生产工人工资（生产工时、机器工时）的总数}$$

某产品应分配的制造费用 = 该产品所耗生产工人工资数（或生产工时数、机器工时数）×制造费用分配率

二、产品生产业务主要账户设置

（一）生产成本

“生产成本”属于成本类账户。用来归集和分配企业进行工业生产所发生的各项费用。借方登记应计入产品生产成本的各项费用，包括：直接材料费、直接人工费以及期末按照一定的方法分配应计入产品生产成本的制造费用；贷方登记结转完工入库产成品的生产成本。期末一般有借方余额，表示尚未完工的在产品的成本，账户一般按产品的种类或类别设置明细账，如表3－20所示。

表3－20

借方　　　生产成本	贷方
生产成本的增加额 （直接材料、直接人工、制造费用的分配）	生产成本的减少额 （完工入库产成品成本）
期末余额：在产品成本额	

（二）制造费用

“制造费用”属于成本类账户。用来归集和分配企业生产车间为组织和管理产品的生产活动而发生的各项间接生产费用，包括：车间管理人员的薪酬、机器设备的折旧费、修理费、办公费、水电费等。借方登记实际发生的各项制造费用；贷方登记期末分配转入生产成本账户的制造费用。期末结转后一般没有余额。账户按不同车间设置明细，再按费用项目设置专栏进行核算，如表3－21所示。

表3－21

借方　　　制造费用	贷方
制造费用的增加额 （车间管理人员的薪酬、机器设备的折旧费、修理费、办公费、水电费等）	制造费用的减少额 （分配转入生产成本账户的制造费用）

（三）应付职工薪酬

“应付职工薪酬”属于负债类账户。用来核算企业应付给职工的各种薪酬总额与实际支付额的增减额，反映和监督企业与职工薪酬结算情况。贷方登记当期计算的应付职工薪酬的总额，包括：工人工资、奖金、津贴和福利费等。借方登记当期实际支付的职工薪酬。月末一般为贷方余额，表示应付而未付的职工薪酬。账户按“工资”、“职工

福利费”、“社会保险费”、“住房公积金”、“职工教育经费”、“职工工会经费”等进行明细分类核算，如表 3－22 所示。

表 3－22

借方	应付职工薪酬　　　　贷方
应付职工薪酬减少额 （当期实际支付的职工薪酬）	应付职工薪酬增加额 （当期计算的应付职工薪酬如：工人工资、资金、津贴和福利费等）
	期末余额：应付而未付的职工薪酬

（四）累计折旧

“累计折旧”属于资产类账户，是“固定资产”的抵减账户。用来核算企业固定资产已提折旧的累计情况。贷方登记按月提取的折旧额。借方登记因减少固定资产而减少的累计折旧。期末余额在贷方，表示已提固定资产折旧的累计额。“累计折旧”只进行总分类核算，不设明细账，如表 3－23 所示。

表 3－23

借方	累计折旧　　　　贷方
累计折旧的减少额 （处置固定资产减少的折旧额）	累计折旧的增加额 （固定资产按月提取的折旧额）
	期末余额：已提固定资产折旧累计额

折旧是指在固定资产的使用寿命内，按照确定的方法对应计折旧额进行系统分摊。固定资产应当按月计提折旧，并根据用途计入相关资产的成本或当期损益。当月增加的固定资产当月不计提折旧，从下月起计提折旧；当月减少的固定资产，当月仍计提折旧，下月起不计提折旧。固定资产折旧方法有：年限平均法、工作量法、双倍余额递减法、以及年数总和法。

（五）累计摊销

“累计摊销”属于资产类账户，是“无形资产”的抵减账户。用来核算企业无形资产已摊销的累计情况。贷方登记按月提取的摊销额，借方登记因减少无形资产而减少的累计摊销。期末余额在贷方，表示已摊销无形资产的累计额。“累计摊销”只进行总分类核算，不设明细账，如表 3－24 所示。

表 3－24

借方	累计摊销　　　　贷方
累计摊销的减少额 （处置无形资产减少的摊销额）	累计摊销的增加额 （无形资产按月分摊额）
	期末余额：已提无形资产摊销累计额

无形资产的摊销期自其可供使用时起至终止确认时止：当月增加的无形资产，当月开始摊销；当月减少的无形资产，当月不再摊销。无形资产分摊方法有多种，常用的有：直线法和产量法，使用寿命不确定的无形资产不摊销，每年年末要进行减值测试。无形资产摊销一般计入当期损益，但如果某项无形资产是专门用于生产某种产品，如专门用于生产过程中的专利技术，则应计入制造该产品的制造费用。

（六）管理费用

“管理费用”属于损益类账户。用来核算企业行政管理部门为组织和管理企业的生产经营活动发生的管理费用。包括：企业在筹建期间内发生的开办费、行政管理人员的工资及津贴、业务招待费、技术转让费、产品研究费用等。借方登记发生的各项管理费用；贷方登记期末转入“本年利润”账户的管理费用。期末结转后没有余额。账户按费用项目设置明细账进行明细分类核算如表3－25所示。

表3－25

借方　　管理费用	贷方
管理费用的增加额 （发生的开办费、行政管理人员的工资及津贴、业务招待费、技术转让费、产品研究费用等）	管理费用的减少额 （转入“本年利润”账户的管理费用）
期末余额：结转后无余额	

（七）库存商品

“库存商品”属于资产类账户。用来核算企业库存的外购商品、自制产品的实际成本。借方登记验收入库商品的成本，包括：自制产品、外购产品、以及委托加工产品等；贷方登记因出售、内部使用、对外投资等库存商品的减少额。期末余额在借方，表示月末库存商品结余数。账户按商品的品种、种类规格等设置明细，进行明细分类核算，如表3－26所示。

表3－26

借方　　库存商品	贷方
库存商品的增加额 （验收入库商品的成本）	库存商品的减少额 （出售、内部使用、对外投资等库存商品）
期末余额：库存商品结余数	

（八）其他应收款

“其他应收款”属于资产类账户。用于核算企业除应收账款、应收票据、预付账款以外的其他各科应收、暂付款项，包括：赔款、备用金、应向职工收取的各种垫付款项。借方本期发生的各种应收、暂付款项；贷方登记本期收回的应收、暂付的款项。期末余额在借方，表示月末尚未收回的款项，如表3－27所示。

表 3-27

借方　　其他应收款	贷方
其他应收款的增加额	其他应收款的减少额
期末余额：库存商品结余数	

三、产品生产业务主要账务处理

（一）材料费用分配核算

【例 3-14】　安宁有限责任公司本月仓库发出材料明细表，如表 3-28 所示：

表 3-28　　材料发出汇总表　　单位：元

用途	甲材料		乙材料		合计
	数量	金额	数量	金额	
生产 A 产品	2 500	47 500	1 000	20 000	67 500
生产 B 产品	2 000	38 000	2 000	40 000	78 000
生产车间耗用	500	9 500	100	2 000	11 500
管理部门耗用	100	1 900			1 900
合计	5 100	96 900	3100	62 000	158 900

从材料发出汇总表中可以看到，一方面，生产产品领用材料涉及“生产成本”账户，车间耗用、管理部门耗用分别涉及“制造费用”、“管理费用”账户。另一方面，库存材料的减少涉及“原材料”账户。根据以上资料应编制的会计分录如下：

借：生产成本——直接材料（A 产品）　　67 500
　　　　　　——直接材料（B 产品）　　78 000
　　制造费用　　11 500
　　管理费用　　1 900
　　贷：原材料——甲材料　　96 900
　　　　　　　——乙材料　　62 000

（二）职工薪酬归集与分配核算

【例 3-15】　安宁有限责任公司财务部门本月末汇总的各部门薪酬，如表 3-29 所示：

表 3-29　　应付职工薪酬汇总表　　单位：元

	工资	职工福利费（工资 ×14%）	职工教育经费（工资 ×2.5%）	职工工会经费（工资 ×2%）	合计
A 产品生产工人薪酬	55 000	7 700	1 375	1 100	65 175
B 产品生产工人薪酬	45 000	6 300	1 125	900	53 325

续表

	工资	职工福利费（工资×14%）	职工教育经费（工资×2.5%）	职工工会经费（工资×2%）	合计
车间管理人员薪酬	20 000	2 800	500	400	23 700
行政管理部门人员薪酬	10 000	1 400	250	200	11 850
销售部门人员薪酬	36 000	5 040	900	720	42 660
合计	166 000	23 240	4 150	3 320	196 710

从职工薪酬汇总表中可以看到，产品生产工人的薪酬涉及“生产成本”账户，车间管理人员薪酬、行政管理部门人员薪酬以及销售部门人员薪酬，分别涉及“制造费用”、“管理费用”“销售费用”账户。另一方面，应付而未付的职工薪酬涉及“应付职工薪酬”账户。根据以上资料应编制的会计分录如下：

借：生产成本——直接人工（A 产品）　　65 175
　　　　　　——直接人工（B 产品）　　53 325
　　制造费用　　23 700
　　管理费用　　11 850
　　销售费用　　42 660
　　贷：应付职工薪酬——工资　　166 000
　　　　　　　　　——职工福利费　　23 240
　　　　　　　　　——职工教育经费　　4 150
　　　　　　　　　——职工工会费　　3 320

【例 3-16】　月末，开出现金支票，从银行提取现金 166 000 元，准备发放工资。

该经济业务的发生，一方面使得企业的库存现金增加，另一方面使企业银行存款减少。应编制的会计分录如下：

借：库存现金　　166 000
　　贷：银行存款　　166 000

【例 3-17】　以现金 166 000 元支付各部门人员工资。

该经济业务的发生，一方面使得企业的库存现金减少，另一方面使企业应付而未付的工资减少。应编制的会计分录：

借：应付职工薪酬——工资　　166 000
　　贷：库存现金　　166 000

（三）其他相关费用归集与分配核算

【例 3-18】　月末，安宁有限责任公司按规定计提本月固定资产折旧共 45 000 元，其中：生产车间设备和厂房计提 36 000 元；行政管理部门办公楼计提 5 000 元；销售部门计提 4 000 元。

固定资产折旧是生产费用的组成部分，根据固定资产的使用部门分别记入“制造费用”、“管理费用”、“销售费用”。编制的会计分录如下：

借：制造费用　　36 000
　　管理费用　　5 000

销售费用　　4 000

贷：累计折旧　　45 000

【例3－19】　根据供电部门通知，安宁有限责任公司本月应支付电费17 000元。其中生产车间电费12 000元，企业行政管理部门电费3 000元，销售部门电费2 000元。电费款项均以银行存款支付。该笔经济业务有关会计分录如下：

借：制造费用　　12 000

管理费用　　3 000

销售费用　　2 000

贷：银行存款　　17 000

【例3－20】　本月15日，安宁有限责任公司采购员丁凡出差，到财务科预借差旅费2 500元，财务部门以现金支付。28日出差归来，报销车费、住宿费共计2 000元，余款退回。

（1）15日预借差旅费

借：其他应收款——丁凡　　2 500

贷：库存现金　　2 500

（2）28日报销差旅费

借：管理费用　　2 000

库存现金　　500

贷：其他应收款——丁凡　　2 500

（四）制造费用归集与分配核算

制造费用是为生产产品而发生的间接费用，最终应由有关的产品负担，是产品制造成本的组成部分，因此，月末应以合理的分配方法转入“生产成本”账户。

【例3－21】　本月共发生了四笔制造费用，生产车间耗用材料11 500元；车间管理人员薪酬23 700元。车间厂房、设备折旧36 000元，以及车间电费12 000元，共计83 200元，按照生产工时给分配计入A、B产品的生产成本。A产品生产工时6 00个单位，B产品生产工时4 00个单位。

$$制造费用分配率=\frac{制造费用总额}{生产工时总额}=\frac{83\ 200}{600+400}=83.2\ （元/工时）$$

A产品应负担的制造费用＝83.2×600＝49 920元

B产品应负担的制造费用＝83.2×400＝33 280元

应编制的会计分录如下：

借：基本生产成本——制造费用（A产品）　　49 920

——制造费用（B产品）　　33 280

贷：制造费用　　83 200

（五）结转完工产品成本

【例3－22】　月末，安宁有限责任公司本月投产的A、B产品全部完工验收入库，其中A产品500件，B产品400件。

该经济业务的发生涉及“库存商品”“生产成本”账户。生产成本（A产品）本月发生额合计＝67 500（材料费）＋65 175（生产工人薪酬）＋49 920（制造费用）＝

182 595 元

生产成本（B 产品）本月发生额合计 = 78 000（材料费） + 53 325（生产工人薪酬） + 33 280（制造费用） = 164 605 元

借：库存商品——A 产品　　182 595

　　　　　　——B 产品　　164 605

　　贷：生产成本——A 产品　　182 595

　　　　　　　　——B 产品　　164 605

【例 3 - 14】至【例 3 - 22】T 型账户本期发生额核算，如表 3 - 30 所示：

表 3 - 30

生产成本（A 产品）	
67 500（14）	182 595（22）
65 175（15）	
49 920（21）	

生产成本（B 产品）	
78 000（14）	164 605（22）
53 325（15）	
33 280（21）	

库存现金	
166 000（16）	166 000（17）
500（20）	2 500（20）

原材料（甲材料）	
	96 900（14）

原材料（乙材料）	
	62 000（14）

银行存款	
	166 000（16）
	17 000（19）

制造费用	
11 500（14）	83 200（22）
23 700（15）	
36 000（18）	
12 000（19）	

管理费用	
1 900（14）	
11 850（15）	
5 000（18）	
3 000（19）	
2 000（20）	

销售费用	
42 660（15）	
4 000（18）	
2 000（19）	

库存商品（A 产品）	
182 590（22）	

库存商品（B 产品）	
182 590（22）	

累计折旧	
	45 000（18）

应付职工薪酬（工资）	
166 000（17）	166 000（15）

应付职工薪酬（福利费）	
	23 240（15）

应付职工薪酬（教育经费）	
	4 150（15）

应付职工薪酬（工会费）	
	3 320（15）

其他应收款（丁凡）	
2 500（20）	2 500（20）

任务五

产品的销售与收款业务

阅读材料

根据《中华人民共和国增值税暂行条例》规定：

第五条　纳税人销售货物或者应税劳务，按照销售额和本条例第二条规定的税率计算并向购买方收取的增值税额，为销项税额。销项税额计算公式：

销项税额 = 销售额 × 税率

第六条　销售额为纳税人销售货物或者应税劳务向购买方收取的全部价款和价外费用，但是不包括收取的销项税额。销售额以人民币计算。纳税人以人民币以外的货币结算销售额的，应当折合成人民币计算。

第七条　纳税人销售货物或者应税劳务的价格明显偏低并无正当理由的，由主管税务机关核定其销售额。

一、销售与收款业务基本介绍

销售与收款业务是企业将完工产品销售出去，收回货币资金的业务，是企业得以再生产的保证。销售业务包括产品销售业务和其他销售业务。

产品销售业务是制造型企业生产完工的商品进入市场流通的过程，基本经济业务有：销售收入的确认与计量；发出产品成本计算；与购货方结算货款；支付各种销售费用、销售税金的计算和缴纳等。

其他销售业务则主要包括销售材料、出租包装物、出租无形资产、出租固定资产等。

二、销售与收款业务主要账户设置

（一）主营业务收入

“主营业务收入”属于损益类账户。用来核算企业销售商品和提供劳务所实现的收入。贷方登记当期企业实现的主营业务收入额，借方登记发生销售退回和销售折让时冲减本期的主营业务收入和期末结转到“本年利润”账户的主营业务收入额。月末结转后无余额，账户按主营业务的种类设置明细分类核算，如表 3－31 所示。

表 3－31

借方　　主营业务收入	贷方
主营业务收入的减少额 （销售退回和销售折让时冲减本期的主营业务收入和期末结转到“本年利润”账户的主营业务收入额）	主营业务收入的增加额 （当期企业实现的主营业务收入额）
	期末余额：结转后无余额

(二) 主营业务成本

"主营业务成本"属于损益类账户。用来核算企业销售商品和提供劳务而发生的实际成本及结转的情况。借方登记主营业务发生的实际成本；贷方登记期末转入"本年利润"账户的主营业务成本。期末后账户没有余额。账户按主营业务的种类项目设置明细账进行明细分类核算，如表3-32所示。

表3-32

借方 主营业务成本	贷方
主营业务成本的增加额 （销售商品的实际成本）	主营业务成本的减少额 （转入"本年利润"账户的主营业务成本）
期末余额：结转后无余额	

(三) 其他业务收入

"其他业务收入"属于损益类账户。用来核算企业除主营业务以外的其他业务收入的实现及结转情况。包括：销售多余材料、出租闲置固定资产、无形资产等。贷方登记当期企业实现的其他业务收入额，借方登记期末结转到"本年利润"账户的其他业务收入额。月末结转后无余额，账户按其他业务的种类设置明细分类核算，如表3-33所示。

表3-33

借方 其他业务收入	贷方
其他业务收入的减少额 （销售退回和销售折让时冲减本期的其他业务收入和期末结转到"本年利润"账户的其他业务收入额）	其他业务收入的增加额 （当期企业实现的其他业务收入额）
	期末余额：结转后无余额

(四) 其他业务成本

"其他业务成本"属于损益类账户。用来核算企业除主营业务以外的其他业务成本的发生及结转情况。借方登记其他业务发生的实际成本包括材料销售成本。提供劳务成本等；贷方登记期末转入"本年利润"账户的其他业务成本。期末后账户没有余额。账户按其他业务的种类项目设置明细账进行明细分类核算，如表3-34所示。

表3-34

借方 其他业务成本	贷方
其他业务成本的增加额 （销售材料等实际成本）	其他业务成本的减少额 （转入"本年利润"账户的其他业务成本）
期末余额：结转后无余额	

(五) 销售费用

"销售费用"属于损益类账户。用来核算企业在销售商品过程中发生的各项销售费用。包括：企业销售人员的薪酬、销售过程中发生的保险费、包装费、展览费、广告费、商品维修费、装卸费、销售部门的业务费、折旧费等。借方登记发生的各项销售费用；贷方登记期末转入"本年利润"账户的销售费用。期末结转后没有余额。账户按费用项目设置明细账，进行明细分类核算，如表3－35所示。

表3－35

借方　　　　销售费用	贷方
销售费用的增加额 （企业销售人员的薪酬、销售过程中发生的保险费、包装费、展览费、广告费、商品维修费、装卸费、销售部门的业务费、折旧费等）	销售费用的减少额 （转入"本年利润"账户的销售费用）
期末余额：结转后无余额	

（六）税金及附加

"税金及附加"属于损益类账户。用来核算企业主营和附营业务负担的各种税金及附加费的计算情况。包括：消费税、城市维护建设税、资源税以及教育费附加等与销售相关的费用。借方登记按税法有关的计税依据计算出的稳中有各种税金及附加费；贷方登记期末转入"本年利润"账户的税金及附加额。期末结转后没有余额，如表3－36所示。

阅读材料

依据财政部关于印发《增值税会计处理规定》的通知财会［2016］22号文规定，全面试行"营业税改征增值税"后，"营业税及附加"科目名称调整为"税金及附加"科目，该科目核算企业经营活动发的消费税、城市维护建设税、资源税、教育费附加及房产税、土地使用税、车船使用税、印花税等相关税费。

表3－36

借方　　　　税金及附加	贷方
税金及附加的增加额 （企业发生的消费税、城市维护建设税、资源税以及教育费附加、房产税、土地使用税、车船使用税、印花税等相关的费用）	税金及附加的减少额 （转入"本年利润"账户的税金及附加
期末余额：结转后无余额	

（七）应收账款

"应收账款"属于资产类账户。用来核算企业销售商品和提供劳务而应向购货方或接受劳务方收取货款的情况。借方登记由于销售商品及以提供劳务而发生的应收账款，包括：应收取的价款、税款和代垫款等；贷方登记已经收回的应收账款。若期末余额在借方，表示企业尚未收回的应收账款；期末余额在贷方表示预收的款项。账户按购货方或接受劳务方设置明细账，进行明细分类核算，如表 3－37 所示。

表 3－37

借方　　应收账款	贷方
应收账款增加额 （销售商品及以提供劳务而发生的应收账款）	应收账款的减少额 （已收回的应收账款）
期末余额：尚未收回的应收账款	期末余额：预收的款项

（八）应收票据

“应收票据”属于资产类账户。用来核算企业销售商品而收到购货方开出并承兑商业承兑汇票或银行承兑汇票的增减变动及结余情况。企业收到购货方开出的商业承兑汇票，记入“应收票据”的借方；票据到期后企业收回货款记入“应收票据”的贷方。期末一般有借方余额，表示尚未到期的票据应收款项的结余金额。可账户不设明细账户，如表 3－38 所示。

表 3－38

借方　　应收票据	贷方
应收票据增加额 （销售商品及以提供劳务而发生的应收票据）	应收票据的减少额 （已收到的应收票据）
期末余额：尚未到期的应收票据	

（九）预收账款

“预收账款”属于负债类账户。用来核算企业按照合同的规定预收购货方订货款的变动及结余情况。贷方登记预收购货方订货款的增加，借方登记销售实现时冲减的预收账款。如果期末余额在贷方表示预收的账款；在借方，表示购货方应补付给本企业的款项。账户按购货方或接受劳务方设置明细账，进行明细分类核算。对于预收账款业务不多的企业，可以不单独设置“预收账款”账户，用“应收账款”账户来核算，如表 3－39 所示。

表 3－39

借方　　预收账款	贷方
预收账款的减少额	预收账款的增加额
期末余额：购货方应补付的款项	期末余额：预收的款项

三、销售与收款业务主要账务处理

阅读材料

根据《中华人民共和国增值税暂行条例》规定：

第三条　纳税人兼营不同税率的货物或者应税劳务，应当分别核算不同税率货物或者应税劳务的销售额；未分别核算销售额的，从高适用税率。

第四条　除本条例第十一条规定外，纳税人销售货物或者提供应税劳务（以下简称销售货物或者应税劳务），应纳税额为当期销项税额抵扣当期进项税额后的余额。应纳税额计算公式：

应纳税额＝当期销项税额－当期进项税额

当期销项税额小于当期进项税额不足抵扣时，其不足部分可以结转下期继续抵扣。

第十五条　下列项目免征增值税：

（一）农业生产者销售的自产农产品；

（二）避孕药品和用具；

（三）古旧图书；

（四）直接用于科学研究、科学试验和教学的进口仪器、设备；

（五）外国政府、国际组织无偿援助的进口物资和设备；

（六）由残疾人的组织直接进口供残疾人专用的物品；

（七）销售的自己使用过的物品。

除前款规定外，增值税的免税、减税项目由国务院规定。任何地区、部门均不得规定免税、减税项目。

【例3－23】　12月10日，安宁有限责任公司出售给华联公司A产品100件，每件不含税售价450元，销售收入45 000元，增值税率16%，应收取增值税额7 200元，已开增值税专用发票，收到款项已存入银行。

销售收入应在“主营业务收入”账户中核算；代收的销售收入的增值税应“应交税费——应交增值税（销项税额）”明细账户用核算；另外，收到的款项已存入银行通过“银行存款”账户核算。编制的会计分录如下：

借：银行存款　　52 200

　　贷：主营业务收入　　45 000

　　　　应交税费——应交增值税（销项税额）　　7 200

【例3－24】　12月15日，安宁有限责任公司出售给丁公司B产品200件，每件不含税售价350元，销售收入70 000元，增值税率16%，应收取增值税额11 200元，已开增值税专用发票，货款尚未收到。

销售收入与代收的销售收入的增值税应在“主营业务收入”、“应交税费——应交增值税（销项税额）”账户中核算；未收到的款项应通过“应收账款”账户核算。编制的会计分录如下：

借：应收账款——丁公司　　81 200

贷：主营业务收入　　70 000

　　应交税费——应交增值税（销项税额）　　11 200

【例3-25】12月18日，安宁有限责任公司收到东方公司预先支付的定货款20 000元，当天已存入银行。12月25日按照合同约定，安宁有限责任公司向东方公司销售A产品400件，每件不含税售价450元，销售收入180 000元，增值税率16%，应收取增值税额28 800元，价税合计208 800元。已开增值税专用发票，12月30日收到剩余货款并存入银行。

（1）12月18日，收到预付款项涉及"银行存款"和"预收账款"两个账户，一方面，使得公司的银行存款增加；另一方面，公司的预收账款也增加。编制的会计分录：

借：银行存款　　20 000

　贷：预收账款——东方公司　　20 000

（2）12月25日，销售收入与代收的销售收入的增值税应在"主营业务收入""应交税费——应交增值税（销项税额）"账户中核算；此前收到预定的部分货款已在"预收账款"中核算，剩余部分未收到的款项也应通过"预收账款"账户核算。编制的会计分录如下：

借：预收账款——东方公司　　208 800

　贷：主营业务收入　　180 000

　　应交税费——应交增值税（销项税额）　　28 800

（3）12月30日，收到东方公司补付的货款188 800元（208 800-20 000），涉及"银行存款"、"预收账款"账户。一方面登记银行存款的增加；另一方面，登记预收账款的增加。

借：银行存款　　188 800

　贷：预收账款——东方公司　　188 800

【例3-26】12月31日，安宁有限责任公司结转本月上述已售A产品、B产品的销售成本，已知A产品的单位成本370元，B产品单位成本300元。

本月共发生了三笔销售业务，其中A产品销售数量500件（100+400），B产品销售数量200件。售出产品使得"库存商品"减少，"主营业务成本"增加。

A产品销售成本=370×500=185 000元

B产品销售成本=300×200=60 000元

编制的会计分录如下：

借：主营业务成本——A产品　　185 000

　　　　　　　——B产品　　60 000

　贷：库存商品——A产品　　185 000

　　　　　　——B产品　　60 000

【例3-27】（1）12月30日，安宁有限责任公司以银行存款支付本月的广告费18 000元（普通发票）；

（2）按本月应交增值税税额的7%和3%分别计算应负担的城市维护建设税及教育附加费，并于31日以现金缴纳了城建税及教育附加费的税款（假设本月发生的增值税进项税42 100元）。

（1）支付广告费涉及"银行存款""销售费用"两个账户。一方面销售费用增加，记入"销售费用"的借方；另一方面，银行存款的减少，记入"银行存款"的贷方。编制的会计分录如下：

借：销售费用	18 000	
贷：银行存款		18 000

（2）本月增值税销项税额 = 7 200 + 11 200 + 28 800 = 47 200 元

本月应交的增值税 = 本月销项税 - 本月进项税

= 47 200 - 42 100

= 5 100 元

应交的城建税 = 5 100 × 7% = 357 元

应交的教育费附加 = 5 100 × 3% = 153 元

该业务的发生涉及"税金及附加"和"应交税费"两个账户。一方面使产品的销售税金增加，记入"税金及附加"的借方；另一方面使企业的应交税费增加，记入"应交税费"的贷方。编制的会计分录如下：

借：税金及附加	510	
贷：应交税费——应交城建税		357
——应交教育费附加		153

（3）以现金缴纳税款，涉及"应交税费""库存现金"账户，一方面使企业的现金减少，记入"库存现金"的贷方；另一方面，使企业的应交的税费减少记入"应交税费"的借方。编制的会计分录如下：

借：应交税费——应交城建税	357	
——应交教育费附加	153	
贷：库存现金		510

【例 3-28】 12 月 31 日，安宁有限责任公司对外出售闲置 W 材料一批，价款 10 000元，增值税额 1 600 元；该批材料为年初时购入，成本为 7 000 元，11 600 元款项已收存银行。

（1）销售材料收入应在"其他业务收入"账户中核算；代收的销售收入的增值税应"应交税费——应交增值税（销项税额）"明细账户用核算；另外，收到的款项已存入银行通过"银行存款"账户核算。编制的会计分录如下：

借：银行存款	11 600	
贷：其他业务收入		10 000
应交税费——应交增值税（销项税额）		1 600

（2）销售材料的成本结转应在"其他业务成本"账户用核算，一方面使得企业的原材料减少记入"原材料"账户的贷方；另一方面使得"其他业务成本"增加，记入该账户的借方。编制会计分录如下：

借：其他业务成本	7 000	
贷：原材料——W 材料		7 000

任务六

企业利润形成与分配业务

阅读材料

根据《中华人民共和国公司法》对利润分配顺序的规定：

企业当年实现的净利润，首先应弥补以前年度尚未弥补的亏损，剩余部分应当按照如下顺序进行分配：1. 提取法定公积金。2. 提取任意公积金。3. 向投资者分配利润或股利。

一、企业利润的含义及其构成

（一）企业利润的含义

企业利润是指企业在一定时期内从事生产经营活动所取得的经营成果，也称财务成果，是企业的收入收益减去费用损失后的差额。收入收益大于费用支出的差额部分称为利润，反之则为亏损。利润是综合反映企业在一定时期生产经营成果的重要指标。关系着企业的稳定发展，以及社会财富的积累。所以，企业必须采取一切措施，增强企业的盈利能力，提高经济效益。

（二）企业利润的构成

营业利润＝营业收入－营业成本－税金及附加－销售费用－管理费用－财务费用－资产减值损失＋（－）公允价值变动损益＋（－）投资收益

其中：营业收入＝主营业务收入＋其他业务收入

营业成本＝主营业务成本＋其他业务成本

利润总额＝营业利润＋营业外收入－营业外支出

净利润＝利润总额－所得税费用

其中：所得税费用是企业按照国家税法的有关规定，对企业某一经营年度实现的经营所得和其他所得，按照规定的所得税率（基本税率25%）计算应缴纳给政府的一种税款。企业所得税通常是按年计算、分期预交、年末汇算清缴，计算公式如下：

应交所得税＝应纳税所得额×所得税税率

应纳税所得额＝利润总额＋（－）所得税前利润中予以调整的项目

二、企业利润分配的顺序

阅读材料

根据《企业财务通则》规定：

第四十九条　企业发生的年度经营亏损，依照税法的规定弥补。税法规定年限内的税前利润不足弥补的，用以后年度的税后利润弥补，或者经投资者审议后用盈余公积弥补。

第五十条　企业年度净利润，除法律、行政法规另有规定外，按照以下顺序分配：

（一）弥补以前年度亏损。

（二）提取10%法定公积金。法定公积金累计额达到注册资本50%以后，可以不再提取。

（三）提取任意公积金。任意公积金提取比例由投资者决议。

（四）向投资者分配利润。企业以前年度未分配的利润，并入本年度利润，在充分考虑现金流量状况后，向投资者分配。属于各级人民政府及其部门、机构出资的企业，应当将应付国有利润上缴财政。

国有企业可以将任意公积金与法定公积金合并提取。股份有限公司依法回购后暂未转让或者注销的股份，不得参与利润分配；以回购股份对经营者及其他职工实施股权激励的，在拟订利润分配方案时，应当预留回购股份所需利润。

第五十一条　企业弥补以前年度亏损和提取盈余公积后，当年没有可供分配的利润时，不得向投资者分配利润，但法律、行政法规另有规定的除外。

企业当年实现的净利润，首先应弥补以前年度尚未弥补的亏损，剩余部分应当按照如下顺序进行分配：

1. 提取法定公积金。公司制企业的法定公积金按照税后利润的10%提取，法定公积金累计额为公司注册资本的50%以上时，可以不再提取。

2. 提取任意公积金。公司从税后利润中提取法定公积金后，经股东会或者股东大会决议，可以从税后利润中提取任意公积金。

3. 向投资者分配利润或股利。

4. 未分配利润。为了稳健起见，企业当年实现的利润都会保留一部分不作分配，以便以后年度弥补亏损，或以后年度进行分配。

当年可供分配的利润 = 年初未分配利润 + 当年实现的净利润

当年已分配的利润 = 提取盈余公积 + 向投资者分配利润

当年年末未分配利润 = 当年可供投资者分配的利润 − 当年已分配的利润

三、企业利润形成与分配主要账户设置

（一）营业外收入

“营业外收入”属于损益类账户。用来核算企业各项营业外收入的实现及其结转情况。如收到其他方的捐赠、处置非流动资产利得、债务重组利得、政府补助、盘盈利得等。贷方登记营业外收入的实现金额，借方登记结转到“本年利润”账户的营业外收入额。月末结转后无余额，账户按收入的具体项目设置明细分类核算，如表3－40所示。

表3-40

借方	营业外收入 贷方
营业外收入的减少额 （期末结转到“本年利润”账户的营业外收入额）	营业外收入的增加额 （当期企业实现的营业外收入额）
	期末余额：结转后无余额

（二）营业外支出

“营业外支出”属于损益类账户。用来核算企业各项营业外支出的发生及结转情况。包括：公益性捐赠支出、盘亏损失、债务重组损失、处置非流动资产损失等。借方登记营业外支出的发生额；贷方登记期末转入“本年利润”账户的营业外支出。期末结转后没有余额。账户按支出的具体项目设置明细账进行明细分类核算，如表3-41所示。

表3-41

借方	营业外支出 贷方
营业外支出的增加额 （当期企业发生的各项营业外支出）	营业外支出的减少额 （转入“本年利润”账户的营业外支出）
期末余额：结转后无余额	

（三）投资收益

“投资收益”属于损益类账户。用来核算企业对外投资实现的收益或损失及其结转情况，如企业把资金投放于债券、股票或房地产所取得的收益。贷方登记实现的投资收益和期末转入“本年利润”账户的投资净损失；借方登记发生的投资损失和期末结转到“本年利润”账户的投资净收益额。月末结转后无余额，账户按投资的种类设置明细分类核算，如表3-42所示。

表3-42

借方	投资收益 贷方
投资收益的减少额 （期末结转到“本年利润”账户的投资收益额）	投资收益的增加额 （当期企业实现的投资收益额）
	期末余额：结转后无余额

（四）本年利润

“本年利润”属于所有者权益类账户。用来核算企业一定时期内净利润的形成或亏损的发生情况。贷方登记会计期末转入的稳中有各项收入收益。包括：主营业务收入、其他业务收入、投资收益、营业外收入等；借方登记期末转入的当期费用，包括：主营业务成本、其他业务成本、管理费用、财务费用、销售费用、营业外支出、和所得税费用等。年末，如果各项收入和费用转入后贷方金额大于借方金额，表明企业实现了盈利，贷方金额减去借方既为企业的净利润。反之，为企业的亏损。若为净利润，应从“本年利润”账户的借方转入“利润分配”账户的贷方，若为净亏损，应从“本年利润”账户的贷方转入“利润分配”账户的借方。经过结转之后，“本年利润”账户年末没有余额，如表 3－43 所示。

表 3－43

借方　　本年利润　　贷方

期末转入的各项费用 （主营业务成本、其他业务成本、管理费用、财务费用、销售费用、营业外支出、税金及附加、所得税费用以及年末转入未分配利润的净利润）	期末转入的各项收入收益 （主营业务收入、其他业务收入、投资收益、营业外收入以及年末转入未分配利润的净亏损）
	期末余额：年末结转后无余额

（五）所得税费用

“所得税费用”属于损益类账户。用来核算企业根据有关规定在当期损益中扣除的所得税费用的计算及结转的情况。借方登记按照应纳税所得额计算出的所得税费用额，贷方登记期末结转到“本年利润”账户的所得税费用额。月末结转后无余额，如表 3－44 所示。

表 3－44

借方　　所得税费用　　贷方

所得税费用的增加额 （当期企业发生的所得税费用）	所得税费用的减少额 （转入“本年利润”账户的所得税费用）
期末余额：结转后无余额	

（六）利润分配

“利润分配”属于所有者权益账户。用来核算企业一定时期内净利润的分配或亏损的弥补以及历年结存的未分配利润或未弥补的亏损情况。借方登记实际分配的利润额，包括：提取盈余公积、给投资者分配利润以及年末从“本年利润”贷方转入的全年累计亏损额。贷方登记用盈余公积弥补的亏损以及年末从“本年利润”账户借方转入的全年累计收益额。利润分配账户一般设置以下几个主要的明细账户：“盈余公积补亏”、“提取法定盈余公积”、“提取任意盈余公积”、“应付现金股利”、“未分配利润”。年末，应将“利润分配”账户下的其他明细账户的余额转入“未分配利润”明细账户，除“未分配利润”明细有余额外，其他的各项明细均无余额，如表 3－45 所示。

表 3－45

借方　　　　　　　利润分配	贷方
实际分配的利润额以及年末从“本年利润”贷方转入的全年累计亏损额	盈余公积弥补亏损以及年末从“本年利润”账户借方转入的全年累计收益额
	期末余额：企业累计的未分配利润

（七）盈余公积

“盈余公积”属于所有者权益类账户。用来核算企业从税后利润中提取的盈余公积金，包括法定盈余公积、任意盈余公积的增减变动及结余情况。贷方登记提取的盈余公积金，借方登记实际使用的盈余公积金，期末余额在贷方，表示结余的盈余公积金。账户设置“法定盈余公积”、“任意盈余公积”明细分类核算，如表 3－46 所示。

表 3－46

借方　　　　　　　盈余公积	贷方
盈余公积的减少额 （实际使用的盈余公积金）	盈余公积的增加额 （提取的盈余公积金）
	期末余额：结余的盈余公积金

（八）应付股利与应付利润

“应付股利”属于负债类账户。用来核算企业按照股东大会或董事会等决议分配给投资者的股利，贷方登记应付给投资者的股利金额，借方登记实际支付给投资者的股利金额。期末余额在贷方，表示企业应付而未付的股利，如表 3－47 所示。“应付利润”适用于除股份有限公司之外的其他类型企业，如有限责任公司合伙企业等。

表 3－47

借方　　　　　　　应付股利（利润）	贷方
应付股利（利润）的减少额 （实际支付给投资者的股利（利润）金）	应付股利（利润）的增加额 （应付给投资者的股利（利润））
	期末余额：应付而未付的股利（利润）

四、企业利润核算与分配主要账务处理

（一）企业利润核算账务处理

【例 3－29】 年末，安宁有限责任公司确定一笔应付给国泰公司的账款 6 000 元因国泰公司已解散确定为无法支付的款项，予以转销。

该业务的发生涉及“营业外收入”和“应付账款”两个账户，一方面使企业的营业外收入增加记入“营业外收入”账户的贷方；另一方面使企业的应付账款增加该企业的有关会计分录如下：

借：应付账款　　　　6 000

　　贷：营业外收入　　　　6 000

【例3-30】 安宁有限责任公司以银行存款30 000元参与边远地区“阳光早餐”公益性捐赠。

该业务的发生涉及“营业外支出”和“银行存款”两个账户，一方面使公司的银行存款减少了30 000元记入“银行存款”账户的贷方，另一方面使得公司的营业外支出增加记入“营业外支出”账户的借方。有关会计分录如下：

借：营业外支出　　30 000
　　贷：银行存款　　30 000

【例3-31】 安宁有限责任公司12月15日以银行存款购入某一为了交易目的而持有的股票，买价为85 000元。

12月15日，持有目的是为了近期内出售的有价证券在“交易性金融资产”账户下核算。该业务的发生涉及“交易性金融资产”和“银行存款”两个账户，一方面使公司的银行存款减少了85 000元记入“银行存款”账户的贷方；另一方面使得公司的持有的股票增加记入“交易性金融资产”账户的借方。有关会计分录如下：

借：交易性金融资产　　85 000
　　贷：银行存款　　85 000

【例3-32】 12月31日卖出该股票，共计90 000元，收到款项已在银行。

售出价格减去买入价格的差额应确认为企业的投资收益。该业务的发生涉及“交易性金融资产”、“投资收益”和“银行存款”三个账户，一方面使公司的银行存款增加了90 000元记入“银行存款”账户的借方；另一方面使得公司的持有的股票减少记入“交易性金融资产”账户的贷方，获得的投资收益5 000元（90 000－85 000）应记入投资收益账户的贷方，表示投资收益的增加。有关会计分录如下：

借：银行存款　　90 000
　　贷：交易性金融资产　　85 000
　　　　投资收益　　5 000

【例3-33】 安宁有限责任公司2018年度全年损益类账户累计发生额合计如下表，计算安宁有限责任公司本年度应交所得税额（所得税率25%，无纳税调整事项）、编制确认所得税费用、收入收益类和费用损失类结转到本年利润的会计分录，如表3-48所示。

表3-48　2018年度全年损益类账户累计发生额合计　　单位：元

费用损失类		收入收益类	
项目	金额	项目	金额
主营业务成本	1 526 500	主营业务收入	2 274 000
其他业务成本	20 600	其他业务收入	134 000
营业税金及附加	60 000	投资收益	79 200
管理费用	395 600	营业外收入	84 800
财务费用	2 500		
销售费用	46 800		
营业外支出	30 000		
合计	2 082 000	合计	2 572 000

（1）企业本年度应交所得税计算公式＝应纳税所得额×所得税税率

＝（2 572 000－2 082 000）×25%

＝490 000×25%

＝122 500元

（因为不存在纳税调整事项，应纳税所得额即为利润总额）

该业务的发生涉及“应交税费”和“所得税费用”两个账户，一方面使公司的应交所得税增加了122 500元记入“应交税费——应交所得税”账户的贷方；另一方面使得公司的所得税费用增加记入“所得税费用”账户的借方。有关会计分录如下：

借：所得税费用　　122 500

　贷：应交税费——应交所得税　　122 500

（2）年末，将全年收入收益类结转到本年利润，这项经济业务的发生，一方面使得公司的有关损益类账户中所记录的各种收入减少了；另一方面使得公司的利润额增加了。因此涉及“主营业务收入”、“其他业务收入”、“投资收益”、“营业外收入”以及“本年利润”五个账户。各项收入的结转是收入的减少，记入“主营业务收入”、“其他业务收入”、“投资收益”、“营业外收入”账户的借方，利润的增加是所有者权益的增加，应记入“本年利润”账户的贷方。应编制的会计分录：

借：主营业务收入　　2 274 000

　其他业务收入　　134 000

　投资收益　　79 200

　营业外收入　　84 800

　贷：本年利润　　2 572 000

（3）将全年费用损失类结转到本年利润，这项经济业务的发生，一方面使得公司的有关损益类账户中所记录的各种费用损失减少了；另一方面使得公司的利润额减少了。因此，该项经济业务涉及“主营业务成本”、“其他业务成本”、“税金及附加”、“管理费用”、“财务费用”、“销售费用”、“营业外支出”、“所得税费用”以及“本年利润”九个账户。各项费用损失类的结转是费用损失类的减少，记入“主营业务成本”、“其他业务成本”、“税金及附加”、“管理费用”、“财务费用”、“销售费用”、“营业外支出”、“所得税费用”账户的贷方，利润的减少是所有者权益的减少，应记入“本年利润”账户的借方。应编制的会计分录，如表3－49所示。

借：本年利润　　2 204 500

　贷：主营业务成本　　1 526 500

　　其他业务成本　　20 600

　　税金及附加　　60 000

　　管理费用　　395 600

　　财务费用　　2 500

　　销售费用　　46 800

　　营业外支出　　30 000

　　所得税费用　　122 500

表 3-49

借方	本年利润		贷方
年末转入的各项费用		年末转入的各项收入收益	
主营业务成本	1 526 500	主营业务收入	2 274 000
其他业务成本	20 600	其他业务收入	134 000
税金及附加	60 000	投资收益	79 200
管理费用	395 600	营业外收入	84 800
财务费用	2 500		
销售费用	46 800		
营业外支出	30 000		
所得税费用	122 500		
（借方合计额 =2 204 500 元）		（贷方合计额 =2 572 000 元）	
		未转入利润分配前贷方余额 =2 572 000 －2 204 500 =367 500 元（企业实现的净利润）	

（二）企业利润分配账务处理

【例 3-34】 安宁有限责任公司结转“本年利润”账户中实现的净利润。

根据前述业务可知，安宁有限责任公司本年实现的净利润为 367 500 元，这项经济业务的发生，涉及“利润分配——未分配利润”和“本年利润”两个账户。一方面使得公司的未分配利润增加 367 500 元；另一方面使得公司的本年利润减少了 367 500 元。未分配利润的增加是所有者权益的增加记入“利润分配——未分配利润”账户的贷方，本年利润的减少是所有者权益的减少记入“本年利润”的借方。编制的会计分录如下：

借：本年利润　　367 500

　　贷：利润分配——未分配利润　　367 500

【例 3-35】 安宁有限责任公司按照股东大会决议，本年应分配结股东的现金利润 100 000 元。次日以银行存款支付。因本例是有限公司分配利润；故使用“应付利润”科目。

（1）决议分配现金股利。该项经济业务的发生，一方面使得公司的可供分配利润减少 100 000 元；另一方面使得公司的应付而未付的现金利润增加了 100 000 元。因此该项经济业务涉及“利润分配”和“应付利润”两个账户。可供分配利润的减少是所有者权益的减少记入“利润分配”账户的借方，应付而未付现金利润的增加是负债的增加记入“应付利润”的贷方。编制的会计分录如下：

借：利润分配——应付现金利润　　100 000

　　贷：应付利润　　100 000

（2）以银行存款支付现金利润。该项经济业务的发生，一方面使得公司的银行存款减少 100 000 元；另一方面使得公司的应付而未付的现金利润减少了 100 000 元。因此该项经济业务涉及“银行存款”和“应付利润”两个账户。可银行存款的减少记入“银行存款”账户的贷方，应付而未付现金利润的减少是负债的的减少记入“应付利润”的借方。编制的会计分录如下：

借：应付利润　　　　　　　　　　　　　　　　　　　　100 000

　　贷：银行存款　　　　　　　　　　　　　　　　　　　　100 000

【例 3-36】 年末，安宁有限责任公司按照规定按净利润的 10% 提取法定盈余公积金。

根据前述业务可知，安宁有限责任公司本年实现的净利润为 367 500 元，因而提取的法定盈利公积金为 36 750 元，这项经济业务的发生，一方面使得公司的可供分配利润减少 36 750 元；另一方面使得公司的盈余公积金增加了 36 750 元。因此该项经济业务涉及“利润分配”和“盈余公积”两个账户。可供分配利润的减少是所有者权益的减少记入“利润分配”账户的借方，盈余公积金的增加是所有者权益的增加记入“盈余公积”的贷方。编制的会计分录如下：

借：利润分配——提取法定盈余公积　　　　　　　　　　36 750

　　贷：盈余公积　　　　　　　　　　　　　　　　　　　　36 750

【例 3-37】 安宁有限责任公司结转“利润分配”账户下除“利润分配——未分配利润”账户中的发生额。

根据前业务可知，安宁有限责任公司本年度“利润分配”账户除“利润分配——未分配利润”外其他的明细账户有“利润分配——提取法定盈余公积”和“利润分配——应付现金利润”两个明细账户，发生额分别为“提取法定盈余公积 36 750 元”、“应付现金利润 100 000 元”。这项经济业务的发生，涉及“利润分配——未分配利润”和“利润分配——提取法定盈余公积”、“利润分配——应付现金利润”三个利润分配下的明细账户。“利润分配——提取法定盈余公积”、“利润分配——应付现金利润”账户的贷方转入“利润分配——未分配利润”，是“利润分配”账户下不同明细间的结转。编制的会计分录如下：

借：利润分配——未分配利润　　　　　　　　　　　　136 750

　　贷：利润分配——提取法定盈余公积　　　　　　　　　　36 750

　　　　　　　　——应付现金利润　　　　　　　　　　　100 000

年末结转后，“利润分配”账户下只有“利润分配——未分配利润”明细账户有余额。

利润分配【例 3-34】至【例 3-37】T 型账户本期发生额核算，如表 3-50 所示。

表 3-50

利润分配（未分配利润）

136 750（37）	367 500（34）

利润分配（提取法定盈余公积）

36 750（36）	36 750（37）

利润分配（应付现金利润）

100 000（35）	100 000（37）

本年利润

367 500（34）	367 500 表3-49 贷方余额

盈余公积

	36 750（36）

银行存款

	100 000（35）

应付利润

100 000（35）	100 000（35）

思考与练习

一、单项选择题

1. 为反映企业投资人投入资本变动情况，应设置（　　）账户。

A. 长期借款　　B. 实收资本

C. 银行存款　　D. 投资收益

2. 按照合同规定向购买方预收的货款应确认为企业的（　　）

A. 负债　　B. 资产

C. 销售收入　　D. 其他收入

3. 甲企业（增值税一般纳税人）购入材料15吨，以银行存款支付货款15 000元、增值税额2 400元、运费150元，则该材料的采购成本为（　　）。

A. 17 550元　　B. 19 050元　　C. 15 000元　　D. 15 150元

4. 正在生产的在产品成本在下列什么账户中进行核算（　　）。

A. “生产成本”总分类账户　　B. “库存商品”总分类账户

C. “其他业务成本”明细分类账户　　D. “主营业务成本”总分类账户

5. 下列各账户中，期末可能有余额的是（　　）。

A. 管理费用　　B. 财务费用

C. 制造费用　　D. 生产成本

6. 下列支出中，应计入“制造费用”账户的是（　　）。

A. 利息支出　　B. 生产车间机器设备的折旧费

C. 企业支付的保险费　　D. 行政管理人员的薪酬

7. 企业购入材料入库前的整理挑选费用应计入（　　）。

A. 材料采购成本　　B. 管理费用

C. 生产成本　　D. 制造费用

8. 销售产品计算增值税时，应记的科目是（　　）。

A. “主营业务收入”　　B. “税金及附加”

C. “应交税费”的借方　　D. “应交税费”的贷方

9. 企业计算应交的所得税时，应借记的科目是（　　）。

A. “税金及附加”　　B. “应交税费”

C. “所得税费用”　　D. “利润分配”

10. 年末，某企业“利润分配——未分配利润”账户贷方余额为180万元，表示（　　）。

A. 本年实现的利润总额　　B. 累计实现的营业利润
C. 累计实现的利润总额　　D. 累计的未分配利润

11. 企业收到投资者投入的资金贷方应记（　　）账户。
A. 固定资产　　B. 银行存款
C. 实收资本　　D. 库存现金

12. 本年主营业务利润 30 000 元，其他业务利润 10 000 元。营业利润 5 000 元，营业外收支净额 1 000 元，则利润总额为（　　）。
A. 41 000 元　　B. 46 000 元
C. 6 000 元　　D. 36 000 元

13. 下列项目中属于营业外收入的有（　　）。
A. 销售产品收入　　B. 出售材料收入
C. 出租厂房的收入　　D. 收到外单位的资金捐赠

14. 下述各项目中，应计入“销售费用”账户的是（　　）。
A. 为销售产品而发生的广告费　　B. 销售产品的价款
C. 已销产品的生产成本　　D. 销售产品所收取的各项税款

15. 年末结转后，下列“利润分配”账户明细科目有余额的是（　　）。
A. 提取法定公积金　　B. 应付股利
C. 未分配利润　　D. 提取任意公积金

16. 与企业生产经营无直接联系的支出是（　　）。
A. 管理费用　　B. 营业外支出
C. 销售费用　　D. 其他业务成本

17. “本年利润”账户贷方余额表示（　　）。
A. 本期实现的净利润额　　B. 本期实现的亏损额
C. 累计的未分配利润　　D. 本期实现的营业利润额

18. “无形资产”账户核算无形资产的（　　）。
A. 买价　　B. 净值　　C. 累计摊销额　　D. 原价

19. “预收账款”账户核算属于（　　）。
A. 资产类　　B. 负债类　　C. 所有者权益类　　D. 损益类

20. 根据权责发生制原则，下列各项属本年度收入的有（　　）。
A. 本年度销售产品一批，货款下年初结算
B. 收到上年度所销产品的货款
C. 本年预收货款，产品下年交付
D. 本年度签订下一年度的销售合同

二、多项选择题

1. 投资者可以用（　　）向企业投资。
A. 材料　　B. 现金
C. 固定资产　　D. 无形资产
E. 银行存款

2. 下列费用中属于销售费用的有（　　）。

A. 广告宣传费　　B. 产品包装费

C. 销售人员的薪酬　　D. 产品展览费

E. 采购人员的差旅费

3. 下列应计入“制造费用”账户的有（　　）。

A. 生产车间办公费　　B. 车间管理人员的薪酬

C. 行政管理人员的薪酬　　D. 车间使用的水电费

E. 车间固定资产折旧费

4. 下列属于期间费用的有（　　）。

A. 直接材料　　B. 制造费用

C. 销售费用　　D. 管理费用

E. 财务费用

5. 下列哪些账户期末结转后无余额（　　）。

A. 主营业务收入　　B. 制造费用

C. 主营业务成本　　D. 销售费用

E. 管理费用

6. 材料领用业务核算，可能涉及的账户有（　　）。

A. 原材料　　B. 制造费用

C. 生产成本　　D. 在途物资

E. 应付账款

7. 下列费用中，能直接记入产品生产成本的项目有（　　）。

A. 生产领用材料　　B. 生产工人工资

C. 生产工人奖金　　D. 车间管理人员工资

E. 车间管理人员奖金

8. 计提固定资产折旧时，与“累计折旧”账户对应的借方账户可以是（　　）。

A. 生产成本　　B. 制造费用

C. 管理费用　　D. 财务费用

E. 销售费用

9. 下列应计入材料采购成本的有（　　）。

A. 材料买价　　B. 材料增值税额

C. 运输途中的合理损耗　　D. 采购材料的运杂费

E. 材料入库前的挑选整理费

10. 下列应计入管理费用的项目包括（　　）。

A. 企业开办费　　B. 产品销售费用

C. 企业业务招待费　　D. 技术转让费

E. 行政部门水电费

三、判断题

1. “管理费用”账户的借方发生额，应于期末采用一定的方法计入产品生产成本。（　　）

2. 计提固定资产折旧，表明固定资产价值的减少，应计入“固定资产”账户的贷方。（　　）

3. 在权责发生制下，企业本期预收的货款，本期不能确认为收入。（　　）

4. “本年利润”账户属于所有者权益类账户。（　　）

5. “短期借款”账户用来核算、监督企业借入期限在一年以上的各种借款。（　　）

6“累计折旧”借方登记减少数，贷方登记增加数，属于负债类账户。（　　）

7. 盈余公积的主要用途是给投资者分配利润。（　　）

8. 销售部门领用的原材料应计入“管理费用”账户的借方。（　　）

9. “利润分配——未分配利润”明细账户的贷方余额为历年累计未弥补亏损。（　　）

10. “生产成本”账户期末如有借方余额，为尚未加工完成的在产品成本。（　　）

四、综合练习题

1. 练习资金筹集与投资业务核算。

资料：某工业企业发生以下经济业务。

（1）接受中华公司投入一批原材料，材料价款 200 000 元，可抵扣的增值税 32 000 元。

（2）企业收到投资人投入资金 300 000 元，款项已存入银行。

（3）收到华联公司投入的一项土地使用权，双方确认的价格 250 000 元。

（4）企业从银行借入流动资金 100 000 元，期限半年，年利率 6%，款项已存入银行。

（5）从银行存款中支付本月短期借款利息 500 元。

（6）本月计提上年借入的长期借款利息 60 000 元，符合资本化固定资产在建期间的借款利息 6 000 元。

（7）企业以银行存款 200 000 元购买商标权一项。

（8）按规定将盈余公积金 30 000 元转作资本金。

（9）按规定将资本公积金 20 000 元转作资本金。

（10）购进 1 台不需要安装的生产设备，买价 100 000 元，增值税额 16 000 元，装卸费 400 元，所有款项均以银行存款支付，设备已交付使用。

要求：根据上述资料编制会计分录。

2. 练习材料采购与付款过程业务的核算。

资料：某工业企业 2018 年 10 月份发生下列经济业务：

（1）向 M 公司购进甲材料 5 吨，单价 12 000 元，价款计 60 000 元，增值税 9 600 元，M 公司代垫运费 800 元，增值税专用发票和运输发票已寄到企业。材料已收到并已验收入库，材料价款及代垫运费暂欠。

（2）以银行存款10 000元预付供应单位飞翔公司乙材料购料款项。

（3）用银行存款支付上述甲材料的价款及代垫运费。

（4）从供应单位飞翔公司购进乙材料5吨，单价10 000元，增值税8 000元，以原预付款项抵付，其他款项以银行存款支付，材料尚未运到。

（5）向华泰公司购进丙材料10吨，单价11 000元，价款110 000元，增值税17 600元，材料尚未运到，款项未支付。

（6）乙、丙两种材料同时到达企业并验收入库，共发生入库前的挑选整理费3 000元（按材料重量比例分摊），用现金支付。

（7）以现金支票支付向华泰公司购买丙材料的价款。

要求：根据上述经济业务编制会计分录。

3. 练习产品生产业务的核算。

资料：某工业企业2018年10月份发生以下经济业务：

（1）本月生产领用材料情况如下：

材料发出汇总表　　（金额单位：元）

用　途	甲材料	乙材料	合　计
A产品	32 000	45 000	77 000
B产品	68 000	38 000	106 000
车间一般耗用	2 000	500	2 500
行政管理部门领用		500	500
合　计	102 000	84 000	186 000

（2）结算本月应付工资68 000元，其中生产A产品生产工人工资30 000元，生产B产品生产工人工资20 000元，车间管理人员工资10 000元，厂部管理人员工资8 000元，并按工资总额14%计提职工福利费，填入下表。

应付职工薪酬汇总表　　（金额单位：元）

用　途	工　资	福利费	合　计
A产品生产工人薪酬	30 000		
B产品生产工人薪酬	20 000		
车间管理人员薪酬	10 000		
行政管理部门薪酬	8 000		
合　计	68 000		

（3）从银行存款提取现金68 000元。

（4）用现金发放职工工资68 000元。

（5）用银行存款支付本月水电费计7 200元，其中车间分配6 200元，行政管理部门分配1 000元。

（6）计提本月固定资产折旧费8 500元，其中车间生产用固定资产折旧费为6 500

元，行政管理部门固定资产折旧费2 000元。

（7）按生产工人工资的比例分摊并结转本月制造费用。

（8）本月投产A产品100件，全部完工；B产品200件，全部未完工。A产品已全部完工入库，结转完工产品成本。

要求：根据上述经济业务编制会计分录。

4. 练习销售过程和财务成果业务的核算。

资料：某工业企业12月份发生以下经济业务：

（1）12月1日，销售A产品100件，单价1 900元，货款190 000元，销项税额32 300元，款项已存入银行。

（2）12月15日销售B产品150件，单价2 000元，计300 000元，销项税额48 000元，款项尚未收到。

（3）12月16日，预收其他公司订货款项50 000元。

（4）12月18日，用银行存款支付A、B产品的广告费用共计1 350元。

（5）12月25日销售丙材料500千克，单价24元，价款12 000元，增值税额1 920元，货款已存入银行，其采购成本为9 800元。

（6）12月28日销售A产品150件，单价1 900元，货款285 000元，销项税额45 600元，12月16日已预收部分订货款项，剩余款项当天收到已存入银行。

（7）计算应交城市维护建设税1 260元，教育费附加540元。

（8）结转已销产品生产成本：A产品单位成本1 450元，B产品单位成本1 500元。

（9）月末将“主营业务收入”、“其他业务收入”账户结转到“本年利润”账户。

（10）月末将“主营业务成本”、“税金及附加”、“其他业务成本”、“销售费用”结转到“本年利润”账户。

要求：根据以上经济业务编制会计分录。

5. 练习期末“本年利润”、“利润分配”账户结转。

资料：某工业企业年末结转“本年利润”账户余额之前，“本年利润”总账贷方余额1 200 000元。

（1）计算并结转本年应交所得税，税率为25%（无纳税调整事项）。

（2）将本年实现的净利润转入“利润分配”账户。

（3）按净利润的10%提取法定盈余公积。

（4）按净利润的5%计提任意盈余公积金。

（5）企业决定向投资者分配利润20 000元。

（6）将“利润分配——提取法定盈余公积”、“利润分配——提取任意盈余公积”、“利润分配——应付股利”明细账余额结转“利润分配——未分配利润”账户。

要求：编制有关会计分录。

项目四

填制和审核会计凭证

认知目标：

1. 了解会计凭证的意义
2. 知道会计凭证的概念和种类
3. 知道原始凭证与记账凭证的区别
4. 理解原始凭证、记账凭证的基本内容和填制要求
5. 掌握原始凭证、记账凭证的填制和审核方法
6. 了解会计凭证的传递和保管方法

学习重点与难点：

1. 识别各种原始凭证和记账凭证
2. 正确填制与审核各种常用的原始凭证
3. 正确填制与审核各种记账凭证
4. 正确装订各种会计凭证

任务一

会计凭证概述

引例

公司采购部经理王海手中拿着两张火车票合计 150 元、一张汽油票 200 元，一并交给会计学徒李芳，另外李芳从总经理手中接过了已经签字的现金报账单 1 200 元（销售部经理黄中的）。下午 3 点，主管孙林从电脑的金蝶系统中打出“记账凭证 1/2、2/2”交给学徒张民，需转交经理赵强。李芳与张民见面后，两人在争论，我的手里是原始凭证，你的手里是记账凭证，争论不休，一时无法定论，两人去见经理求解。

问：什么是会计凭证、原始凭证、记账凭证？

阅读材料

根据《中华人民共和国会计法》的规定：

各单位必须根据实际发生的经济业务事项进行会计核算，填制会计凭证，登记会计账簿，编制财务会计报告。任何单位和个人不得伪造、变造会计凭证、会计账簿及其他会计资料，不得提供虚假的财务会计报告。第十四条规定会计凭证包括原始凭证和记账凭证。

一、会计凭证的概念

会计凭证是在经济业务发生时取得或填制的，用以证明经济业务的发生或完成情况，并作为记账原始依据的原始证明。

真实性是会计信息质量的第一个基本要求。为了保证会计信息的真实可靠，任何单位在进行会计核算时都必须有真凭实据，即能够证明经济业务发生和完成情况的书面证明文件。例如，企业购买生产所需的原材料须从供货方取得“销货发票”，支出款项要由收款方开具“收据”，原材料验收入库必须填制“收料单”，生产领用材料要填制“领料单”，销售商品要填制“发货单”、“销售发票”。这些书面文件必须由经办业务的有关部门和个人取得或填制，并及时送交会计部门进行核算。这里所说的书面文件在会计上称为会计凭证。任何会计凭证都必须经过有关人员的严格审核并确认无误后，才能作为记账的依据。

二、会计凭证的意义

合法地取得、正确地填制和审核会计凭证，是会计核算的基本方法之一，也是会计核算工作的起点。填制和审核会计凭证是会计核算的起始环节，是会计核算的一种重要方法。会计凭证在经济活动和会计工作中具有重要的意义。

（1）会计凭证是对经济业务真实、合法、准确的证明。空白的凭证一旦填入经济业务，并经有关人员签章后，就具有了法律效力。取得和填制会计凭证可以证明经济业务是否真实发生，是否符合国家有关财经法规，所列金额是否准确无误。

（2）会计凭证是确定经济业务有关各方责任的依据。各种会计凭证上都有有关部门及人员的签字和盖章。一旦发生差错和纠纷，可据此追究各人应负的责任，从而强化责任感。

（3）会计凭证是登记会计账簿的依据。会计凭证的填制可以全面记录企业日常发生的全部经济业务，经过审核无误的会计凭证，可以作为记账、算账的依据，以确保会计核算资料的正确。

（4）会计凭证是监督经济活动，控制经济运行的主要依据。通过会计凭证的审核，可以检查企业的各项经济业务是否符合国家有关政策、法律法规和制度等的规定，是否符合企业计划和预算进度，是否有违法乱纪、铺张浪费等行为，监督经济活动的真实性、合法性、合理性。对于查出的问题，应积极采取措施予以纠正，实现对经济活动的事中控制，保证经济活动健康运行。

三、会计凭证的种类

各单位的经济活动复杂多样，因而用来反映经济活动的会计凭证也多种多样，按其填制程序和用途不同，通常分为原始凭证和记账凭证两种，这两种会计凭证又可以细分为几种会计凭证，如图 4－1 所示。

- 会计凭证
  - 原始凭证
    - 外来原始凭证
    - 自制会计凭证
      - 一次原始凭证
      - 累计原始凭证
      - 汇总记账凭证
      - 记账编制凭证
  - 记账凭证
    - 通用记账凭证
    - 专用记账凭证
      - 收款凭证
      - 付款凭证
      - 转账凭证

图 4－1　会计凭证分类示意图

● 请注意

原始凭证和记账凭证同属于会计凭证，但其性质却截然不同。前者由本单位或外单位的经办部门和人员填制，记录的是经济信息，是编制记账凭证的依据和会计核算的基础，后者由本单位的会计部门和会计人员填制，记录的是会计信息，是会计核算的起点。

【引例解答】

火车票与汽油票是原始凭证，“记账凭证 1/2、2/2” 是记账凭证，两者都是会计凭证。

任务二

原始凭证

引例

安宁有限责任公司制单会计孙广拿一张空白增值税发票交给出纳学徒张民，请张民填写，业务内容是：安宁有限责任公司 2018 年 5 月 20 日收到南胜建筑公司铝材款共计 116 000 元，其中含税单价 14.5 元/千克，数量 8 000 千克（增值税率 16%），于是张民填写了如下增值税，请问下表 4－1 增值税专用发票存在哪些问题？

表 4－1　　**广西增值税专用发票**　　№230062141

此联不作报销、扣税凭证使用

（全国统一发票监制章　广西　国家税务总局监制）

开票日期：2018 年 5 月 20 日

购货单位	名　　称：南胜建筑公司 纳税人识别号：351448039672217 地 址、电 话：广西南宁市 开户行及账号：南宁建行支行 465－1			密码区			
货物或应税劳务名称	规格型号	单位	数量	单价	金额	税率	税额
铝材型		千克	8 000	14.50	116 000.00		
合计：					116 000.00		
价税合计（大写）	壹拾壹万陆仟元零佰零拾零元零角零分				（小写）￥116 000.00		
销货单位	名　　称：安宁有限责任公司 纳税人识别号：465280104013888 地 址、电 话：江南区正街 175 号 开户行及账号：中国工商银行江南支行 685088096022			备注	（安宁有限责任公司　发票专用章　465280104013888）		

收款人：　　复核：　　开票人：张民　　销货单位：（章）

第三联：记账联　销货方记账凭证

阅读材料

根据《中华人民共和国会计法》对原始凭证的规定：

第十四条　会计凭证包括原始凭证和记账凭证。办理本法第十条所列的经济业务事项，必须填制或者取得原始凭证并及时送交会计机构。会计机构、会计人员必须按照国家统一的会计制度的规定对原始凭证进行审核，对不真实、不合法的原始凭证有权不予接受，并向单位负责人报告；对记载不准确、不完整的原始凭证予以退回，并要求按照国家统一的会计制度的规定更正、补充。

原始凭证又称为单据，是由业务部门经办人员在办理经济业务时直接取得或填制的，用以记录或证明经济业务发生或完成情况并明确有关经济责任的一种原始凭据。任何经济业务发生都必须填制和取得原始凭证，原始凭证是会计核算的原始依据。原始凭证的质量直接影响到会计信息的真实性和可靠性。原始凭证是证明经济业务发生的原始依据，具有较强的法律效力，是一种很重要的会计凭证。

一、原始凭证的种类

纷繁复杂的经济业务导致原始凭证的品种繁多，为了更好地认识和利用原始凭证，必须按照一定标准对原始凭证进行分类。原始凭证按照不同的分类标准，可以属于不同的种类。

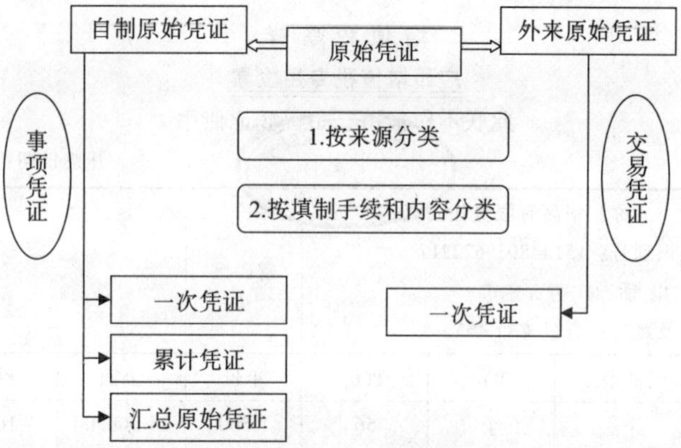

图 4-2　原始凭证种类

（一）原始凭证按其来源不同分类

原始凭证按其来源不同分类，可以分为外来原始凭证和自制原始凭证两种。

1. 外来原始凭证

外来原始凭证，是指在经济业务活动发生或完成时，从其他单位或个人直接取得的原始凭证。如增值税专用发票、非增值税及小规模纳税人的发票、对外直接支付款项时取得的收据、职工出差取得的飞机票、由银行转来的结算凭证和对外支付款项时取得的收据等都是外来原始凭证，如表 4-2、表 4-3 所示。

2. 自制原始凭证

自制原始凭证是指由本单位内部经办业务的部门和人员，在执行或完成某项经济业务时所填制的、仅供本单位内部使用的原始凭证。如本企业在开具的商品或材料入库单、领料单、现金存款单、差旅费报销单、固定资产折旧计算表、收款收据、限额领料单以及发料凭证汇总表等，其格式如表 4-4 所示。

表 4－2

地 税 票 样

广西柳州市服务业专用发票 地税监

发票联

（02813－040835）

8101－0059484

顾客名称：安宁有限责任公司 2018 年 5 月 25 日

货品名称	规格	单位	数量	单价	超过十万元无效	金额 十	万	千	百	十	元	角	分
包车费用		辆	3	500				1	5	0	0	0	0
合计人民币	（大写）壹仟伍佰元整						¥	1	5	0	0	0	0

开票人：孙二 收款人：张也 开票收款单位及地址（盖章）

表 4－3

增 值 税 票 样

广西增值税专用发票 №130062140

此联不作报销、扣税凭证使用

开票日期：2018 年 5 月 24 日

购货单位	名　称：华昌有限责任公司 纳税人识别号：151448039672217 地 址、电 话：广西百色市 开户行及账号：百色支行 465－1			密码区			
货物或应税劳务名称	规格型号	单位	数量	单价	金额	税率	税额
铝合金门窗		个	56	1 500	84 000.00	16%	13 440.00
合计：					84 000.00		13 440.00
价税合计（大写）	玖拾贰万捌仟零佰零拾零元零角零分				（小写）¥97 440.00		
销货单位	名　称：安宁有限责任公司 纳税人识别号：465280104013888 地 址、电 话：江南区正街 175 号 开户行及账号：中国工商银行江南支行 685088096022			备注			

第三联：记账联 销货方记账凭证

收款人： 复核： 开票人：张民 销货单位：（章）

● **请注意：**

凡不能证明经济业务已发生和完成的有关文件，如材料申购单、生产通知单、以及不具备法律效力或不具备原始凭证基本内容的有关单据，都不能作为原始凭证。

表 4-4 **收 料 单**

材料科目：原材料 编号：103

材料类别：原料及主要材料 收料仓库：1号仓库

供应单位：南南铝厂 2018年5月19日 发票号码：007430

材料编号	材料名称	规格	计量单位	数量		实际价格				计划价格	
				应收	实收	单价	发票金额	运费	合计	单价	金额
012	铝锭		吨	20	20	15 000.00	300 000.00	10 000.00	310 000.00	15 300.00	306 000.00
备注											

采购员：李振海 检验员：王年富 记账员：孙广 保管员：李富

（二）按原始凭证填制手续不同分类

原始凭证按其填制手续不同可以分为一次原始凭证、累计原始凭证、汇总原始凭证和记账编制凭证4种。

1. 一次原始凭证

一次原始凭证是指只反映一项或同时反映若干项同类性质的经济业务，其填制手续是一次完成的原始凭证。如现金收款收据、销货发票、领料单、收料单（表4-4）等。外来原始凭证一般都属于一次原始凭证，如表4-5所示。

表 4-5 **收 款 收 据**

南宁市电视台收款收据

2018年5月22日

交款人	安宁有限责任公司	交款方式	支票							
栏目	广告天地	内容	铝产品广告费							
时间要求	2018年5月10日~20日，每天中、晚各一次		金额							
金额（大写）	玖仟元整		十	万	千	百	十	元	角	分
				¥	9	0	0	0	0	0

第二联 发票

单位盖章 营业员：李娜

（印章：全国统一发票监制章 地方税务总局监制；南宁市电视台 财务专用章）

2. 累计凭证

累计凭证是指在一定时期内多次记录发生的同类型经济业务的原始凭证。其特点是，在一张凭证内可以连续登记相同性质的经济业务，随时结出累计数及结余数，并按照费用限额进行费用控制，期末按实际发生额记账。累计凭证是多次有效的原始凭证。具有代表性的累计凭证是限额领料单，其格式如表4-6所示。

表 4－6　　　　**限 额 领 料 单**

领料部门：第一车间　　　　编　号：030101

生产通知单：4 号　　　　2018 年 5 月 30 日　　　　发料仓库：第一仓库

材料编号	材料名称	规格	计量单位	计划投产量	单位消耗定额	领用限额
135	铝材		千克	50（个）	1 200	60 000

领料日期（月，日）	领用			退料			限额节余
	数量千克	领料人	发料人	数量	退料人	收料人	
12.3	30 000	张小方	李大明				30 000
12.15	20 000	张小方	李大明				10 000
12.21	10 000	张小方	李大明				0

3. 汇总原始凭证

汇总原始凭证也称原始凭证汇总表。它是指对一定时期内反映经济业务内容相同的若干张原始凭证，按照一定标准综合填制的原始凭证。汇总原始凭证合并了同类型经济业务，简化了记账工作量。

常用的汇总原始凭证有：工资结算汇总表（见表 4－7）、发出材料汇总表、差旅费报销单等。

表 4－7　　　　**工资结算汇总表**

2018 年 5 月 31 日

单位、人员类别		应付工资								代扣款			实发工资	领款人签章
		计时工资	计件工资	奖金	津贴和补贴			病假工资	应付工资	房租	其他	合计		
					保健津贴	夜班津贴								
基本生产车间	生产人员	150 000		70 000	2 600	3 000			225 600	350	54	404	225 196	
	管理人员	25 000		15 000	1 200				41 200	170	20	190	41 010	
	小计	175 000		85 000	3 800				263 800	520	74	594	263 206	
辅助生产车间	生产人员	8 900		400					9 300	240	25	265	9 035	
	管理人员	4 500		300					4 800	80	30	110	4 690	
	小计	13 400		700					14 100	320	55	375	13 725	
行政管理部门		20 000		9 000					29 000	200	40	240	28 760	
医务及福利部门		1 500		1 000					2 500	50	10	60	2 440	
专设销售机构		39 000		15 000					54 000	40	60	100	53 900	
合计		248 900		110 700	3 800				363 400	1130	239	1 369	362 031	

复核：　　　　制表人：孙广

（三）原始凭证按照格式不同，可以分为通用凭证和专用凭证

1. 通用凭证

通用凭证是指由有关部门统一印制、在一定范围内使用的具有统一格式和使用方法的原始凭证。通用凭证的使用范围，因制作部门不同而不同。可以是某一地区、某一行

业，也可以是全国通用。如全国统一的异地结算银行凭证，部门统一规定的收料单、领料单，地区统一规定的发货单等。

2. 专用凭证

专用凭证是指由单位自行印制、仅在本单位内部使用的原始凭证。如领料单、差旅费报销单、折旧计算表、借款单、工资费用分配表等。

（四）按原始凭证填制手段不同分类

原始凭证按其填制手段不同可以分为手工原始凭证和机制原始凭证两种。

二、原始凭证的内容

原始凭证作为反映经济业务已经发生或已经完成的原始证据，反映经济业务发生或完成的情况，并明确有关人员的责任，所以无论哪种原始凭证，都应具有下列基本内容：

一般的原始凭证应具备以下基本内容：

（1）凭证的名称。标明原始凭证所记录业务内容的种类，反映原始凭证的用途。

（2）填制凭证单位或填制人姓名。

（3）填制凭证的日期。填制原始凭证的日期一般是业务发生或完成的日期，或凭证实际填制时的日期。

（4）接受凭证单位的名称。

（5）经济业务的内容摘要。

（6）数量、单价和金额。表明经济业务所涉及的财产物资的数量和金额，这是原始凭证的核心。

（7）填制单位、经办人员的签名或盖章。主要是为了通过该项内容明确经济责任。

在实际工作中，根据经营管理和特殊业务的需要，除上述基本内容外，可以增加必要的内容。对于不同单位经常发生的共同性经济业务，有关部门可以制定统一的凭证格式。如中国人民银行统一制定的银行转账结算凭证，标明了结算双方单位名称、账号等内容。

三、原始凭证的填制要求

原始凭证是编制记账凭证的依据，是会计核算最基础的原始资料。要保证会计核算工作的质量，必须从保证原始凭证的质量做起，正确填制原始凭证。具体地说，原始凭证的填制必须符合下列要求：

1. 记录要真实可信

原始凭证所填列的经济业务内容和数字，必须真实可靠，符合实际情况。不得弄虚作假、不可估计或匡算。

2. 内容要完整

原始凭证要求填列的项目必须逐项填列齐全，不得遗漏和省略。需要注意的是，年、月、日要按照填制原始凭证的实际日期填写；名称要齐全，不能简化；品名或用途要填写明确，不能含糊不清。

3. 手续要完备

单位自制的原始凭证必须有经办单位领导人或者其他指定人员的签名盖章；对外开

出的原始凭证必须加盖本单位公章；从外部取得的原始凭证，必须盖有填制单位的公章；有关人员的签章必须齐全。项目填列不全的原始凭证，不能作为经济业务的合法证明，也不能作为编制记账凭证的依据和附件。

从个人取得的原始凭证，必须有填制人员的签名盖章。总之，取得的原始凭证必须符合手续完备的要求，以明确经济责任，确保凭证的合法性、真实性。

4. 书写要清楚、规范

原始凭证要按规定填写，文字要简明，字迹要清楚，易于辨认，不得使用未经国务院公布的简化汉字。数字的书写必须符合会计上的技术规范要求，具体包括如下内容。

（1）大小写金额必须符合要求且填写规范，小写金额用阿拉伯数字逐个书写，不得写连笔字。在金额前要填写人民币符号“￥”，币种符号与阿拉伯数字之间不得留有空白，金额数字一律填写到角分，无角分的，写“00”或符号“—”，有角分的，分位写“0”，不得用符号“—”。

（2）大写金额用汉字壹、贰、叁、肆、伍、陆、柒、捌、玖、拾、佰、仟、万、亿、元、角、分、零、整等，一律用正楷或行书字书写，大写金额前未印有“人民币”字样的，应加写“人民币”三个字，“人民币”字样和大写金额之间不得留有空白，大写金额到元或角为止的，后面要写“整”或“正”字，有分的，不写“整”或“正”字。如小写金额为￥1 008.00，大写金额应写成“壹仟零捌元整”；小写金额为￥18.60，大写金额应写成“壹拾捌元陆角整”；小写金额为￥103.43，大写金额应写成“壹佰零叁元肆角叁分”；阿拉伯数字金额中间连续有几个“0”时，汉字大写金额中可以只写一个“零”字，如￥8 006. 57，应写成“人民币捌仟零陆元伍角柒分”。

（3）一式数联的原始凭证，应当注明各联的用途，并只能以其中一联作为报销凭证。一式数联的发票和收据，必须用多张双面复写纸套写。套写的凭证，一定要写透，避免出现上面联次清楚，下面联次模糊的现象。不准弄虚作假，如开具三联发票时，发票联用复写纸，而记账联另用人工手写，就不符合规定。

（4）编号要连续。各种凭证要连续编号，以便考查。如果凭证已预先印定编号，如发票、支票等重要凭证，在写坏作废时，应加盖“作废”戳记，妥善保管，不得撕毁。

5. 不得涂改、刮擦、挖补

原始凭证有错误的，应当由出具单位重开或更正，更正处应当加盖出具单位的印章。原始凭证金额有错误的，应当由出具单位重开，不得在原始凭证上更正。对于重要的原始凭证，如支票以及各种结算凭证的大、小写金额一律不得更改，如果书写错误，应加盖“作废”戳记，连同存根完整保存，不得随意撕毁，然后重新填写。

6. 填制要及时

各种原始凭证一定要及时填写，做到不拖延，并按规定的程序及时送交会计机构、会计人员进行审核。

四、常用原始凭证的填制方法

由于各种原始凭证的内容和格式千差万别，原始凭证的填制方法也不同。

【例4－1】 安宁股份有限公司2018年5月8日开出转账支票一张，支付华兴广告公司货款85 000元。

表4-8 空白转账支票

中国工商银行 转账支票

本支票付款期为十天

出票日期（大写） 年 月 日 付款行名称：

收款人： 出票人账号：

人民币（大写）	亿	千	百	十	万	千	百	十	元	角	分

用途________

上开款项请从我账户内支付

出票人签章 复核 记账

【分析】

1. 支票正联的填写（如表4-9所示）

表4-9 转账支票

中国工商银行 转账支票 02270×××

出票日期（大写）贰零壹捌年零伍月零捌日 付款行名称：中国工商银行南宁市江南分行

收款人：华兴广告有限公司 出票人账号：685088096022

人民币（大写）捌万伍仟元整	亿	千	百	十	万	千	百	十	元	角	分
				¥	8	5	0	0	0	0	0

用途 广告费

上开款项请从我账户内支付

出票人签章 复核 记账

（1）“出票日期”：用中文大写填写经济业务发生或完成的日期。

（2）“付款行名称”：填写出票单位开户银行的名称。

（3）“收款人”：填写收款单位或个人的全称。

（4）“出票人账号”：按出票单位在开户银行的开户账号填写。

（5）“人民币（大写）”：以汉字大写金额规范书写，注意要顶格书写。

（6）“小写金额”：规范填写阿拉伯数字金额，金额前要用人民币币种符号“¥”封顶。金额的书写要写到角分；无角分的，可以在相应位置写“0”。

（7）“用途”：简明扼要地说明开具支票的用途。

（8）“科目（借）”：填写该笔业务的借方科目。

（9）“对方科目（贷）”：填写该笔业务的贷方科目。

2. 支票存根联的填写（如表4-10所示）

表 4－10

中国工商银行
转账支票存根

科目	
对方科目	
出票日期	2018 年 5 月 8 日
收款人：华兴广告公司	
金额：¥85 000.00	
用途：广告费用	
单位主管：孙林	会计：孙广

安宁有限……财务专……

（1）“科目”：填写“银行存款”科目。

（2）“对方科目”：填写该笔业务的借方科目。

（3）“签发日期”：用阿拉伯数字填写出票的具体日期。

（4）“收款人”：填写收款单位或个人的全称。

（5）“金额”：使用小写金额填写业务涉及的具体金额。

（6）“用途”：填写和正联相同的用途。

【例 4－2】 2018 年 5 月 8 日，安宁有限责任公司销售铝材产品 40 吨给风行有限公司，货款 800 000 元，增值税 128 000 元，货已发出，款项尚未收到。

风行有限公司的相关资料如下：

纳税人登记号：700905736550151

开户行：中国工商银行邕宁区分行

账号：4222023100006440583

地址电话：邕宁区新华路 168 号，4511045

要求：填制增值税专用发票（如表 4－11 所示）

表 4－11

广西增值税专用发票

（全国统一发票监制章 广西 国家税务总局监制）

№130062154

开票日期： 年 月 日

购货单位	名称： 纳税人识别号： 地址、电话： 开户行及账号：			密码区			
货物或应税劳务名称	规格型号	单位	数量	单价	金额	税率	税额
铝型材门窗							
合计：							
价税合计（大写）					（小写）¥		
销货单位	名称： 纳税人识别号： 地址、电话： 开户行及账号：			备注			

第二联：发票联 购货方记账凭证

收款人： 复核： 开票人： 销货单位：（章）

【分析】

增值税专用发票各项的具体填列方式（如表4－12所示）

(1)“开票日期”：填写销售业务的发生日期。

(2)“购货单位”：按购货单位的实际情况分别填写购货单位的名称、税务登记号、地址及电话、开户银行及账号。

(3)“货物及应税劳务名称”：按实际销售的货物或提供的应税劳务填写。

(4)“规格型号”：填写货物的规格型号。

(5)“计量单位”：填写货物的计量单位吨。

(6)“数量、单价”：填写销售货物或应税劳务的数量和单价。

(7)“金额”：按“销售额＝数量×单价”计算的结果填写销售货物或提供劳务的销售额。

(8)“税率”：填写销售货物或提供应税劳务适用的增值税的税率。

(9)“税额”：根据“税额＝销售额×税率”计算的结果填写。

(10)“合计”：分别填写金额和税额的合计数，合计金额小写前要加“￥”。

(11)“价税合计”：分别填写销售货物或提供应税劳务的销售额及相应税额金额之和的大小写。

(12)“销货单位”：按销货单位的实际情况分别填写销货单位的名称、地址及电话、纳税人登记号、开户银行及账号。

(13)“签名栏”：相应的责任主体签名盖章。

【填写结果】安宁有限责任公司根据上述经济业务填制的增值税专用发票，如表4－12所示。

表4－12　　**广西增值税专用发票**　　№130062154

此联不作报销、扣税凭证使用

全国统一发票监制章 广西 国家税务总局监制

开票日期：2018年5月8日

<table>
<tr><td>购货单位</td><td colspan="3">名　　称：风行有限公司
纳税人识别号：700905736550151
地 址、电 话：邕宁区新华路168号
开户行及账号：4222023100006440583</td><td>密码区</td><td colspan="3"></td></tr>
<tr><td>货物或应税劳务名称</td><td>规格型号</td><td>单位</td><td>数量</td><td>单价</td><td>金额</td><td>税率</td><td>税额</td></tr>
<tr><td>铝材型</td><td></td><td>吨</td><td>40</td><td>2 0000.00</td><td>800 000.00</td><td>16%</td><td>128 000.00</td></tr>
<tr><td>合计：</td><td></td><td></td><td></td><td></td><td>800 000.00</td><td></td><td>128 000.00</td></tr>
<tr><td>价税合计（大写）</td><td colspan="7">玖拾贰万捌仟零佰零拾零元零角零分　　（小写）￥928 000.00</td></tr>
<tr><td>销货单位</td><td colspan="3">名　　称：安宁有限责任公司
纳税人识别号：465280104013888
地 址、电 话：南宁市4533115
开户行及账号：中国工商银行江南支行685088096022</td><td>备注</td><td colspan="3">安宁有限责任公司 发票专用章 465280104013888</td></tr>
</table>

第三联：记账联 销货方记账凭证

收款人：　　复核：　　开票人：孙林　　销货单位：（章）

【例4-3】 2018年5月20日，安宁有限责任公司一车间从1号仓库领用铝型材10吨用于生产铝型门窗产品，单价是20 000元/吨。

要求：填制领料单（如表4-13所示）。

表4-13　　　　领　料　单

领料单位：　　　　　　　　　　　　　　　　　　编号：

用途：　　　　　　　　　年　月　日　　　　　　仓库：

材料编号	材料名称及规格	计量单位	数量		价格		备注
			请领	实领	单价	金额	

发料：　　　　　　　领料：　　　　　　　领料单位负责人：

【分析】

领料单各项目的具体填列方法如下：

（1）“领料单位”：按领用材料的实际单位填写。

（2）“编号”：为领料单的编号，按自然顺序排。

（3）“用途”：填写领用材料的实际用途。

（4）“仓库”：填写实际发出材料的单位。

（5）“时间”：按业务发生或完成的时间填列。

（6）“材料编号、材料名称及规格、计量单位”：按材料的实际情况填写其编号，名称与规格，以及领用材料的计量单位。

（7）“数量”：分别填写领用部门申请领用的材料数量和实际领用的材料数量。

（8）“价格”：分别填写领用材料的单价即单位成本和按“金额=数量×单价”计算出来的金额。

（9）“签章栏”：由相关责任人员签名。

【填写结果】

安宁有限责任公司根据上述业务办理的领料单，如表4-14所示。

表4-14　　　　领　料　单

领料单位：一车间　　　　　　　　　　　　　　　编号：01

用途：生产门窗产品　　　　2018年5月20日　　　　仓库：1号仓库

材料编号	材料名称及规格	计量单位	数量		价格		备注
			请领	实领	单价	金额	
	铝型材	吨	10	10	20 000.00	200 000.00	

发料：　　　　　　　领料：　　　　　　　领料单位负责人：

【例4-4】 安宁有限责任公司2018年5月28日与方太贸易公司签订30万元的销售合同，要求对方先预付20%的货款，收到对方签发的60 000元的转账支票一张。

要求：填制进账单（如表4－15所示）。

表4－15　　**中国工商银行进账单**（收账通知）

年　月　日

<table>
<tr><td rowspan="3">出票人</td><td>全称</td><td></td><td rowspan="3">收款人</td><td colspan="2">全称</td><td colspan="8"></td></tr>
<tr><td>账号</td><td></td><td colspan="2">账号</td><td colspan="8"></td></tr>
<tr><td>开户银行</td><td></td><td colspan="2">开户银行</td><td colspan="8"></td></tr>
<tr><td colspan="4" rowspan="2">人民币
（大写）</td><td>千</td><td>百</td><td>十</td><td>万</td><td>千</td><td>百</td><td>十</td><td>元</td><td>角</td><td>分</td></tr>
<tr><td></td><td></td><td></td><td></td><td></td><td></td><td></td><td></td><td></td><td></td></tr>
<tr><td>票据种类</td><td colspan="3"></td><td colspan="10" rowspan="3">持票人开户银行盖章</td></tr>
<tr><td>票据张数</td><td colspan="3"></td></tr>
<tr><td colspan="4">单位主管　会计　复核　记账</td></tr>
</table>

【分析】

进账单各项目的具体填列方法如下：

（1）“出票人”：据实分别填写出票人（付款人）的名称、账号和开户银行。

（2）“持票人”：据实分别填写持票人（收款人）的名称、账号和开户银行。

（3）“人民币”：分别填写金额的大写和小写。

（4）“票据种类”：按交银行的票据种类填写。

（5）“票据张数”：按交银行的票据的张数填写。

（6）“签章栏”：相关责任主体签字。

【填写结果】

根据上述业务填制的进账单，如表4－16所示。

表4－16　　**中国工商银行进账单**（收账通知）

2018年5月28日

<table>
<tr><td rowspan="3">出票人</td><td>全称</td><td>方太贸易公司</td><td rowspan="3">收款人</td><td colspan="2">全称</td><td colspan="8">安宁有限责任公司</td></tr>
<tr><td>账号</td><td>122345207868</td><td colspan="2">账号</td><td colspan="8">685088096022</td></tr>
<tr><td>开户银行</td><td>中国工商银行江南分行</td><td colspan="2">开户银行</td><td colspan="8">中国工商银行江南分行</td></tr>
<tr><td colspan="4" rowspan="2">人民币
（大写）　陆万元整</td><td>千</td><td>百</td><td>十</td><td>万</td><td>千</td><td>百</td><td>十</td><td>元</td><td>角</td><td>分</td></tr>
<tr><td></td><td></td><td>¥</td><td>6</td><td>0</td><td>0</td><td>0</td><td>0</td><td>0</td><td>0</td></tr>
<tr><td>票据种类</td><td colspan="3">转账支票</td><td colspan="10" rowspan="3">持票人开户银行盖章</td></tr>
<tr><td>票据张数</td><td colspan="3">壹张</td></tr>
<tr><td colspan="4">单位主管会计复核　记账</td></tr>
</table>

【引例解答】

主管孙林看了张民填写的增值税专用发票，指出存在如下的错误，错误的增值税发票作废，如表4－17所示。

表4－17 **错误填写的增值税发票**

广西增值税专用发票

此联不作报销、扣税凭证使用

（全国统一发票监制章 广西 国家税务总局监制）

大小写金额不符
单价应为14.625/(1+0.16)=12.5
金额为100 000元，税率为16%
税额为11 600元。

开票日期：2018年5月20日

购货单位	名称：南胜建筑公司 纳税人识别号：351448039672217 地址、电话：广西南宁市 开户行及账号：南宁建行支行465－1			密码区			
货物或应税劳务名称	规格型号	单位	数量	单价	金额	税率	税额
铝材型		千克	8 000	14.50	116 000.00		
合计：					116 000.00		
价税合计（大写）	壹拾壹万陆仟元整				（小写）￥116 000.00		
销货单位	名称：安宁有限责任公司 纳税人识别号：465280104013888 地址、电话：江南区正街175号 开户行及账号：中国工商银行江南支行685088096022			备注	（安宁有限责任公司 发票专用章 465280104013888）		

收款人： 复核： 开票人：张民 销货单位：（章）

第三联：记账联 销货方记账凭证

修改后，正确的填写方法如下表4－18所示。

表4－18 **正确填写的增值税发票**

广西增值税专用发票

№230062142

此联不作报销、扣税凭证使用

（全国统一发票监制章 广西 国家税务总局监制）

开票日期：2018年5月20日

购货单位	名称：南胜建筑公司 纳税人识别号：351448039672217 地址、电话：广西南宁市 开户行及账号：南宁建行支行465－1			密码区			
货物或应税劳务名称	规格型号	单位	数量	单价	金额	税率	税额
铝材型		千克	8 000	12.50	100 000.00	16%	16 000.00
合计：					100 000.00		16 000.00
价税合计（大写）	壹拾壹万陆仟零佰零拾零元整				（小写）￥116 000.00		
销货单位	名称：安宁有限责任公司 纳税人识别号：465280104013888 地址、电话：江南区正街175号 开户行及账号：中国工商银行江南支行685088096022			备注	（安宁有限责任公司 发票专用章 465280104013888）		

收款人： 复核： 开票人：张民 销货单位：（章）

第三联：记账联 销货方记账凭证

阅读材料

根据财政部关于印发《会计基础工作规范》的通知规定：

第四十八条——从外单位取得的原始凭证，必须盖有填制单位的公章；从个人取得的原始凭证，必须有填制人员的签名或者盖章。自制原始凭证必须有经办单位领导人或者其指定的人员签名或者盖章。对外开出的原始凭证，必须加盖本单位公章。

五、原始凭证的审核

原始凭证的审核是一项很细致而且十分严肃的工作。要做好原始凭证的审核，充分发挥会计监督的作用，会计人员应该做到精通会计业务；熟悉有关的政策、法令和各项财务规章制度；对本单位的生产经营活动有深入的了解；同时还要求会计人员具有维护国家法令、制度和本单位财务管理的高度责任感，敢于坚持原则，才能在审核原始凭证时正确掌握标准，及时发现问题。

为了保证原始凭证所反映经济业务的真实性、完整性和合法性，充分发挥会计的核算监督职能，企业的会计部门需要对各种原始凭证进行严格审核，只有审核无误的原始凭证才能作为编制记账凭证的依据。

（一）原始凭证审核的内容

1. 真实性审核

原始凭证作为会计信息的基本信息源，其真实性对会计信息的质量具有至关重要的影响。其真实性的审核包括凭证日期是否真实、业务内容是否真实、数据是否真实等内容的审查。对外来原始凭证，必须有填制单位公章和填制人员的签章；对自制原始凭证，必须有经办部门和经办人员的签名或盖章。此外，对通用原始凭证，还应审核凭证本身的真实性，以防假冒。

2. 合法性审核

审核原始凭证所反映的经济业务是否符合有关法律、制度、政策等的要求，是否符合规定的审核权限和手续，避免弄虚作假、违法乱纪行为的发生。

3. 合理性审核

审核原始凭证所反映的经济业务是否符合企业生产经营活动的需要，与有关的计划、预算是否一致，是否符合提高经济效益的要求等。

4. 完整性审核

审核凭证所应具有的内容是否填列齐全，是否有遗漏情况，有关的手续是否齐全，承担相应责任的有关签字或盖章是否都具备。

5. 正确性审核

审核原始凭证各项内容是否正确书写，包括：阿拉伯数字分位填写，不得连写；小写金额前要标明“￥”字样，中间不能留有空位；大写金额前要加“人民币”字样，大写金额与小写金额要相符；凭证中有书写错误的，应采用正确的方法更正，不能采用涂改、刮擦、挖补等不正确方法。

6. 及时性审核

原始凭证的及时性是保证会计信息及时性的基础。为此，要在经济业务发生或完成时及时填制有关原始凭证，及时进行凭证的传递。审核时应注意审查凭证的填制日期，尤其是支票、银行汇票、银行本票等时效性较强的原始凭证，更应仔细验证其签发日期。原始凭证的审核是一项十分重要、严肃的工作。

（二）原始凭证审核结果的处理

对原始凭证的审核，是会计人员的义务，也是会计监督的重要组成部分，会计机构及会计人员必须坚持原则，依法办事；按照国家统一会计制度的规定对原始凭证进行审核，对不同的审核结果进行不同的处理，具体处理如下：

（1）对于不真实、不合法的原始凭证，有权不予接受，并向单位负责人报告。

（2）对于记载不准确、不完整的原始凭证予以退回，并要求按照国家统一的会计制度的规定更正、补充。

（3）对于完全符合要求的原始凭证，应及时登记入账。

阅读材料

根据《中华人民共和国会计法》第十四条规定：

“会计机构、会计人员必须按照国家统一的会计制度的规定对原始凭证进行审核；对不真实、不合法的原始凭证有权不予接受，并向单位负责人报告；对记载不准确、不完整的原始凭证予以退回，并按要求按照国家统一的会计制度的规定更正、补充。”

任务三

记 账 凭 证

记账凭证又称为记账凭单、传票，是指会计人员根据审核无误的原始凭证或原始凭证汇总表编制的，用以确定会计分录，直接作为登记账簿依据的一种会计凭证。它是介于原始凭证与账簿之间的中间环节，记账凭证记载的是会计信息，它将原始凭证中的经济信息转化为会计语言，这是一种质的飞跃。记账凭证也是登记明细分类账户和总分类账户的直接依据。

记账凭证要根据原始凭证所反映的经济业务，按规定的会计科目和复式记账方法，编成会计分录，以确保账簿记录的准确性。这是由于原始凭证只表明经济业务的具体内容，不能反映其归类的会计科目和记账方向，不能凭此直接入账，而且原始凭证多种多样，其格式、大小也不尽一致。为了能做到分类反映经济业务的内容，必须按会计核算方法的要求，将原始凭证归类、整理为能据以入账的形式，指明应记入的账户名称以及应借、应贷的金额。

● 概念熟记

记账凭证：是会计人员根据审核无误后的原始凭证或原始凭证汇总表编制的，用以确定会计分录，直接作为登记账簿的一种会计凭证。

一、记账凭证的种类

记账凭证分类，如图 4－3 所示。

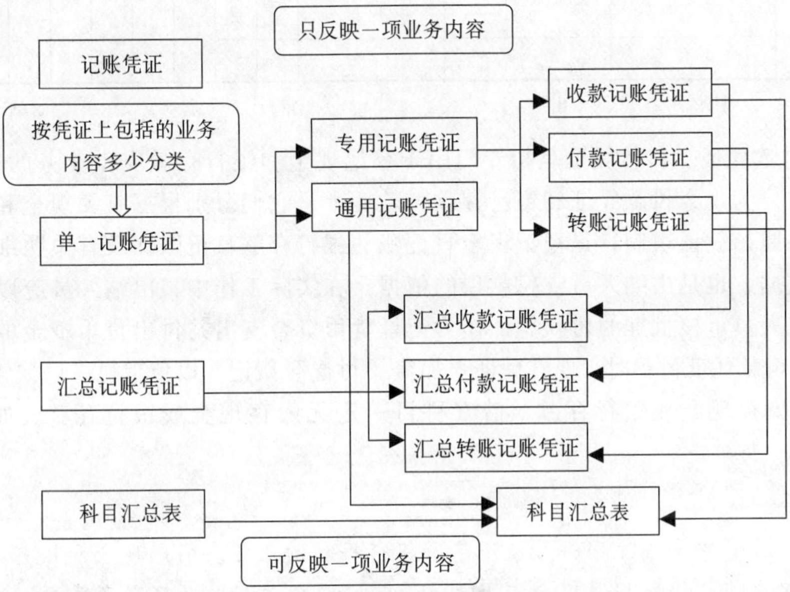

图 4－3　记账凭证分类图

（一）按使用范围分类

记账凭证按其使用范围不同，可以分为专用记账凭证和通用记账凭证。

1. 专用记账凭证

专用记账凭证，是指按照经济业务的某种特定属性定向使用的记账凭证，即专门记录某一类经济业务的记账凭证。该类记账凭证按其反映货币资金收付业务的不同，又分为收款凭证、付款凭证和转账凭证 3 种。

（1）收款凭证。收款凭证是指专门用于登记现金或银行存款、收入业务的记账凭证。收款凭证又分为现金收款凭证或银行存款收款凭证，它们分别根据有关现金或银行存款收入业务的原始凭证填制，是登记现金日记账、银行存款日记账以及有关明细账和总账等账簿的依据，也是出纳人员收讫款项的依据。

在实际工作中，出纳人员应以会计管理人员或指定人员审核批准的收款凭证作为记录货币资金的收入依据，出纳人员根据收款凭证收款（尤其是收入现金）时，要在收款凭证上加盖“收讫”戳记，以避免差错。收款凭证的借方科目必须是库存现金或银行存款，贷方科目一定无库存现金或银行存款，如表 4－19 所示。

表 4－19 收款凭证

借方科目： 年 月 日 记第 号

摘要	贷方科目		记账	金额									
	总账科目	明细科目		千	百	十	万	千	百	十	元	角	附件
													张
合计													

财务主管 记账 出纳 审核 制单

（2）付款凭证。付款凭证是指专门用于登记现金和银行存款支出业务的记账凭证。付款凭证又分为现金付款凭证和银行存款付款凭证，它们分别根据有关现金和银行存款支付业务的原始凭证填制，是登记现金日记账、银行存款日记账以及有关明细账和总账等账簿的依据，也是出纳人员支付款项的依据。在实际工作中，出纳人员应以会计主管人员或指定人员审核批准的付款凭证作为记录货币资金支出并付出货币资金的依据，出纳人员根据付款凭证付款时，要在凭证上加盖“付讫”戳记，以免重付。付款凭证的贷方科目必须是库存现金或银行存款，借方科目一定无库存现金或银行存款，如表 4－20 所示。

● **工作提醒**

在实际工作中会发生同时涉及现金和银行存款的业务，引起现金和银行存款此增彼减的情况。如从银行提取现金，或将多余现金送存银行。为了避免重复记账，对此类业务处理的惯例是统一按减少方编制付款凭证，即：现金送存银行时，只填制现金付款凭证；从银行提取现金，只编制银行付款凭证。

表 4－20 付款凭证

贷方科目： 年 月 日 字第 号

摘要	借方科目		记账	金额									
	总账科目	明细科目		千	百	十	万	千	百	十	元	角	附件
													张
合计													

财务主管 记账 出纳 审核 制单

（3）转账凭证。转账凭证是指专门用于登记现金和银行存款收付业务以外的转账业务的记账凭证。转账凭证根据有关转账业务的原始凭证填制，是登记有关明细账和总账等账簿的依据。转账凭证的借、贷方会计科目均无库存现金和银行存款，如表4－21所示。

表4－21　　　　　　　　转　账　凭　证

年　月　日　　　　　　　　字第　号

摘要	总账科目	明细科目	记账	金额										金额										附件
				千	百	十	万	千	百	十	元	角	分	千	百	十	万	千	百	十	元	角	分	
																								张
合计																								

财务主管　　　记账　　　出纳　　　审核　　　制单

2. 通用记账凭证

通用记账凭证，是指各类经济业务共同使用、具有统一格式的记账凭证，亦称标准凭证。此类记账凭证适用于业务比较单纯、业务量也较少的单位。

● **提示：**

在一个企业中，要么选择使用通用记账凭证，要么选择使用专用记账凭证，两者是不能混用的。

（二）按填制方法分类

记账凭证按其凭证上填列会计科目的数目分类，可以分为复式记账凭证、单式记账凭证和汇总记账凭证。

1. 复式记账凭证

复式记账凭证，又称多科目记账凭证，是指将一项经济业务所涉及的会计科目都集中填列在一张记账凭证上的记账凭证，即一张凭证上登记两个或两个以上的会计科目，既有“借方”，又有“贷方”。复式记账凭证的优点是能够集中反映会计科目之间的对应关系，便于了解有关经济业务的全貌，还可以减少凭证的数量；其缺点是不便于汇总每一会计科目的发生额和进行分工记账。收款凭证、付款凭证、转账凭证和通用记账凭证都是复式记账凭证。

2. 单式记账凭证

单式记账凭证，又称单科目记账凭证，是指按一项经济业务所涉及的每个会计科目分别填制的记账凭证，即把同类经济业务所涉及的会计科目分别记入两张或两张以上的记账凭证中，每张记账凭证只填列一个会计科目，对方科目只供参考，不凭以记账。单式记账凭证的优点是便于汇总每个会计科目的发生额和进行分工记账；其缺点是工作量大，在一张凭证上也反映不出经济业务的全貌，不便于查账，因此，在实际工作中一般不采用。单式记账凭证的格式及内容，如表4－22、表4－23所示。

表4－22　　**借项记账凭证**

对应科目：应收账款

2018年5月28日　　编号：50　1/2

附件1张

摘要	一级科目	二级或明细科目	金额	记账
收到林方建筑公司欠款	银行存款		300 000	

财务主管：孙林　　记账：孙广　　出纳：　　审核：孙林　　制单：李芳

表4－23　　**贷项记账凭证**

对应科目：银行存款

2018年5月28日　　编号：50　2/2

附件1张

摘要	一级科目	二级或明细科目	金额	记账
收到林方建筑公司欠款	应收账款		200 000	

财务主管：孙林　　记账：孙广　　出纳：　　审核：孙林　　制单：李芳

3. 汇总记账凭证

汇总记账凭证，是指将许多同类记账凭证逐日或定期（3天、5天、10天等）加以汇总后填制的记账凭证。如将收款凭证、付款凭证或转账凭证按一定的时间间隔分别汇总、填制的汇总收款凭证、汇总付款凭证和汇总转账凭证；又如将一段时间的记账凭证按相同会计科目的借方和贷方分别汇总，填制的记账凭证汇总表（又称科目汇总表），如图4－4及表4－24至4－26所示。

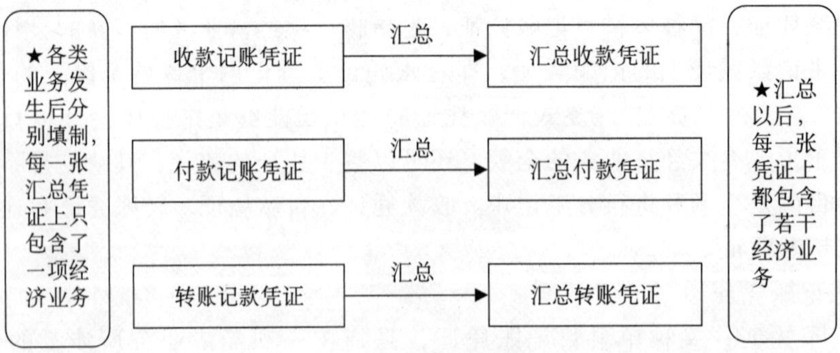

图4－4　汇总记账凭证

表 4－24　　汇总收款记账凭证

借方账户：银行存款　　2018 年 5 月　　汇收字：1 号

贷方账户	金额				总账页数	
	1—10 日收款凭证	11—20 日收款凭证	21—31 日收款凭证	合计	借方	贷方
主营业务收入	3 000			3 000	下略	下略
应交税费	500			500		
应收账款	200			200		
合计	3 700			3 700		

附件 1 张

财务主管：孙林　　记账：孙广　　出纳：　　审核：孙林　　制单：李方

表 4－25　　汇总付款记账凭证

贷方账户：银行存款　　2018 年 5 月　　汇付字：1 号

借方账户	金额				总账页数	
	1—10 日付款凭证	11—20 日付款凭证	21—31 日付款凭证	合计	借方	贷方
材料采购	1 000			1 000	下略	下略
应交税费	170			170		
营业费用	500			500		
现金	200			200		
合计	1 870			1 870		

附件 1 张

财务主管：孙林　　记账：孙广　　出纳：　　审核：孙林　　制单：李方

表 4－26　　汇总转账记账凭证

贷方账户：应交税费　　2018 年 5 月　　汇转字：1 号

借方账户	金额				总账页数	
	1—10 日转账凭证	11—20 日转账凭证	21—31 日转账凭证	合计	借方	贷方
税金及附加	5 000			5 000	下略	下略
其他业务支出	400			400		
管理费用	600			600		
合计	6 000			6 000		

附件 1 张

财务主管：孙林　　记账：孙广　　出纳：　　审核：孙林　　制单：李方

● 记账凭证与原始凭证联系与区别

两者同属于会计凭证。区别：原始凭证是由经办人员填制，记账凭证一律由会计人员填制；原始凭证根据发生或完成的经济业务填制，记账凭证根据审核后的原始凭证填制；原始凭证仅用以记录、证明经济业务已经发生或完成，记账凭证要依据会计科目对已经发生或完成的经济业务进行归类、整理；原始凭证是填制记账凭证的依据，记账凭证是登记账簿的依据。

二、记账凭证的基本内容

为了概括地反映经济业务的基本内容，满足登记账簿的需要，记账凭证必须具备以下基本内容，这些内容也称记账凭证要素，具体如下：

（1）记账凭证的名称。即收款凭证、付款凭证、转账凭证或记账凭证（通用记账凭证）。

（2）记账凭证的填制日期。记账凭证的填制日期与原始凭证的填制日期不一定相同，一般稍后于原始凭证的日期。

（3）记账凭证的编号。在每一会计期间各类凭证应按编号规则进行连续编号。

（4）经济业务的内容摘要。摘要即用几个字或一句话简明扼要地说明经济业务。

（5）会计分录。即应借记、贷记的会计科目的名称（包括总分类科目和明细分类科目）及其金额。这也是记账凭证的核心内容。

（6）所附原始凭证的张数。原始凭证是填制记账凭证的依据，应附在记账凭证的后面。

（7）过账标记。在记账后，作“√”符号或填写记入账簿的页数。

（8）有关责任人的签名或盖章。凭证填制人员、审核人员、记账人员、会计机构负责员、会计主管人员均应签名或盖章。收付款的记账凭证还应由出纳人员签章。收款凭证的内容，如图4－5所示。

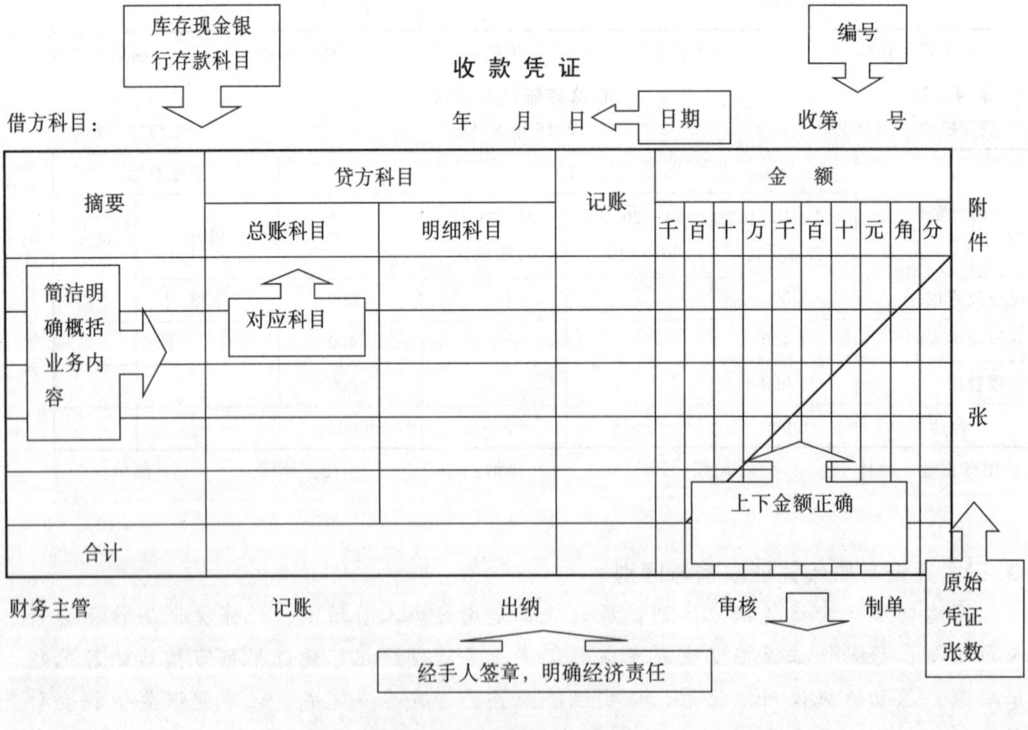

图4－5　收款凭证图示

三、记账凭证的填制

引例

> 销售部黄经理填报的差旅费报销单上附有车票、船票、住宿发票等原始凭证70张，70张原始凭证在差旅费报销单上的“所附原始凭证张数”栏内已做了登记，会计学徒李芳在计算记账凭证所附原始凭证张数时，填写为70张。请问这个填写数字是否正确？

(一) 记账凭证的填制要求

记账凭证是进行会计处理的直接依据，记账凭证的填制除了做到真实可靠、内容完整、填制及时、书写清楚外，还必须符合以下要求。

1. 填制依据

填制记账凭证必须以审核无误的原始凭证为依据。记账凭证可以根据每一张原始凭证填制，也可以根据若干张同类原始凭证汇总填制，还可以根据原始凭证汇总表填制。但不得将不同内容和类别的原始凭证汇总填制在一张记账凭证上。

2. 填制日期

记账凭证的日期应以会计人员受理会计事项的日期为准，年、月、日都应写全。库存现金、银行存款的收付款凭证一般按实际收付货币资金的日期填写；转账凭证是按收到原始凭证的日期或填制凭证的日期填写，如出差人员报销差旅费的记账凭证，应填写报销当日的日期。

3. 书写编号

记账凭证应在一个月内按日期顺序连续编号，不得重号、漏号或错号。专用记账凭证的编号方法有很多种，可以分类编号，即对收款凭证、付款凭证和转账凭证分别以“收字第×号”、“付字第×号”、“转字第×号”等三类进行编号；对库存现金收入、银行存款收入、库存现金支出、银行存款支出和转账业务分别以“现收字第×号”、“银收字第×号”、“现付字第×号”、“银付字第×号”、“转字第×号”等五类进行编号。也可以统一编号，即不分收款、付款和转账业务，把全部记账凭证作为一类统一顺序编号，如“总字第×号”。通用记账凭证的编号方法和上述专用记账凭证中的统一编号法基本相同，即把全部记账凭证按统一顺序编号，如“记字第×号”。一笔经济业务需要填制多张记账凭证的，可以采用分数编号法，如10号经济业务需要填制三张记账凭证，则可编为“10 1/3号”、“10 2/3号”和“10 3/3号”。每月末最后一张记账凭证的编号旁要加注“全”字，以避免凭证散失。

4. 填写摘要

记账凭证的摘要应正确、简练，应以说明问题为主。如对于收付款业务要写明收付款对象的名称、款项内容，使用银行支票的，还应填写支票号码；对于购货业务的，要写明供应单位名称和主要品种、数量；对于往来业务的，应写明对方单位、业务经手人、业务发生时间等内容。遇有冲转业务的，不应只写冲转，而应写明冲转某年、某月、某日、某项经济业务和凭证号码，也不能只写对方账户。

5. 编写会计分录

为了明确经济业务的来龙去脉和账户间的对应关系，必须按照复式记账原理正确编写会计分录。在一张记账凭证上只能反映一项经济业务或若干项同类型的经济业务，不能把不同类型的经济业务合并填制在一起，填写会计科目名称时应先借后贷，分录可以是一借一贷、一借多贷或多借一贷。如果某项经济业务本身需要编制一套多借多贷的会计分录，为了能反映该项经济业务的全貌，可以采用多借多贷的会计分录，填制一张记账凭证，不必人为地将一项经济业务所涉及的会计科目分开，编制两张记账凭证。

6. 填写金额

记账凭证的金额必须与原始凭证的金额相等，金额登记方向、大小写数字必须正确，符合数字书写规定。在填写金额时，阿拉伯数字书写要规范，写到格宽的1/2，并平行对准借贷栏次和科目栏次，防止错栏串行；金额数字要写到分位，如果角、分位没有数字要填“00”字样，如果角位有数字、分位没有数字，则要在分位上填写“0”字样；角、分位的数字或零要与元位的数字平行，不得上下错开。每笔经济业务填入金额数字后，要在记账凭证的合计行填写合计金额，一笔经济业务因涉及会计科目较多需在一张记账凭证上填写多行或填写多张记账凭证的，一般在每张记账凭证的合计行填写合计金额，并应在合计数前面填写货币符号“￥”；不是合计数，则前面不需填写货币符号。

7. 注销空行

记账凭证不准跳行或留有余行。填制完毕的记账凭证如有空行的，应在金额栏划一斜线或S形线注销。划线应从金额栏最后一笔金额数字下面的空行划到合计数行的上面一行，并注意斜线或S形线的两端都不能划到有金额数字的行次上。

8. 填写差错的更正

记账凭证填制时，如果发生错误，应当重新填制，不得在凭证上做任何更正。如果是已登记入账的记账凭证发现有错误，应按照规定的方法进行更正，具体方法将在项目五的任务三中介绍。

9. 注明附件张数

除结账和更正错误外，每张记账凭证必须附有原始凭证，并注明原始凭证的张数，以便日后查对。如果根据同一原始凭证填制几张记账凭证，可以把原始凭证附在一张主要的记账凭证后面，并在其他记账凭证的摘要栏内注明附有该原始凭证的记账凭证编号或附上该原始凭证的复印件。

10. 记账凭证的签章

记账凭证填制完成以后，应当及时进行复核和检查，填制人员、审核人员、记账人员和会计主管都必须在记账凭证上签字或盖章，以便加强对凭证的管理，分清会计人员之间的经济责任，使会计工作岗位之间相互制约、互相监督。对于收款凭证、付款凭证还须由出纳人员签章，并在原始凭证上加盖“收讫”或“付讫”的戳记，以免重收重付，出现差错。

【引例解答】

错误。记账凭证后的总账数应为71张，包括原始票据70张，经审核的现金报账差旅费单据1张，共计71张。

（二）记账凭证的填制方法

1. 收款凭证的填制方法

收款凭证应根据现金和银行存款收入业务的原始凭证填制。收款凭证的具体填制方法如下：

（1）在凭证左上角的借方科目处填写“库存现金”或“银行存款”。

（2）中间的年、月、日应填写编制记账凭证的日期。

（3）右上方的编号应按“收字第×号”或“现收字第×号”、“银收字第×号”顺序编号。

（4）摘要栏应简要说明经济业务的内容。

（5）贷方科目则是库存现金或银行存款的对应科目。

（6）金额栏中填写贷方科目对应的发生金额。

（7）未使用的金额栏以斜线或S形线划销，合计金额栏的金额前应填写“¥”符号。

（8）“附件×张”处应写明所附原始凭证的张数，填制完后应由有关人员依次签章。

【例4-5】 2018年5月25日，安宁有限责任公司收到海华公司交来转账支票一张，计22 500元，用以归还前欠货款，收到的支票已送存工商银行。

根据这项经济业务应编制的会计分录是：

借：银行存款　　22 500

　　贷：应收账款——海华公司　　22 500

实际工作中根据有关原始凭证应填制的收款凭证，如表4-27所示。

表4-27　　**收　款　凭　证**

借方科目：银行存款　　2018年5月25日　　银收字第1号

摘要	贷方科目		记账	金额									
	总账科目	明细科目		千	百	十	万	千	百	十	元	角	分
收到前欠货款	应收账款	海华公司					2	2	5	0	0	0	0
合计						¥	2	2	5	0	0	0	0

附件 1 张

财务主管：孙林　　记账：孙广　　出纳：张民　　审核：孙林　　制单：李方

2. 付款凭证的填制方法

付款凭证应根据现金和银行存款支出业务的原始凭证填制。付款凭证的具体填制方法如下：

（1）在凭证左上角的贷方科目处填写“库存现金”或“银行存款”。

（2）中间的年、月、日应填写编制记账凭证的日期。

（3）右上方的编号应按“付字第×号”或“现付字第×号”、“银付字第×号”顺序编号。

（4）摘要栏应简要说明经济业务的内容。

（5）借方科目则是库存现金或银行存款。

（6）金额栏中填写借方科目对应的发生额。

（7）未使用的金额栏以斜线或S形线划销，合计金额栏的金额前应填写“¥”符号。

（8）“附件×张”处应写明所附原始凭证的张数，填制完后应由有关人员依次签章。

【例4－6】 2018年5月27日，安宁有限责任公司以现金支付方式购买零星办公用品895元。

借：管理费用　　　　895

　　贷：库存现金　　　　895

实际工作中根据有关原始凭证应填制的付款凭证，如表4－28所示。

表4－28　　　　付　款　凭　证

贷方科目：库存现金　　　　2018年5月27日　　　　现付字第1号

摘要	借方科目		记账	金额									
	总账科目	明细科目		千	百	十	万	千	百	十	元	角	分
购买办公用品	管理费用	办公费							8	9	5	0	0
合计								¥	8	9	5	0	0

附件3张

财务主管：孙林　　记账：孙广　　出纳：张民　　审核：孙林　　制单：李方

3. 转账凭证的填制方法

转账凭证应根据与现金和银行存款收付无关的转账业务的原始凭证填制。转账凭证的具体填制方法如下：

（1）中间的年、月、日应填写编制记账凭证的日期。

（2）右上方的编号应按“转字第×号”顺序编号。

（3）摘要栏应简要说明经济业务的内容。

（4）总账科目、明细科目栏填入经济业务所涉及的会计科目的名称，借方科目在上，贷方科目在下，会计科目的借贷方方向根据金额栏来确定的，与借方金额数在一行的会计科目即为借方科目，反之，为贷方科目。

（5）未使用的金额栏以斜线或S形线划销，合计金额栏的金额前应填写“¥”符号。

（6）“附件×张”处应写明所附原始凭证的张数，填制完后应由有关人员依次签章。

【例4－7】 2018年5月30日，安宁有限责任公司计提本月固定资产折旧350 000元，其中车间使用固定资产折旧费300 000元，办公室使用固定资产折旧费50 000元。

根据这项经济业务应编制的会计分录是：

借：制造费用　　300 000

　　管理费用　　50 000

　　贷：累计折旧　　350 000

实际工作中根据有关原始凭证应填制的转账凭证，如表 4－29 所示。

表 4－29　　　　**转 账 凭 证**

2018 年 5 月 30 日　　　　转字第 3 号

摘要	总账科目	明细科目	记账	金额										金额									
				千	百	十	万	千	百	十	元	角	分	千	百	十	万	千	百	十	元	角	分
计提折旧	制造费用					3	0	0	0	0	0	0	0										
	管理费用						5	0	0	0	0	0	0										
	累计折旧															3	5	0	0	0	0	0	0
合计					¥	3	5	0	0	0	0	0	0		¥	3	5	0	0	0	0	0	0

附件 1 张

财务主管：孙林　　记账：孙广　　出纳：张民　　审核：孙林　　制单：李芳

4. 通用记账凭证的填制方法

通用记账凭证是适用于记录各种经济业务的凭证，即不论发生的是收款业务、付款业务还是转账业务，都采用一种形式的记账凭证。通用记账凭证的格式和填制方法与转账凭证的格式和填制方法大致相同，现以前面第一笔业务为例，来说明通用记账凭证的填制方法。

根据【例 4－5】，编制通用记账凭证，如表 4－30 所示。

表 4－30　　　　**记 账 凭 证**

2018 年 5 月 25 日　　　　记字第 1 号

摘要	总账科目	明细科目	记账	金额										金额									
				千	百	十	万	千	百	十	元	角	分	千	百	十	万	千	百	十	元	角	分
收到前欠货款	银行存款	工行					2	2	5	0	0	0	0										
	应收账款	海华公司															2	2	5	0	0	0	0
合计						¥	2	2	5	0	0	0	0			¥	2	2	5	0	0	0	0

附件 1 张

财务主管：孙林　　记账：孙广　　出纳：张民　　审核：孙林　　制单：李芳

四、记账凭证的审核

为了保证账簿记录的准确性，记账前必须对已编制的记账凭证进行严格、认真的审核，审核内容主要有以下几个方面：

(1) 按原始凭证审核的要求，对所附的原始凭证进行复核。

（2）审核记账凭证所附的原始凭证是否齐全且符合要求，记账凭证所记录的经济业务是否与所附原始凭证的内容相符，金额是否一致。

（3）审核记账凭证中会计科目（包括总账科目和明细科目）使用是否准确，科目之间对应关系是否清晰，借贷金额是否一致，总账科目与明细科目的对应关系是否正确。

（4）审核记账凭证上所需填写项目是否完备，有关人员的签名或盖章是否齐全，以及填写是否符合规范等。

记账凭证必须经过审核，只有经过审核无误的记账凭证才能据此登记账簿。

思考与练习

一、名词解释

1. 会计凭证
2. 原始凭证
3. 记账凭证
4. 专用记账凭证
5. 通用记账凭证
6. 会计凭证的传递

二、单项选择题

1. 下列不属于原始凭证基本内容的是（　　）。

A. 填制日期　　B. 经济业务内容
C. 应借应贷科目　　D. 有关人员签章

2. 产品生产领用材料，应编制的记账凭证是（　　）。

A. 收款凭证　　B. 付款凭证
C. 转账凭证　　D. 一次凭证

3. 记账凭证的填制是由（　　）完成的。

A. 出纳人员　　B. 会计人员
C. 经办人员　　D. 主管人员

4. 记账凭证是根据（　　）填制的。

A. 经济业务　　B. 原始凭证
C. 账簿记录　　D. 审核无误的原始凭证

5. “限额领料单”是一种（　　）。

A. 一次凭证　　B. 累计凭证
C. 单式凭证　　D. 汇总凭证

6. 将同类经济业务汇总编制的原始凭证是（　　）。

A. 一次凭证　　B. 累计凭证
C. 编制记账凭证　　D. 汇总原始凭证

7. 填制会计凭证是（　　）的前提和依据。
A. 成本计算　　B. 编制会计报表
C. 登记账簿　　D. 设置账户
8. 下列项目中，属于自制原始凭证的是（　　）。
A. 领料单　　B. 购料发票
C. 增值税发票　　D. 银行对账单
9. 从银行提取现金500元，应编制（　　）。
A. 银行存款的收款凭证　　B. 银行存款的付款凭证
C. 现金的收款凭证　　D. 现金的付款凭证
10. 以银行存款归还银行借款的业务，应编制（　　）。
A. 转账凭证　　B. 收款凭证
C. 付款凭证　　D. 计算凭证
11. 会计凭证按（　　）分类，分为原始凭证和记账凭证。
A. 用途和填制程序　　B. 形成来源
C. 反映方式　　D. 填制方式
12. 下列原始凭证中属于外来原始凭证的是（　　）。
A. 购货发票　　B. 工资结算汇总表
C. 发出材料汇总表　　D. 领料单
13. 对于现金和银行存款之间相互划转的经济业务，通常（　　）。
A. 不需编制记账凭证　　B. 需编制收款凭证
C. 需编制付款凭证　　D. 需编制转账凭证
14. 盘存表是一张反映企业财产物资实有数的（　　）。
A. 外来原始凭证　　B. 自制原始凭证
C. 记账凭证　　D. 转账凭证
15. 自制原始凭证按其填制方法，可以分为（　　）。
A. 原始凭证和记账凭证　　B. 收款凭证和付款凭证
C. 单项凭证和多项凭证　　D. 一次凭证和累计凭证

三、多项选择题

1. 下列凭证中属于原始凭证的有（　　）。
A. 提货单　　B. 产品成本计算单
C. 购货发票　　D. 发出材料汇总表
E. 有应借应贷科目的自制原始凭证
2. 会计凭证可以（　　）。
A. 记录经济业务　　B. 明确经济责任
C. 登记账簿　　D. 编制财务报表
E. 财产清查
3. 会计凭证按用途和填制程序分为（　　）。
A. 原始凭证　　B. 累计凭证

C. 记账凭证　　D. 转账凭证
E. 单式记账凭证

4. 收款凭证可以作为出纳人员（　　）的依据。
A. 收入货币资金　　B. 付出货币资金
C. 登记现金日记账　　D. 登记银行存款日记账
E. 登记有关明细账

5. 会计凭证的传递应结合企业（　　）特点。
A. 经济业务　　B. 内部机构组织
C. 人员分工　　D. 经营管理
E. 凭证自身

6. 下列证明文件中，属于原始凭证的有（　　）。
A. 银行收款通知单　　B. 限额领料单
C. 入库单　　D. 购货发票
E. 银行存款余额调节表

7. “发料凭证汇总表”分别是（　　）。
A. 原始凭证　　B. 汇总凭证
C. 一次凭证　　D. 自制凭证
E. 记账凭证

8. 下列属于一次凭证的原始凭证有（　　）。
A. 领料单　　B. 限额领料单
C. 收料单　　D. 销货发票
E. 银行对账单

9. “限额领料单”可分别属于（　　）。
A. 原始凭证　　B. 汇总凭证
C. 一次凭证　　D. 自制凭证
E. 累计凭证

四、判断题

1. 所有的会计凭证都是登记账簿的依据。（　　）
2. 自制原始凭证都是一次凭证。（　　）
3. 从银行提取现金时，应编制现金收款凭证。（　　）
4. 记账凭证是根据账簿记录填制的。（　　）
5. 记账凭证的编制依据只能是原始凭证。（　　）
6. 在审核原始凭证时，发现有伪造、涂改或不合法的原始凭证，应退回经办人员更改后再受理。（　　）

五、练习记账凭证的填制

资料：

1. 销售产品一批，售价30 000元，销项税额4 800元，款项已收存银行。

2. 用现金购进办公用品150元，其中车间使用50元，厂部行政管理部门使用100元。

3. 企业购进甲材料一批40 000元，进项税额6 400元，材料已验收入库，款项用银行存款支付。

4. 李民出差借支差旅费1 000元，以现金支付。

5. 李民出差返回，报销差旅费870元，余款交回现金。

6. 发出甲材料6 000元，其中生产A产品领用2 000元，B产品领用3 400元，车间一般耗用600元。

7. 收回华源工厂所欠账款12 000元，存入银行。

8. 结转已售产品成本26 000元。

要求：根据以上业务判断应编制收款凭证、付款凭证还是转账凭证，并编制相应的记账凭证。

六、根据下列经济业务编制通用记账凭证

1. 购入材料一批，货款18 000元，增值税税率16%，另有外地运费700元，均已通过银行付清，材料未验收入库（暂不考虑运费抵扣增值税）。

2. 用转账支票购买办公用品一批，共计600元。

3. 生产车间为制造A产品领用甲材料6 000元，为制造B产品领用乙材料8 000元，管理部门一般耗用乙材料2 000元。

4. 车间报销办公用品费300元（普通发票），公司报销办公用品费500元（普通发票），均以现金付讫。

5. 职工刘芳出差借款3 000元，以现金付讫。

6. 以转账支票支付职工培训经费50 000元。

7. 刘芳报销差旅费1 500元，余款退回现金（暂不考虑抵扣增值税）。

8. 结算本月应付职工工资100 000元，其中生产A产品的工人工资40 000元，生产B产品的工人工资30 000元，车间管理人员工资10 000元，企业管理部门人员工资20 000元。

9. 按工资总额14%计提职工福利费。

10. 按规定计提固定资产折旧，其中生产车间设备折旧费3 300元，管理部门办公设备折旧费1 200元。

11. 从银行提取现金800元备用。

12. 预提本月银行借款利息3 000元。

13. 结转本月发生的制造费用15 000元。其中：A产品应负担9 000元，B产品应负担6 000元。

14. 开出转账支票，以银行存款缴纳企业所得税18 000元。

15. 通过银行转账，归还银行的临时借款20 000元。

16. 上述题中A产品100件和B产品200件于本月底全部完工入库，试编制产品生产成本计算表。

要求：根据以上业务编制相应的记账凭证，并填写产品生产成本计算表。

项目五

设置和登记会计账簿

认知目标：

1. 了解设置会计账簿的意义
2. 知道会计账簿的概念和种类
3. 知道各种会计账簿的区别
4. 理解会计账簿的基本内容和填制要求
5. 掌握会计账簿的填制方法
6. 了解会计账簿保管的要求

学习重点与难点：

1. 识别各种会计账簿
2. 正确设置和编制各种常用的会计账簿
3. 正确装订各种会计账簿

任务一

会计账簿概述

引例

刚入企业的会计学徒李芳，看到财务部有许多分门别类放置的会计账本，有订本的，有活页的；有登记资产的，也有登记费用的；有三栏式的也有多栏式的。李芳刚开始接触会计，从来没看过真正的会计账簿，她看着这么多的账本，思绪有点乱，这么多的账本如何去识别呢？这些账本到底是做什么用的呢？于是找到了会计主管孙林，孙林就耐心地给她讲解会计账簿的识别与分类。

问：什么是会计账簿？

一、会计账簿概述

（一）会计账簿的概念

阅读材料

根据《中华人民共和国会计法》对会计账簿的规定：

《中华人民共和国会计法》规定：会计账簿简称账簿，是由具有一定格式、相互联系的账页所组成，用来序时、分类地全面记录一个企业、单位经济业务事项的会计簿籍。设置和登记会计账簿，是重要的会计核算基础工作，是连接会计凭证和会计报表的中间环节，做好这项工作，对于加强经济管理具有十分重要的意义。

● 记一记

《中华人民共和国会计法》第三条规定：各单位必须依法设置会计账簿，并保证其真实、完整。

在日常的会计核算工作中，对每一项经济业务，都必须取得和填制会计凭证，会计人员填制完会计凭证后，必须设置和登记账簿，因为会计凭证数量很多，又很分散，而且每张凭证只能记载个别经济业务的内容，所提供的资料是零星的，不能全面、连续、系统地反映和监督一个经济单位在一定时期内某一类和全部经济业务活动情况，且不便于日后查阅。为了给经济管理提供系统的会计核算资料，各单位都必须在凭证的基础上设置和运用登记账簿的方法，把分散在会计凭证上的大量核算资料，加以集中和归类整理，生成有用的会计信息，从而为编制会计报表、进行会计分析以及审计提供主要依据。

（二）设置和登记会计账簿的意义

设置和登记会计账簿是会计核算的重要环节，是会计核算的一种重要方法。设置和登记会计账簿在经济活动和会计工作中具有重要的意义。

（1）设置和登记会计账簿，能系统地反映各种会计要素的变动情况，体现企业经营结果。还能系统全面的记录各项资产、负债、所有者权益、收入、费用等变动情况，系统归纳、积累会计资料。有益于管理者全盘了解企业，进一步改善企业经营状况，遵守法律法规，提高经济效益。

（2）设置和登记会计账簿提供的资料是考核经营成果，进行会计监督的重要依据。为企业管理者、债权人、投资者提供详细的会计资料，有益于正确反映企业的经营成果，正确反映企业的收入、费用和利润，能对企业的各项财务数据进行详细汇总，有益于考核经营成果。同时，相关监督机构通过企业的财务账簿，可以全面了解企业的各项经营数据，有效进行监督。

（3）会计账簿提供的数据资料是编制会计报表的主要资料来源。通过设置和登记会计账簿，能连续、系统、按时地提供财务报告数据，是企业编制财务报告的重要依据。

二、会计账簿的种类

各单位的经济活动复杂多样，但是会计账簿的式样是基本相同的，为了有效地理解各种账簿服务于会计工作的不同，我们有必要先做分类，如图 5－1 所示。

- 会计账簿
  - 按用途分类
    - 序时账簿
    - 分类账簿
    - 备查账簿
  - 按格式分类
    - 两栏式账簿
    - 三栏式账簿
    - 数量金额式账簿
    - 多栏式账簿
  - 按外形分类
    - 订本式账簿
    - 活页式账簿
    - 卡片式账簿

图 5－1　会计账簿分类示意图

（一）按用途分类

1. 序时账簿

序时账簿也称日记账，它是指按照经济业务发生时间的先后顺序逐日逐笔登记的账簿。序时账簿按其记录内容的不同，又可分为普通日记账和特种日记账。

（1）普通日记账是指用来逐日逐笔记录全部经济业务的序时账簿，如表 5－1 所示。

表 5－1　　普通日记账

2018 年		凭证字号	摘要	账户名称	记账	借方	贷方
月	日						
12	2	记 1	收回欠款	现金		300.00	
				应收账款			300.00

续表

2018年		凭证字号	摘要	账户名称	记账	借方	贷方
月	日						
12	3	记2	从银行提现	现金		1 000.00	
				银行存款			1 000.00

（2）特种日记账是指用来逐日逐笔记录某一类经济业务的序时账簿。目前，在实际工作中为了加强货币资金的管理，每个单位必须设置库存现金日记账和银行存款日记账，如表5-2所示。

表5-2　　**现金日记账**

2018年		凭证		摘要	对应科目	借方	贷方	余额
月	日	字	号					
12	2			期初余额				500.00
12	2			A员工退回借款	其他应收款	500.00		1 000.00
12	2			支付报销款			200.00	800.00
				本日合计		500.00	200.00	800.00

2. 分类账簿

分类账簿是指对发生的全部经济业务按照会计科目进行分类分别登记的账簿。分类账簿按其反映内容的详细程度不同，又可分为总分类账簿和明细分类账簿。

（1）总分类账簿简称总账，是根据一级会计科目设置的，用以总括反映经济业务的账簿。总账对明细账具有统驭和控制作用，如表5-3所示。

表5-3　　**总　账**

科目：银行存款

2018年		凭证字号	摘要	借方	贷方	余额
月	日					
12	1		期初余额			50 900.00
12	15	汇1	1-15日发生额	20 000.00		70 900.00
12	31	汇2	16-31日发生额		1 000.00	69 900.00
			本月合计	20 000.00	1 000.00	69 900.00
			本年累计	20 000.00	1 000.00	69 900.00

（2）明细分类账簿简称明细账，是根据明细会计科目设置的，用以详细反映经济业务的账簿。明细账是对总账的补充和具体化。在实际工作中，每个会计主体可以根据经营管理的需要，为不同的总账账户设置所属的明细账，如表5-4所示。

表 5-4　　明　细　账

科目：应收账款

2018 年		凭证字号	摘要	借方	贷方	余额	√
月	日						
12	1		期初余额			50 900.00	
12	1		销售 A 商品	2 000.00		52 900.00	
12	2		销售 B 商品	5 000.00		57 900.00	
12	5		收回 A 前欠货款		2 000.00	55 900.00	
12	31		本月合计	7 000.00	2 000.00	55 900.00	
12	31		本年累计	7 000.00	2 000.00	55 900.00	

3. 备查账簿

备查账簿也称辅助账簿，是指对在日记账和分类账中未记录或记录不全的经济业务进行补充登记的账簿。它不是根据会计凭证登记的账簿，也没有固定的格式。如：企业生产工具登记簿、委托加工材料登记簿等，如表 5-5 所示。

表 5-5　　生产工具备查账簿

序号	产品名称	规格	数量	存放地点	使用状况	保管人
011	发票打印机		1	办公室	在用	杨波
012	联想电脑		1	办公室	在用	杨波
013	切割机	100Y	1	仓库	库存	朱丽
014	磨光机	180Y	1	仓库	库存	朱丽
015	钢卷尺	30 米	1	仓库	库存	朱丽
016	梅花扳手	32/36	1	仓库	库存	朱丽
017	千斤顶	YDCJ240/200	2	仓库	库存	朱丽

（二）按格式分类

1. 两栏式账簿

两栏式账簿是指只有借方和贷方两个基本金额栏目的账簿，各种收入、费用类账户都可以采用两栏式账簿，例如普通日记账，如表 5-6 所示。

表 5-6　　普通日记账

2018 年		凭证字号	摘要	账户名称	记账	借方	贷方
月	日						
12	2		支付员工借款	其他应收款		1 500.00	
				库存现金			1 500.00
12	4		支付办公用品费	管理费用		1 000.00	
				库存现金			1 000.00

2. 三栏式账簿

三栏式账簿是指采用借方、贷方、余额三个主要栏目的账簿。一般适用于各种日记账、总分类账以及资本、债权债务明细账，如表5－7所示。

表5－7　　**明　细　账**

科目：应付账款

2018年		凭证字号	摘要	借方	贷方	余额	√
月	日						
12	1		期初余额			50 900.00	
12	1		支付A公司货款	2 000.00		52 900.00	
12	2		支付B公司货款	5 000.00		57 900.00	
12	5		购买C公司产品待付款		2 000.00	55 900.00	
12	31		本月合计	7 000.00	2 000.00	55 900.00	
12	31		本年累计	7 000.00	2 000.00	55 900.00	
			结转下年				

3. 多栏式账簿

多栏式账簿是指在借方栏或贷方栏下设置多个栏目用以反映经济业务不同内容的账簿。一般适用于成本、费用类的明细账，如：管理费用明细账、生产成本明细账、制造费用明细账等，如表5－8所示。

表5－8　　**多栏式明细账**

单位：元

2018年		凭证字号	摘要	借方科目						
月	日			办公用品费	招待费	工资	交通费			合计
12	1		支付办公用品费	1 000.00						1 000.00
12	2		支付招待费		500.00					500.00
12	3		支付经理工资			3 000.00				3 000.00
12	4		支付交通费				1 000.00			1 000.00
			本月合计	1 000.00	500.00	3 000.00	1 000.00			5 500.00
			本年累计	1 000.00	500.00	3 000.00	1 000.00			5 500.00

4. 数量金额式账簿

数量金额式账簿是指在借方（收入）、贷方（发出）、余额（结存）三个主要栏目的基础上，需要反映数量与金额双重指标的账簿。一般适用于具有实物形态的财产物资的明细账，如：原材料明细账，库存商品、产成品等明细账，如表5－9所示。

（三）按外形分类

1. 订本式账簿

订本式账簿简称订本账，是指在未启用前就把一定数量的账簿按顺序编号并固定装订成册的账簿。订本账可以避免账页散失和防止抽换账页，确保账簿资料的完整，但在同一时间只能由一人登账，不便于记账人员的分工。总分类账、库存现金日记账和银行存款日记账必须采用订本账。

表 5-9 数量金额式明细账

最高存量________

最低存量________

编　　号________　　　　规格________　　　　单位名称：安宁有限责任公司

2018 年		凭字证号	摘要	账页	借方			贷方			结存			稽核
月	日				数量	单价	金额	数量	单价	金额	数量	单价	金额	
12	1		购进 A 材料		100	5	500				100	5.00	500.00	
12	5		领用 A 材料					50	5.00	250.00	50	5.00	250.00	

2. 活页式账簿

活页式账簿简称活页账，是指年度内账页不固定装订成册，而置于活页账夹中，可以根据需要随时增加或抽减账页的账簿。活页账可以随时抽换、增减账页，便于记账人员的分工、记账，但账页容易散失、抽换。活页账在会计年度终了时，应及时装订成册，妥善保管。明细账多采用活页账。

3. 卡片式账簿

卡片式账簿简称卡片账，是指由若干具有相同格式的卡片作为账页组成的账簿。卡片账的卡片通常装在卡片箱内，不用装订成册，随时可取可放可移动，也可跨年度长期使用，但卡片容易丢失。一般情况下，固定资产的明细账采用卡片账。

● **请注意**

各种类别的会计账簿是按其使用情况来选择，在实际工作中，需要选择合适的会计账簿进行登账。

【引例解答】

会计账簿简称账簿，是由具有一定格式、相互联系的账页所组成，用来序时、分类地全面记录一个企业、单位经济业务事项的会计簿籍。设置和登记会计账簿，是重要的会计核算基础工作，是连接会计凭证和会计报表的中间环节，做好这项工作，对于加强经济管理具有十分重要的意义。

任务二

会计账簿格式选择与登记方法

阅读材料

根据财政部关于印发《会计基础工作规范》的通知规定：

第五十九条　启用会计账簿时，应当在账簿封面上写明单位名称和账簿名称。在账簿扉页上应当附启用表，内容包括：启用日期、账簿页数、记账人员和会计机构负责人、会计主管人员姓名，并加盖名章和单位公章。记账人员或者会计机构负责人、会计主管人员调动工作时，应当注明交接日期、接办人员或者监交人员姓名，并由交接双方人员签名或者盖章。

启用订本式账簿，应当从第一页到最后一页顺序编定页数，不得跳页、缺号。使用活页式账页，应当按账户顺序编号，并须定期装订成册。装订后再按实际使用的账页顺序编定页码。另加目录，记明每个账户的名称和页次。

一、设置账簿的原则

账簿设计应做到总分结合、序时与分类相结合，层次清楚，便于分工，具体说在设计时应符合以下原则：

（一）与企业规模和会计分工相适应的原则

企业规模较大，经济业务必然较多，会计人员的数量也相应地多，其分工较细，会计账簿也较复杂，册数也多，在设计时考虑这些特点以适应其需要。反之，企业规模小，经济业务量少，一个会计足够处理全部经济业务，在设计账簿时没有必要设多本账，所有明细分类账可以集合成一、两本即可。

（二）既满足管理需要又避免重复设账的原则

账簿设计的目的是为了取得管理所需要的资料，因此账簿设置也以满足需要为前提，避免重复设账、记账、浪费人力物力。例如材料账，一些企业在财务科设了总账和明细账，在供应科又设一套明细账，在仓库还设三级明细账，就是重复设账的典型例子。事实上若在财务科只设总账，供应科设二级明细账（按类别）、仓库设二级明细账（按品名规格），一层控制一层，互相核对，数据共享，既省时又省力。

（三）账簿设计与账务处理程序紧密配合原则

账务处理程序的设计实质上已大致规定了账簿的种类，在进行账簿的具体设计时，应充分注意已选定的账务处理程序。例如若设计的是日记总账账务处理程序，就必须设计一本日记总账，再考虑其他账簿；又如果设计的是多栏式日记账账务处理程序，就必须设计四本多栏式日记账，分别记录现金收付和银行存款收付业务，然后再考虑设其他账簿。

（四）账簿设计与会计报表指标相衔接的原则

会计报表是根据账簿记录编制的，报表中的有关指标应能直接从有关总分类账户或明细分类账户中取得和填列，以加速会计报表的编制，而尽量避免从几个账户中取得资料进行加减运算来填报。

二、账簿基本内容和登记账簿的基本要求

1. 在实际会计核算过程中，会计账簿的形式可以是多种多样的，但都应该具备以下基本内容：

（1）封面：标明账簿的名称。

（2）扉页：标明会计账簿的使用信息。

（3）账页：账簿用来记录经济业务事项的载体，其格式根据所反映的经济业务内容的不同而有所不同。但其内容应当包括：

①账户的名称。

②登记账簿的日期栏。

③记账凭证的种类和号数栏。

④摘要栏。

⑤金额栏。

⑥总页次和分户页次栏。如表 5－10 所示。

表 5－10　　**2018 年明细分类账**

立档单位	安宁有限责任公司
起止时间	自 2018 年 01 月 01 日起至 2018 年 12 月 31 日
账簿册数	本年共　　册　　　本册是第　　册
卷内页号	本册自第　　页至第　　页　　本册共　页

单位负责人：　李建军　　财务主管：　赵强　　装订人：　孙林

全宗号		目录号		案卷号		保管年限	年

2. 会计账簿的基本要求

（1）准确完整。登记会计账簿时，应当将会计凭证日期、编号、业务内容摘要、金额和其他有关资料逐项记入账内，做到数字准确、摘要清楚、登记及时、字迹工整。

（2）注明记账符号。登记完毕后，要在记账凭证上签名或者盖章，并注明已经登账的符号，表示已经记账。

（3）文字和数字必须整洁清晰，准确无误。

（4）正常记账使用蓝黑墨水。登记账簿要用蓝黑墨水或者碳素墨水书写，不得使用圆珠笔或者铅笔书写。

（5）特殊记账使用红墨水。

（6）顺序连续登记。

（7）结出余额。凡需要结出余额的账户，结出余额后，应当在“借或贷”等栏内写明“借”或者“贷”等字样。没有余额的账户，应当在“借或贷”等栏内写“平”字，并在余额栏内用“0”表示。现金日记账和银行存款日记账必须逐日结出余额。

（8）过次承前。每一账页登记完毕结转下页时，应当结出本页合计数及余额，写在本页最后一行和下页第一行有关栏内，并在摘要栏内注明“过次页”和“承前页”字样。

（9）登记发生错误时，必须按规定方法更正，严禁刮、擦、挖、补，或使用化学药物清除字迹。

（10）定期打印。

综上所述，如何科学、合理、准确地选择会计账簿，掌握各种会计账簿的登记方法，是每个会计人员应该掌握的技巧，下面介绍几种常见的会计账簿设置和登记方法。

三、日记账的设置和登记方法

（一）日记账的格式

为了加强对货币资金的管理，各单位都应当设置现金日记账和银行存款日记账，用以逐日核算和监督库存现金与银行存款的收入、支出和结存情况。为了防止账页散失和随意抽换，以及便于查阅，现金日记账和银行存款日记账必须采用订本式账簿，并为每一张账页顺序编号。现金日记账是用来核算和监督库存现金每天的收入、支出和结存情况的账簿，其格式有三栏式和多栏式两种。无论采用三栏式还是多栏式现金日记账，都必须使用订本账。银行存款日记账是用来核算和监督银行存款每日的收入、支出和结余情况的账簿。银行存款日记账应按企业在银行开立的账户和币种分别设置，每个银行账户设置一本日记账。

1. 三栏式日记账

三栏式日记账的账页格式一般采用“收入”、“支（付）出”和“结余”三栏式。为了清晰地反映库存现金和银行存款业务的账户对应关系，在“收入”、“支（付）出”和“结余”三栏之前应设“对方科目”栏。

2. 多栏式日记账

如果库存现金和银行存款收、付业务较多，为了简化记账手续，需要通过现金日记账和银行存款日记账汇总登记总分类账时，也可以采用“多栏式”的格式，即将收入栏和付出栏分别按照对方科目设置若干专栏，也就是将收入栏按贷方科目设专栏，付出栏按借方科目设专栏。

（二）日记账的登记方法

现金日记账由出纳人员根据同库存现金收付有关的记账凭证，按时间顺序逐日逐笔进行登记，对于从银行提取库存现金的业务，由于规定只填制银行存款的付款凭证，不填制库存现金收款凭证。因此，从银行提取库存现金的收入数，应根据银行存款付款凭证登记。并根据“上日余额＋本日收入－本日支出＝本日余额”的公式，逐日结出库存现金余额，与库存现金实存数核对，以检查每日库存现金收付是否有误。如果账实不符，应及时查明原因。

借、贷方分设的多栏式现金日记账的登记方法是：先根据有关库存现金收入业务的记账凭证登记库存现金收入日记账，根据有关库存现金支出业务的记账凭证登记库存现金支出日记账，每日营业终了，根据库存现金支出日记账结计的支出合计数，一笔转入库存现金收入日记账的“支出合计”栏中，并结出当日余额。

银行存款日记账的格式和登记方法与现金日记账相同。银行存款日记账通常也是由出纳人员根据审核后的银行存款收、付款凭证，逐日逐笔按照经济业务发生的先后顺序进行登记。对于库存现金存入银行的业务，由于只填制库存现金付款凭证，不填制银行存款收款凭证，因而这种业务的存款收入数，应根据有关库存现金付款凭证登记。每日终了，应分别计算出当日银行存款收入、付出的合计数以及账面结余额。本日余额的计算方法与库存现金相同。每日结出存款的账面结余额，谨防开出空头支票和影响经营活动的正常用款，同时还可以检查、监督各项收支情况，并便于定期同银行送来的对账单逐笔核对。

四、分类账的设置和登记方法

（一）总分类账

总分类账简称总账，指按照总分类科目设置，公允货币计量单位进行登记，用来提供总括核算资料的账户，是根据总分类科目开设账户，用来登记全部经济业务，进行总分类核算，提供总括核算资料的分类账簿。总分类账所提供的核算资料，是编制会计报表的主要依据，任何单位都必须设置总分类账。

总分类账一般采用订本式账簿。总分类账的账页格式，一般采用“借方”、“贷方”、“余额”三栏式，根据实际需要，也可以在“借方”、“贷方”两栏内增设“对方科目”栏。总分类账的账页格式，也可以采用多栏式格式，如把序时记录和总分类记录结合在一起形成联合账簿，即日记总账。

（二）明细分类账

明细分类账，是指按照明细分类账户进行分类登记的账簿，是根据单位开展经济管理的需要，对经济业务的详细内容进行的核算，是对总分类账进行的补充反映。它所提供的有关经济活动的详细资料，是对总分类账所提供总括核算资料的必要补充，同时也是编制会计报表的依据。

明细账的格式应根据各单位经营业务的特点和管理需要来确定，常用的格式主要有“三栏式”明细分类账，它的账页格式同总分类账的格式基本相同，它只设“借方”、“贷方”和“余额”三个金额栏。其适用于“应收账款”、“应付账款”等只需进行金额核算的明细账。

任务三

错账处理方法及期末处理

阅读材料

根据财政部关于印发《会计基础工作规范》的通知规定：

第六十二条　账簿记录发生错误，不准涂改、挖补、刮擦或者用药水消除字迹，不准重新抄写，必须按照下列方法进行更正：

（一）登记账簿时发生错误，应当将错误的文字或者数字划红线注销，但必须使原有字迹仍可辨认；然后在划线上方填写正确的文字或者数字，并由记账人员在更正处盖章。对于错误的数字，应当全部划红线更正，不得只更正其中的错误数字。对于文字错误，可只划去错误的部分。

（二）由于记账凭证错误而使账簿记录发生错误，应当按更正的记账凭证登记账簿。

● 小问题？

会计学徒李芳发现自己不小心把账登错了，她万分着急，怎么办呢？别着急，我们给她来解答。

一、错账更正规则

在记账过程中，如果账簿记录错误，不得任意用刮擦、挖补、涂改或用褪色药水等方法去更正字迹，必须根据错误的具体情况，相应采用正确的方法予以更正。更正错账的方法一般有以下几种：

（一）划线更正法

在结账之时，如果发现账簿记录有错误，而记账凭证无错误，即纯属文字或数字上的错误，应采用划线更正法更正。具体做法是：先将错误数字全部划一条红线予以注销。但不得只划线更正其中个别数字；对已划销的数字，应当保持原有字迹仍可辨认，以备查核。然后，将正确的数字用蓝字写在划线数字上面，并由记账员在更正处盖章，以明确责任。它适用于编制的记账凭证没有错误，而是在登记账簿时发生错误，导致账簿记录的错误。修改方法是需要将错误的文字或者数字划红线注销，但必须使原有字迹仍可辨认；然后在划线上方填写正确的文字或者数字，并由记账人员在更正处盖章。对于错误的数字，应当全部划红线更正，不得只更正其中的错误数字。对于文字错误，可只划去错误的部分。

● 记一记

划线更正法适用范围：在登账以前发现的记账凭证上的文字或数字的笔误；结账前发现的纯属记账中的文字或数字的笔误（记账凭证无错误）。

（二）红字更正法

红字更正法一般适用于下列情况：

记账以后，发现记账凭证中应借应贷符号、科目或金额有错误时，可采用红字更正法更正。更正时应用红字填写一份与原用科目、借贷方向和金额相同的记账凭证，以冲销原来的记录，然后用蓝字重新填制一份正确记账凭证，并登记入账。

举例如下：

【例5-1】 某企业支付广告费用500元，用银行存款支付。编制记账凭证时，误作下列会计分录，并已登记入账。

（1）借：管理费用　　500
　　　　贷：银行存款　　500

当发现记错账时，先照原分录用红字（框内数字）填制一张记账凭证冲销原会计分录：

（2）借：管理费用　　[500]
　　　　贷：银行存款　　[500]

同时再用蓝字填制一张正确的记账凭证，即将管理费用更正为销售费用，其分录为：

（3）借：销售费用 500

贷：银行存款 500

（三）补充登记法

记账以后，如果发现记账凭证上应借应贷的会计科目并无错误，但所填金额小于应填金额，可采用补充登记法更正，即再填一张补充少记金额的记账凭证，并将其补记入账。

【例 5-2】 某企业生产部门领用原材料水泥一批，共计 3 000 元，用于生产混凝土产品，金额误记为 300 元，即记账凭证少记 2 700 元。原分录是：

（1）借：生产成本（混凝土） 300

贷：原材料——水泥 300

当发现上述错账时，可将少记的 2 700 元再编制一张记账凭证如下：

（2）借：生产成本（混凝土） 2 700

贷：原材料——水泥 2 700

阅读材料

根据财政部关于印发《会计基础工作规范》的通知规定：

第六十三条 各单位应当定期对会计账簿记录的有关数字与库存实物、货币资金、有价证券、往来单位或者个人等进行相互核对，保证账证相符、账账相符、账实相符。对账工作每年至少进行一次。

第六十四条 各单位应当按照规定定期结账。

（一）结账前，必须将本期内所发生的各项经济业务全部登记入账。

（二）结账时，应当结出每个账户的期末余额。需要结出当月发生额的，应当在摘要栏内注明“本月合计”字样，并在下面通栏划单红线。需要结出本年累计发生额的，应当在摘要栏内注明“本年累计”字样，并在下面通栏划单红线；12 月末的“本年累计”就是全年累计发生额。全年累计发生额下面应当通栏划双红线。年度终了结账时，所有总账账户都应当结出全年发生额和年末余额。

（三）年度终了，要把各账户的余额结转到下一会计年度，并在摘要栏注明“结转下年”字样；在下一会计年度新建有关会计账簿的第一行余额栏内填写上年结转的余额，并在摘要栏注明“上年结转”字样。

二、对账与结账

会计人员在每个月末，为了检查数据的准确性，经常进行的一项重要的工作就是对账，然后进行结账。

1. 对账

对账是指核对账目，在会计核算中，为保证账簿记录正确可靠，对账簿中的有关数据进行检查和核对的工作。对账工作是保证账账、账证、账实相符的重要条件。对账工作主要内容包括以下三个方面：

（1）账证核对。是指核对会计账簿（包括总账、明细账、以及现金、银行存款日记账）的记录与原始凭证、记账凭证的时间、凭证字号内容、金融是否一致，记账方向是否相符。

（2）账账核对。是指各种账簿之间有关数字应核对相符，包括总分类账有关户核对、总分类账与明细分类账核对、总分类账与日记账核对、会计部门的财产物资明细账与财产物资保管和使用部门的有关明细账核。

（3）账实核对。是指将各项物资债权债务等账面余额与实有数额进行核对，做到账实相符。包括日记账与库存现金数核对，银行日记账与银行存款余额核对，账户明细账与财产实存数核对、各种应收、应付明细余额与有关债务、债权单位余额核对。

2. 结账

结账是为了总结某一个会计期间内的经济活动的财务收支状况，据以编制财务会计报表，而对各种账簿的本期发生额和期末余额进行的计算总结。直观说，就是结算各种账簿记录，它是将一定时期内所发生的经济业务全部登记入账的基础上，将各种账簿的记录结算出本期发生额和期末余额的过程。

3. 结账的步骤

以银行存款明细账为例对结账的步骤进行说明。

（1）结账前，会计人员应逐笔、顺序地登记完银行存款科目记账凭证。

（2）月结时，在银行存款明细账最后一笔记录下面划一道红线，在红线下面结出本月发生额和期末余额。并在摘要栏内注明“本月合计”，并在其下面再划一道红线。季结、年结方法同上，所不同的是摘要栏内写出“季结、年结”；在年结下面划出双红线（表示封账）。

（3）年度终了，将“银行存款”账户的余额结转到下一年度，在“摘要”栏内注明“结转下年”，在下一会计年度新账的摘要栏内写明“上年结转”，并将余额填入余额栏，如表5－11所示。

表5－11 **明细账**

科目：银行存款

2018年		凭证字号	摘要	借方	贷方	借或贷	余额
月	日						
12	1		期初余额			借	20 000.00
12	15		收到投资款	20 000.00		借	40 000.00
12	15		本月合计	20 000.00		借	40 000.00
12	31		本年累计	20 000.00		借	40 000.00
			结转下年				

*任务四

会计账簿的更换与保管

账簿是企业重要的档案，企业在会计年度开始的时候都要更换使用新的会计账簿，同时对旧账簿加以妥善保管。

一、账簿的更换

一般来说，企业的总分类账、明细分类账及现金日记账、银行存款日记账都应每年更换一次，但固定资产明细账或固定资产卡片可以延续使用。一般在启用新账的时候，可以直接将各旧账的年末余额核算相对应的账本，在新账第一行的“摘要”栏中注明“上年余额”，并将余额款过入“余额”栏中。

二、账簿的保管

在将所有的旧账、活页账对账完毕，并将所有的活页账装订完毕、加上封面，并由主管人员签字盖章之后，要及时将所有的订本账及活页账交由档案人员造册归档。归档时，应编制“会计账簿归档登记表”及明确责任。

会计账簿应有一定的保管期限，根据其特点，分为永久和定期两类。就企业会计而言，国家规定会计凭证保管期限为30年，其中，涉及外事和重大事项的会计凭证为永久保管；会计账簿中，一般日记账30年，现金日记账和银行存款日记账30年，明细账和总账30年，固定资产卡片在固定资产清理报废后保存5年，辅助账簿30年，涉外和重大事项会计账簿为永久保管；会计报表中，年度会计报表永久保管，月、季会计报表保管10年。

● 知识链接

第六条　下列会计资料应当进行归档

（一）会计凭证：包括原始凭证、记账凭证

（二）会计账簿：包括总账、明细账、日记账、固定资产卡片及其他辅助性账簿

（三）财务会计报告：包括月度、季度、半年度、年度财务会计报告

（四）其他会计资料：包括银行存款余额调节表、银行对账单、纳税申报表、会计档案移交清册、会计档案保管清册、会计档案销毁清册、会计档案鉴定意见书及其他具有保存价值的会计资料。

资料来源：中华人民共和国财政部　国家档案局令第79号——会计档案管理办法。

思考与练习

一、单项选择题

1. 对账的内容不包括（　　）。

A. 账实核对　　B. 账账核对　　C. 账证核对　　D. 表表核对

2. 一般情况下，采用活页式账簿的是（　　）。

A. 总分类账　　B. 库存现金日记账

C. 银行存款日记账　　D. 明细账

3. 登记会计账簿的依据是（ ）。

A. 会计凭证 B. 经济业务 C. 会计分录 D. 会计科目

4. 企业应当于（ ）结账。

A. 每项交易或者事项办理完毕时 B. 每一个工作日终了时

C. 一定时期终了时 D. 会计报表编制完成时

5. 现金日记账和银行存款日记账保存年限为（ ）。

A. 25 年 B. 30 年 C. 10 年 D. 5 年

6. 更正时应用红字填写一份与原用科目、借贷方向和金额相同的记账凭证，以冲销原来的记录的方法是（ ）。

A. 红字更正法 B. 划线更正法

C. 补充登记法 D. 蓝字冲销法

7. （ ）可以避免账页散失和防止抽换账页。

A. 订本式账簿 B. 活页式账簿 C. 卡片式账簿 D. 固定式账簿

8. （ ）是根据一级会计科目设置的，用以总括反映经济业务的账簿。

A. 总分类账 B. 明细分类账

C. 银行存款日记账 D. 现金日记账

9. （ ）是对总分类账所提供总括核算资料的必要补充，同时也是编制会计报表的依据。

A. 总分类账 B. 明细分类账

C. 银行存款日记账 D. 现金日记账

10. （ ）也称日记账，它是指按照经济业务发生时间的先后顺序逐日逐笔登记的账簿。

A. 序时账簿 B. 分类账簿 C. 活页式账簿 D. 卡片式账簿

二、多项选择题

1. 会计账簿按用途分为（ ）。

A. 序时账簿 B. 分类账簿 C. 备查账簿 D. 明细账簿

2. 会计账簿按格式分类分为（ ）。

A. 两栏式账簿 B. 三栏式账簿 C. 多栏式账簿 D. 数量金额式账簿

3. 以下属于多栏式账簿的内容有（ ）。

A. 管理费用明细账 B. 生产成本明细账

C. 制造费用明细账 D. 总账

4. 会计账簿的基本要求有（ ）。

A. 准确完整 B. 注明记账符号

C. 文字和数字必须整洁清晰 D. 正常记账使用蓝黑墨水

5. 对账工作主要内容包括哪些方面（ ）。

A. 账证核对 B. 账账核对 C. 账实核对 D. 金额核对

6. 三栏式日记账的账页格式一般采用（ ）栏。

A. 收入 B. 支（付）出 C. 结余 D. 转销

7. 日记账的格式一般有（　　）。

A. 三栏式　　B. 多栏式　　C. 四栏式　　D. 活页式

8. 以下属于备查账簿的有（　　）。

A. 企业生产工具登记簿　　B. 委托加工材料登记簿

C. 银行存款日记账　　D. 现金日记账

9. 财务报告包括以下几种（　　）。

A. 会计报表　　B. 附表

C. 附注及文字说明　　D. 其他财务报告

10. 会计制度规定保存30年的有（　　）。

A. 明细账　　B. 总账　　C. 现金日记账　　D. 银行存款日记账

三、判断题

1. 现金日记账可以使用数量金额式账簿。（　　）

2. 一般来说，企业的总分类账、明细分类账及现金日记账、银行存款日记账都应每年更换一次。（　　）

3. 国家规定会计凭证保管期限为10年。（　　）

4. 账簿年结时，在下面划单红线表示封账。（　　）

5. 固定资产的明细账采用卡片账。（　　）

6. 企业在会计年度开始的时候都要更换使用新的会计账簿。（　　）

7. 备查账簿的格式是固定的。（　　）

8. 涉外和重大事项会计账簿为永久保管。（　　）

9. 如果账簿记录错误，不得任意用刮擦、挖补、涂改或用褪色药水等方法去更正字迹。（　　）

10. 分类账簿是指对发生的某些经济业务按照会计科目进行分类分别登记的账簿。（　　）

四、计算题

1. 某企业购进行政办公用A4纸张2 000元，货款尚未支付给南宁百货公司。编制记账凭证时，误做下列会计分录，并已登记入账。

借：管理费用　　200

　　贷：其他应付款　　200

请问应采取什么形式的错账更正方法？并做出更正的会计分录。

2. 某企业生产领用材料1 000元，货款尚未支付。编制记账凭证时，误做下列会计分录，并已登记入账。

借：制造费用　　2 000

　　贷：原材料　　2 000

请问应采取什么形式的错账更正方法？并做出更正的会计分录。

项目六

财 产 清 查

认知目标：

1. 熟悉财产清查的意义、种类、一般程序和方法
2. 掌握财产清查的概念，货币资金、实物资产和往来结算款项清查的方法
3. 熟悉掌握财产清查结果的财务处理方法

学习重点与难点：

1. 重点：存货的盘存制度、财产清查的种类、财产清查的账务处理
2. 难点：存货的盘存制度、财产清查的账务处理

● **财产清查制度的依据**

根据财政部关于印发《会计基础工作规范》的通知规定：

第九十四条　各单位应当建立财产清查制度。主要内容包括：财产清查的范围；财产清查的组织；财产清查的期限和方法；对财产清查中发现问题的处理办法；对财产管理人员的奖惩办法。

任务一

财产清查概述

引例

公司出纳学徒张民和会计学徒李芳由于刚参加工作不久，所以会出现一些不应有的错误。

第一件事是张民在2018年10月18日和10月20日两天的现金业务结束后例行的现金清查中，分别发现现金短缺50元和现金溢余20元的情况，对此他经过反复思考也弄不明白原因。由于他对于货币资金业务管理和核算的相关规定不甚了解，为了保全自己的面子和息事宁人，同时又考虑到两次账实不符的金额又很小，他决定采取下列办法进行处理：现金短缺50元，自掏腰包补齐；现金溢余20元，暂时收起。

第二件事是公司经常对银行存款的实有数心中无数。一天公司经理去检查李芳的工作，结果发现，她每次编制银行存款余额调节表，只根据公司银行存款日记账的余额加或减对账单中企业的未入账款项来确定公司银行存款的实有数而且每次做完此项工作以后，李芳就立即将这些未入账的款项登记入账。

问题：

1. 出纳学徒张民和会计学徒李芳对以上两项业务的处理是否正确？为什么？
2. 你能给出正确答案吗？

阅读材料

根据财政部关于印发《会计基础工作规范》的通知规定：

第六十三条　各单位应当定期对会计账簿记录的有关数字与库存实物、货币资金、有价证券、往来单位或者个人等进行相互核对，保证账证相符、账账相符、账实相符。对账工作每年至少进行一次。

（一）账证核对。核对会计账簿记录与原始凭证、记账凭证的时间、凭证字号、内容、金额是否一致，记账方向是否相符。

（二）账账核对。核对不同会计账簿之间的账簿记录是否相符，包括：总账有关账户的余额核对，总账与明细账核对，总账与日记账核对，会计部门的财产物资明细账与财产物资保管和使用部门的有关明细账核对等。

（三）账实核对。核对会计账簿记录与财产等实有数额是否相符。包括：现金日记账账面余额与现金实际库存数相核对；银行存款日记账账面余额定期与银行对账单相核对；各种财物明细账账面余额与财物实存数额相核对；各种应收、应付款明细账账面余额与有关债务、债权单位或者个人核对等。

一、财产清查的概念

财产清查是指对各项财产物资进行盘点和核对，查明财产物资、货币资金和结算款项的实有数，确定其账面结存数额和实际结存数额是否相符的一种专门方法。财产清查不仅是保证会计核算资料的真实与正确的有效方法，而且是保护企业的财产安全，加强财产物资管理的重要手段。通过财产清查对企业挖掘内部潜力，加速资金周转等方面都有积极作用。

二、财产清查的意义

加强财产清查工作，对于加强企业管理、充分发挥会计的监督作用具有重要意义。

（1）通过财产清查，保证会计核算资料的真实性。

（2）通过财产清查，掌握财产物资的使用情况，挖掘各项财产物资的潜力，改善企业经营管理，加速资金周转，提高经营效率。

（3）通过财产清查，加强财产物资保管人员的责任，保证各项财产物资的安全完整。

三、财产清查的范围

一般企业、单位财产清查的范围应当包括以下几个方面：

（1）房屋建筑物、机器设备、运输设备等固定资产。

（2）各种器具、用具、工具、仪器。

（3）库存原材料、在产品、产成品以及各种库存商品。

（4）现金、银行存款、银行借款。

（5）各种有价证券。

（6）各种应收、应付款项。

（7）在途的材料、商品、物资和货币资金。

（8）委托其他单位加工的材料、商品和物资。

（9）租出的固定资产和包装物。

（10）接受其他单位委托加工的材料、商品、物资。

（11）租入的固定资产和包装物。

（12）各项在建工程。

四、财产清查的种类

在企业日常经营中，财产清查的对象和范围有时是不同的，在时间上也有区别，因此，可按照财产清查实施的范围、时间适当地进行分类。

（一）按照财产清查对象范围分类

1. 全面清查

全面清查就是对属于本单位或存放在本单位的所有财产物资、货币资金和各项债权债务进行全面盘点和核对。

（1）年终决算之前，要进行一次全面清查。

（2）单位撤销、合并或改变隶属关系时，要进行一次全面清查，以明确经济责任。

（3）中外合资、国内联营前，要进行全面清查。

（4）企业股份制改制前，要进行全面清查。

（5）开展全面的资产评估、清产核资等活动，需要进行全面清查摸清家底，以便按需要组织资金的供应。

（6）单位主要领导调离工作时，要进行一次全面清查。

2. 局部清查

局部清查就是根据管理的需要或依据有关规定，对部分财产物资、债权债务进行盘点和核对。

一般情况下，对于流动性较大的材料物资，除年度清查外，年内还要轮流盘点或重点抽查；对于各种贵重物资，每月都应清查盘点一次；对于现金，应由出纳人员当日清点核对；对于银行存款，每月要同银行核对一次；对各种应收款，每年至少核对一至两次。局部清查范围小、内容少、时间短、参与人少，但专业性较强。

（二）按照财产清查的时间划分

1. 定期清查

指按事先计划安排的时间所进行的清查。如年度、季度、月度终了会计结账时，财产物资进行清查。定期清查的范围，可以是局部清查，也可以是全面清查。

2. 不定期清查

指事先并无计划规定而根据需要所进行的临时清查。

（1）更换财产物资和现金保管人员时，对经管的财产物资需要办理移交。

（2）发生非常灾害和意外损失时，需要查明损失情况。

（3）上级主管部门、财政等部门，对本单位进行会计检查时。

（4）企业实行临时性的清产核资时。

（5）离任审计。

【引例解答】

1. 出纳学徒张民和会计学徒李芳对以上两项业务的处理不正确。对于现金清查的结果应当编制现金盘点报告单，如果账款不符，有待查明原因的现金短缺或溢余，应通过“待处理财产损溢”科目核算。

2. 对于短缺的50元现金，应做如下处理：

借：待处理财产损溢——待处理流动资产损溢	50	
贷：库存现金		50

对于溢余20元现金，应做如下处理：

借：库存现金	20	
贷：待处理财产损溢——待处理流动资产损溢		20

待查明原因后，再分别情况处理。

任务二

财产清查的方法

引例

马磊毕业后到一家规模不大的私营企业上班，负责仓库物资的保管工作，该企业主要以生产取暖器为主。由于企业的主要管理人员均为老板的亲属，所以企业在规章制度的执行和日常管理上比较混乱。一天，市场部负责人张雷（老板的侄子）准备从仓库里拿几个取暖器回家用，马磊性格外向，善于交际，一直希望能到市场部工作。张雷也几次表示想调马磊到市场部做总经理助理。马磊一看是市场部负责人张雷，二话没说，便拿了几个取暖器给了他。期末盘存库存商品时，马磊将张雷拿走的几个取暖器都算入了本期销售的商品数量中。

问题：

1. 请判断该企业对库存商品采用的是什么盘存制度？
2. 如果你是马磊，你会怎么做？
3. 你对提高该企业的管理水平有何建议？

一、确定财产账面结存数量的方法

在会计核算中，根据账面记录财产物资的方式不同，存在永续盘存制度和实地盘存制度两种盘存制度。

（一）永续盘存制

1. 永续盘存制亦称“账面盘存制”

采用这种方法，即平时对各项财产物资的增加数和减少数，根据各种有关会计凭证在账簿中进行登记，并随时结算出各种财产物资账面结存数额。即：

期末结存金额 = 期初结存金额 + 本期增加金额 − 本期减少金额

优点：会计手续严密，当财产变动时，能从数量和金额两方面进行登记，并随时在账上结出余额，便于及时掌握财产占用情况，有利于加强管理。

缺点：平时登账工作量大。

适用范围：由于它具有明显的优越性，因此在企业中被广泛采用。

2. 永续盘存制下期末存货成本的计算

（1）各批存货价格一致，如图 6－1 所示。

期末存货成本 = 存货单位成本 × 存货数量

（2）各批存货价格不一致，如图 6－2 所示。

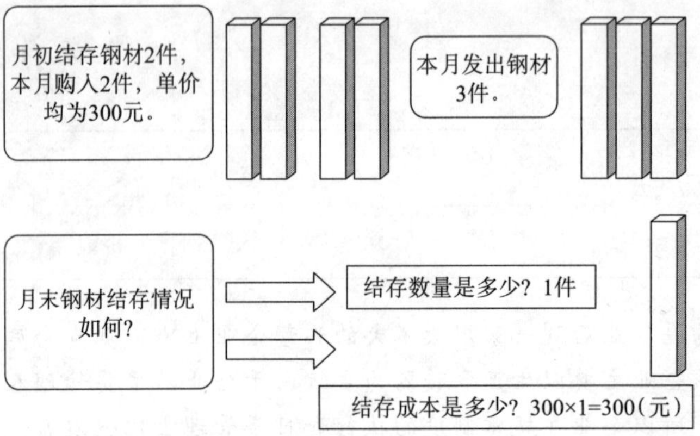

图 6－1

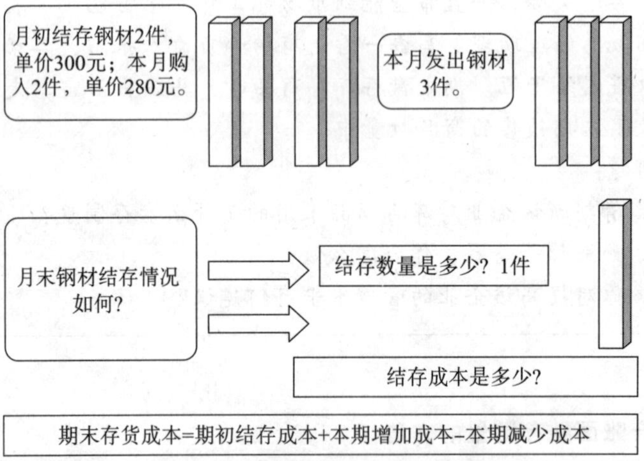

图 6－2

（3）发出存货计价方法。

①先进先出法。先进先出法是指根据先入库先发出的原则，对于发出的存货以先入库存货的单价计算发出存货成本的方法。采用这种方法的具体做法是：先按存货的期初余额的单价计算发出的存货的成本，领发完毕后，再按第一批入库的存货的单价计算，依此从前向后类推，计算发出存货和结存货的成本，如图 6－3 所示。

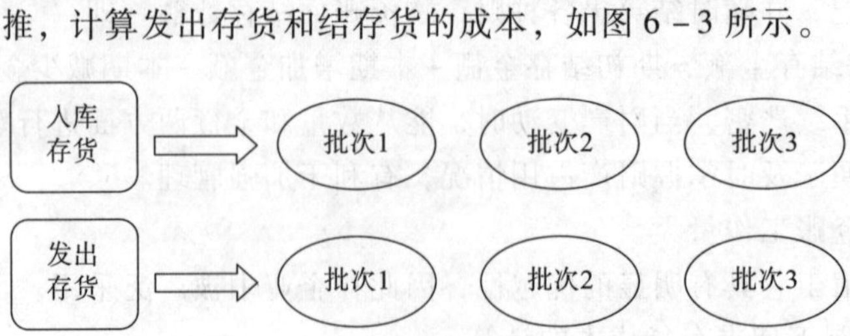

图 6－3

【例 6－1】 安宁有限责任公司模板厂 2018 年 11 月初结余涂料 4 000 公斤，单价 1.50 元。本月购入 1 000 公斤，单价 1.35 元。本月发出 2 000 公斤。如表 6－1 所示。

发出该批涂料的成本＝1.50×2 000＝3 000（元）

表 6－1　　　　原材料明细表

2018 年		凭证号数	摘要	借方（收入）			贷方（发出）			借或贷	余额（结存）		
月	日			数量	单价	金额	数量	单价	金额		数量	单价	金额
11	1		月初余额							借	4 000	1.5	6 000
	7	转 10	入库	1 000	1.35	1 350				借	4 000 1 000	1.5 1.35	6 000 1 350
	10	转 25	发出				2 000	1.5	3 000	借	2 000 1 000	1.5 1.35	3 000 1 350
11	31		本月合计	1 000	—	1 350	2 000	—	3 000	借	3 000		

发出存货成本＝1.5×2 000＝3 000（元）

期末存货成本＝期初结存成本＋本期增加成本－本期减少成本＝6 000＋1 350－3 000＝4 350 元，如表 6－2 所示。

表 6－2　　　　原材料明细表

2018 年		凭证号数	摘要	借方（收入）			贷方（发出）			借或贷	余额（结存）		
月	日			数量	单价	金额	数量	单价	金额		数量	单价	金额
11	1		月初余额							借	4 000	1.5	6 000
	7	转 10	入库	1 000	1.35	1 350				借	4 000 1 000	1.5 1.35	6 000 1 350
	10	转 25	发出				2 000	1.5	3 000	借	2 000 1 000	1.5 1.35	3 000 1 350
11	31		本月合计	1 000	—	1 350	2 000	—	3 000	借	2 000 1 000	1.5 1.35	3 000 1 350

期末存货结存成本 6 000＋1 350－3 000＝4 350（元）

②加权平均法。是指以本月全部进货数量加上月初存货数量作为权数，去除本月全部进货成本加上月初存货成本，计算出存货的加权平均单位成本，以此为基础计算本月发出存货的成本和期末存货的成本的一种方法。

存货加权平均单位成本＝[月初库存存货的实际成本＋∑（本月各批进货的实际单位成本×本月各批进货的数量）]/(月初库存存货数量＋本月各批进货数量之和)

本月发出存货成本＝本月发出存货的数量×存货单位成本

本月月末库存存货成本＝月末库存存货的数量×存货单位成本

或本月月末库存存货成本＝月初库存存货的实际成本＋本月入库存货的实际成本－本月发出存货的实际成本，如图 6－4 所示。

【例 6－2】 沿用上例，见表 6－3。

涂料的加权平均单价＝(6 000＋1 000×1.35)/(4 000＋1 000)＝1.47（元）

本月发出涂料成本＝2 000×1.47＝2 940（元）

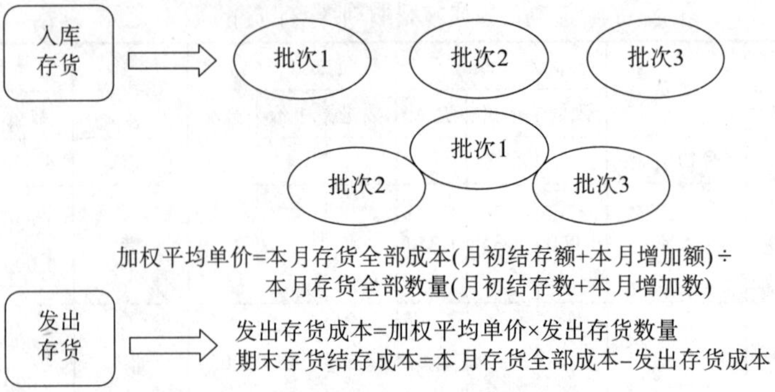

图 6－4

● 请注意

考虑到计算出的加权平均单价不一定是整数，往往要小数点后四舍五入，为了保持账面数字之间的平衡关系，一般采用倒挤成本法计算发出存货的成本。

表 6－3 原材料明细账

2018 年		凭证号数	摘要	借方（收入）			贷方（发出）			借或贷	余额（结存）		
月	日			数量	单价	金额	数量	单价	金额		数量	单价	金额
11	1		月初余额							借	4 000	1.5	6 000
	7	转 10	入库	1 000	1.35	1 350				借			
	10	转 25	发出				2 000			借			
11	31		本月合计	1 000		1 350	2 000	1.47	2 940	借	3 000		

加权平均单价 =（6 000 +1 350）÷（4 000 +1 000）=1.47（元）

发出存货成本 =1.47 ×2 000 =2 940（元）

期末涂料成本 =6 000 +1 350 －2 940 =4 410（元），如表 6－4 所示。

表 6－4 原材料明细账

2018 年		凭证号数	摘要	借方（收入）			贷方（发出）			借或贷	余额（结存）		
月	日			数量	单价	金额	数量	单价	金额		数量	单价	金额
11	1		月初余额							借	4 000	1.5	6 000
	7	转 10	入库	1 000	1.35	1 350				借			
	10	转 25	发出				2 000	1.47	2 940	借			
11	31		本月合计	1 000		1 350	2 000	1.47	2 940	借	3 000	1.47	4 410

期末存货结存成本 =6 000 +1 350 －2 940 =4 410（元）

以上介绍的是月末一次加权平均法。采用加权平均法只在月末一次计算加权平均单价，比较简单，有利于简化成本计算工作，但由于平时无法从账上提供发出和结存存货的单价及金额，因此不利于存货成本的日常管理与控制。

另外一种称之为移动加权平均法。移动加权平均法，是指以每次进货的成本加上原有库存存货的成本，除以每次进货数量与原有库存存货的数量之和，据以计算加权平均单位成本，以此为基础计算当月发出存货的成本和期末存货的成本的一种方法。移动加权平均法下库存商品的成本价格根据每次收入类单据自动加权平均；其计算方法是以各次收入数量和金额与各次收入前的数量和金额为基础，计算出移动加权平均单价。其计算公式如下：

移动加权平均单价 =（本次收入前结存商品金额 + 本次收入商品金额）/（本次收入前结存商品数量 + 本次收入商品数量）

移动加权平均法计算出来的商品成本比较均衡和准确，但计算起来的工作量大，一般适用于经营品种不多，或者前后购进商品的单价相差幅度较大的商品流通类企业。

（二）实地盘存制

实地盘存制又称"以存计耗制"，采用这种方法，平时只根据会计凭证在账簿中登记财产物资的增加数，而不登记减少数，期末对各项财产物资进行盘点，根据实地盘点所确定的实存数，倒挤出本期各项财产物资的减少数。即：

期初结存数 + 本期增加数 - 期末结存数 = 本期减少数

优点：由于平时不在账上登记减少数，所以可以简化日常记账的工作量，提高工作效率。

缺点：倒挤出的本期发生数量成分复杂，可能存在浪费、盗窃等原因的非正常耗用，不利于对财产物资管理，会影响成本、费用的正确性和合理性。

适用范围：正因为它的特点，所以这种方法适用于价值较低，零散的、大量鲜活商品，如鱼、肉、青菜、水果、散装的矿石、煤炭等物资的管理。

二、确定财产实际结存数量的方法

1. 实地盘点法

实地盘点法是对各种财产物资逐一清点或用计量器具来确定其实存量。其适用范围较广，大多数财产物资的清查都可采用这种方法。

2. 技术推算法

技术推算法是对难以逐一清点的财产物资，采用测量、计尺等技术测算来确定其实存量的方法。适用于大量、成堆等难以逐一清点的财产物资。

3. 余额核对法

余额核对法是对被检查的账户，通过余额进行核对的一种方法。适用于与银行之间的存款和借款的核对。

4. 查询对账法

查询对账法是对被检查的往来款项，通过编制往来款项对账单，送发对方单位进行核对的一种方法。适用于各种结算往来款项的清查核对。

三、财产清查方法的应用

财产清查是一项涉及面广、内容多、工作量大的工作。为了保证财产清查工作的质量，达到财产清查的目的，应根据财产物资的不同形态和特征，适当确定各项财产物资清查的方法。一般常用的方法有：实地盘点法、技术推算法、查询对账法和余额核对法。由于清查的对象不同，所采用的方法也不同，下面根据对不同种类财产物资的清查，分别介绍其方法的应用。

（一）库存现金的清查

库存现金是企业流动资产中流动性最强的资产，应定期或随时进行清查。库存现金的清查是通过实地盘点的方法，确定库存现金的实存数，再与现金日记账的账面余额进行核对，以查明盈亏情况。

库存现金清查时有无以借条、收据充抵现金等违反现金管理制度的现象。

盘点结束后，应根据盘点结果，编制现金盘点报告表，并由盘点人和出纳人员签章。其一般格式如表6－5所示。

表6－5 库存现金盘点报告表

单位： ××年×月×日

实存金额	账存金额	对比结果		备注
		盘盈	盘亏	

盘点人（签章）： 出纳员（签章）：

（二）银行存款的清查

银行存款的清查，采用核对法，即将开户银行的银行对账单与企业的银行存款日记账逐笔核对，以查明银行存款收、付及余额是否正确。在与银行对账时，应先检查本单位的银行存款日记账的正确性和完整性。其次，核对银行与企业账目是否相符。如果发现不相符，其原因有二：一是双方记账可能有差错，如错账、漏账等，对此，应及时查明原因，并按更正错账的方法进行更正。如有不正常现象，要检查并明确相关人员的责任。二是存在未达账项，对此，应编制银行存款余额调节表。

所谓未达账项，是指单位与银行之间一方已入账，而另一方因未收到有关凭证尚未入账，主要有以下四种情况：

（1）企业已收，银行尚未收款。

（2）企业已付，银行尚未收款。

（3）银行已收，企业尚未收款。

（4）银行已付，企业尚未收款。

存在未达账项可通过编制银行存款余额调节表进行调节，如表6－6所示。

表6－6 银行存款余额调节表

×年×月×日

项目	金额	项目	金额
银行存款日记账余额		银行对账单余额	
加：银行已收 企业尚未收款 减：银行已付 企业尚未付款		加：企业已收 银行尚未收款 减：企业已付 银行尚未付款	
调节后余额		调节后余额	

【例6-3】 安宁有限责任公司2018年6月25日以后的银行存款日记账记录与6月30日收到的银行对账单记录如下（假定25日之前的记录全部相符），如表6-7所示。

表6-7 银行存款日记账

月 日	凭证号	摘要	借方	贷方	余额
6.25	略	略			30 000
26	00123	销A产品	12 000√		42 000
27	02566	购甲材料		22 000√	20 000
28	00323	销B产品收支票	300		20 300
29	04895	付汽车修理费		2 100	18 200
30	07755	销A产品收支票	1 800√		20 000

银行存款对账单

月 日	凭证号	摘要	借方	贷方	余额
6.25	略	略			30 000
26	00123	A货款		12 000√	42 000
27	07755	A贷款		1 800√	43 800
28	02566	甲货数	22 000√		21 800
29	00334	M公司汇款		400	22 200
30	02099	水费	200		22 000

通过核对，查出未达账项四笔。据此，编制银行存款余额调节表，检查双方银行存款账目记录的正确性，如表6-8所示。

表6-8 银行存款余额调节表

2018年6月30日　　单位：元

项目	金额	项目	金额
银行存款日记账余额	20 000	银行对账单余额	22 000
加：银行已收、企业尚未收款	400	加：企业已收、银行尚未收款	300
减：银行已付、企业尚未付款	200	减：企业已付、银行尚未付款	2 100
调节后余额	20 200	调节后余额	20 200

● **请注意**

调整后的存款余额，只能说明存款单位可以动用银行存款实有数，不能作为调整账户的依据。对于银行已经入账，存款单位尚未入账的未达账项，应该在收到有关凭证后，再进行账务处理。

（三）存货的清查

存货清查，是指对商品、原材料、在产品、产成品、低值易耗品、包装物等的清查，对其清查主要通过实地盘点法和技术推算法。

首先，要由清查人员协同材料保管人员在现场对材料物资采用上述相应的清查方法进行盘点，确定其实有数量，并同时检查其质量情况。

其次，对盘点的结果如实登记在“盘存单”上，并由盘点人员和实物保管人员签字，以明确经济责任。“盘存单”如图 6－5 所示。

盘 存 单

单位名称： 盘点时间： 编号：

财产类别： 存放地点：

编号	名称	计量单位	数量	单价	金额	备注

盘点人员签章： 保管人员签章：

图 6－5

最后，根据“盘存单”编制“实存账存对比表”。

为了查明实存数与账存数是否一致，确定盘盈或盘亏情况，应根据“盘存单”和有关账簿记录，编制“实存账存对比表”。“实存账存对比表”是用以调整账簿记录的重要原始凭证，也是分析产生差异的原因，明确经济责任的依据，如图 6－6 所示。

实存账存对比表

单位名称： 年 月 日

编号	类别及名称	计量单位	单价	实存①		账存②		差异				备注
				数量	金额	数量	金额	盘盈 ③		盘亏 ④		
								数量	金额	数量	金额	

图 6－6

（1）“实存”栏的数量和金额，应根据盘存单记录填列。

（2）“账存”栏的数量和金额，应根据各种存货明细账的余额填列。

（3）账存数大于实存数，填列在“盘亏”栏内。

（4）账存数小于实存数，填列在“盘盈”栏内。

（四）固定资产清查

固定资产的清查方法与存货清查的方法相同，不再重述。清查完毕应编制“固定资产盘盈盘亏报告表”。

（五）往来款项的清查

往来款项主要包括应收款项和应付款项。往来款项的清查，主要采用“询证核对法”清查，即采取和对方单位核对账目的方法。

首先，确认本单位的账簿记录准确无误后，编制“往来款项对账单（询证函）”，送往对方单位进行核对。如图 6－7、图 6－8 所示。

往来款项对账单

致×××××××××公司

依据公司资产清查的工作要求，需函证我公司与贵公司截止××××年××月××日往来款项余额，下面数据出自我公司账簿记录，如与贵公司记录相符，请在本函下方“数据证明无误”处签章证明；如有不符，请在“数据不符及需加说明事项”处详为指正。请贵单位协助办理。

电话：×××××××× 传真：××××××

截止××××年××月××日，贵公司欠我公司货款人民币××××××元（大写××××××××××）

×××××××公司

××××年×月×日

图6－7

核 对 情 况

数据证明无误：	数据不符及需加说明事项：
（单位签章） 日期： 经办人：	（单位签章） 日期： 经办人：

图6－8

其次，收到对方单位的回单，应收、应付款项清查以后，应将清查的结果编制“往来款项清查报告表”，填列各项债权债务的余额，如表6－9所示。

表6－9　往来款项清查报告表

×年×月×日

总分类账户		明细分类账户		清查结果		核对不符原因			备注
名称	余额	名称	余额	核对相符金额	核对不符金额	未达账项金额	有争议款项金额	其他	

清查人员（盖章）　　记账人员（盖章）

【引例解答】

1. 实地盘存制。

2. 如果我是马磊，我会对仓库物资的增加（收入）和减少（发出），都进行逐笔登记，并记录财产物资账面结存数额。

3. 企业目前记录财产物资的方式为实地盘存制，这种方法虽然可以简化日常记账的工作量，提高工作效率，但是倒挤出的本期减少数量成分复杂，可能隐藏着诸多非正常耗用，不利于对财产物资管理，会影响成本、费用的正确性和合理性。因此，要想提高企业的仓库管理水平，应将实地盘存制改为永续盘存制，平时对各项财产物资的增加数和减少数，根据各种有关会计凭证在账簿中进行登记，并随时结算出各种财产物资账面结存数额。这样一来，当财产变动时，能从数量和金额两方面进行登记，并随时在账上结出余额，手续严密，便于及时掌握财产占用情况，有利于加强管理。

任务三

财产清查结果的处理

一、账户设置

为了反映和监督财产清查结果的财务处理情况，需要设置“待处理财产损溢”账户，该账户属于资产类账户，用来核算在财产清查过程中查明的各种财产的盘盈、盘亏、毁损及其转销情况。借方登记发生的待处理财产盘亏、毁损数和结转已批准处理的财产盘盈数；贷方登记发生的待处理财产盘盈和转销已批准处理的财产盘亏和毁损数。“待处理财产损溢”账户可按盘盈、盘亏的资产种类和项目进行明细核算。企业出现财产损溢，应查明原因，在期末结账前处理完毕，处理后本科目应无余额。

二、财产清查结果的处理

（一）库存现金清查结果的账务处理

企业应当按规定进行库存现金的清查，一般采用实地盘点法，对于清查的结果应当编制现金盘点报告单，如果有挪用现金、白条抵库的情况应及时纠正；对于超限额留存的现金应及时送存银行。如果账实不符，有待查明原因的现金短缺或溢余，应通过“待处理财产损溢”科目核算。属于现金短缺，应按实际短缺金额，借记“待处理财产损溢——待处理流动资产损溢”，贷记“库存现金”；属于现金溢余，按实际溢余的金额，借记“库存现金”，贷记“待处理财产损溢——待处理流动资产损溢”。待查明原因后，应分别情况处理：属于记账差错的应及时予以更正；如为现金短缺，属于应由责任人或保险公司赔偿的部分，计入“其他应收款”，属于无法查明的其他原因，根据管理权限经批准后计入“管理费用”；如为现金溢余，属于应支付给有关人员或单位的，应计入“其他应付款”，属于无法查明原因的现金溢余，经批准后计入“营业外收入”。

【例6－4】 安宁有限责任公司2018年12月末进行现金清查中发现短缺3 000元，根据“盘点报告表”作会计分录：

借：待处理财产损溢——待处理流动资产损溢　　3 000
　　贷：库存现金　　3 000

＊后经反复核查，其中200元应由出纳张民责任赔偿。

借：其他应收款——张民　　200

● 小技巧

库存现金盘盈，则记，借：库存现金

银行存款盘盈，则记，借：银行存款

库存商品盘盈，则记，借：库存商品

固定资产盘盈，则记，借：固定资产

原材料盘盈，则记，借：原材料

因此，资产类盘盈，则借方就记资产科目。

库存现金盘亏，则记，贷：库存现金

银行存款盘亏，则记，贷：银行存款

库存商品盘亏，则记，贷：库存商品

固定资产盘亏，则记，贷：固定资产

原材料盘亏，则记，贷：原材料

因此，资产类盘亏，则贷方就记资产科目。

　　贷：待处理财产损溢——待处理流动资产损溢　　200

* 其中 2 500 元应由保险公司赔偿。

借：其他应收款——应收保险公司赔款　　2 500

　　贷：待处理财产损溢——待处理流动资产损溢　　2 500

* 其余 300 元未查明原因，经批准处理

借：管理费用——现金短缺　　300

　　贷：待处理财产损溢——待处理流动资产损溢　　300

阅读材料

财政部关于印发《会计基础工作规范》的通知

第二十九条　第三款　银行存款账户余额要与银行对账单核对，如不一致，应当编制银行存款余额调节表调节相符，各种财产物资和债权债务的明细账户余额要与总账有关账户余额核对相符；必要时，要抽查个别账户的余额，与实物核对相符，或者与往来单位、个人核对清楚。

（二）银行存款清查结果的账务处理

【例 6－5】 公司 2018 年 6 月 30 日银行存款日记账账面余额 86 970 元，开户银行对账单所列余额 94 460 元，经逐笔核对，发现未达账项如下：

（1）6 月 28 日公司为支付职工借支差旅费开出现金支票一张，计 1 350 元，持票人尚未到银行取款。

（2）6 月 29 日公司的转账支票一张，计 7 550 元，银行尚未入账。

（3）6 月 30 日公司收到购货单位转账支票一张，计 18 400 元，公司已经入账，但银行尚未入账。

（4）6月30日，公司经济纠纷案败诉，银行代扣违约罚金12 000元，企业尚未接到凭证而未入账。

（5）6月30日，银行计算企业存款利息44 00元，已记入企业存款户，但公司尚未接到凭证而未入账。

（6）6月30日，银行收到公司委托代收销货款24 590元，已收妥记入公司存款户，公司尚未收到凭证而未入账。

根据以上未达账项编制银行存款余额表，如表6－10所示。

表6－10

项目	金额	项目	金额
企业银行存款日记账余额	86 970	银行对账单余额	94 460
加：银行已收、企业尚未收款		加：企业已收、银行尚未收款	
1. 存款利息	4 400	1. 存入转账支付	18 400
2. 银行代收货款	24 590	减：企业已付、银行尚未付款	
减：银行已付、企业尚未付款		1. 开出转账支票	7 550
1. 银行代扣罚金	12 000	2. 开出现金支票	1 350
调节后日记账余额	103 960	调节后对账单余额	103 960

（三）存货清查的账务处理

存货清查是指通过对存货的实地盘点，确定存货的实有数量，并与账面结存数核对，从而确定存货实存数与账面数是否相符的一种专门方法。由于存货种类繁多、收发频繁，在日常收发过程中可能发生计量错误、计算错误、自然损耗，还可能发生损坏变质以及贪污、盗窃等情况，造成账实不符，形成存货的盘盈盘亏。对于存货的盘盈盘亏，应填写存货盘点报告（如实存账存对比表），及时查明原因，按照规定程序报批处理。

1. 存货盘盈的核算

企业发生存货盘盈时，借记“原材料”、“库存商品”等科目，贷记“待处理财产损溢”科目；在按管理权限报经批准后，借记“待处理财产损溢”，贷记“管理费用”科目。

【例6－6】 安宁有限责任公司在财产清查中，铝片经过称重发现多出24公斤，单价15元/公斤。

＊在批准之前，根据“实存账存对比表”作会计分录：

借：原材料——铝片 360（24×15）

　　贷：待处理财产损溢——待处理流动资产损溢 360

＊经查明系收料时多收，经批准冲减管理费用：

借：待处理财产损溢——待处理流动资产损溢 360

　　贷：管理费用 360

2. 存货盘亏及毁损的核算

企业发生存货盘亏及毁损时，借记“待处理财产损溢”科目，贷记“原材料”、“库存商品”等科目。在按管理权限报经批准后应作如下会计处理：对于入库的残料价值，记入“原材料”等科目；对于应由保险公司和过失人赔偿的部分，记入“其他应收款”科目；扣除残料价值和应由保险公司和过失人赔偿的部分，记入“管理费用”科目，属于非常损失的部分，记入“营业外支出”科目。

【例 6－7】 安宁有限责任公司分公司 1#钢管账面余额 455 公斤，单价 42 元/公斤，价值 19 110 元，盘点实存量为 450 公斤，经查明其中 3 公斤为定额损耗，2 公斤为日常计量错误。2#钢管账面余额 166 公斤，单价 32 元/公斤，价值 5 312 元，盘点实际存量 161 公斤，缺少数为保管人员失职造成的损失。

借：待处理财产损溢——待处理流动资产损溢　　370
　　贷：原材料——1#钢管　　210（5×42）
　　　　　　　——2#钢管　　160（5×32）

上述盘亏，报请领导审核批准后，作如下处理：

材料定额内损失及收发计量错误，均列作管理费用；管理人员马磊失职造成材料损失，责成过失人赔偿。

借：管理费用　　210
　　其他应收款——马磊　　160
　　贷：待处理财产损溢——待处理流动资产损溢　　370

因此，上述材料盘亏还应该做如下处理：

借：待处理财产损溢——待处理流动资产损溢　　59.2
　　贷：应交税费——应交增值税（进项税额转出）
　　　　59.2［（210＋160）×16%］

然后再对这一部分“待处理财产损益”情况分别记入管理费用或其他应收款。

● **请注意**

根据增值税会计处理的规定，企业购进的材料、产成品等发生非正常损失改变用途的，其进项税额应予以转出。

（四）固定资产盘盈、盘亏的账务处理

企业应定期或至少于每年年末对固定资产进行清查盘点，以保证固定资产核算的真实性，充分挖掘企业现有固定资产的潜力。在固定资产清查过程中，如果发现盘盈、盘亏的固定资产，应填制固定资产盘盈盘亏报告表。固定资产的损益，应及时查明原因，并按照规定程序报批处理。

1. 固定资产盘盈

企业在财产清查中盘盈的固定资产，作为前期差错处理。企业在财产清查中盘盈的固定资产，在按管理权限报经批准处理前应先通过“以前年度损益调整”科目核算。盘盈的固定资产，应按以下规定确定其入账价值：如果同类或类似固定资产存在活跃市场的，按同类或类似固定资产的市场价格，减去按该项资产的新旧程度估计的价值损耗后的余额，作为入账价值；如果同类或类似固定资产不存在活跃市场的，按该项固定资产的预计未来现金流量的现值，作为入账价值。企业应按上述规定确定的入账价值，借记“固定资产”，贷记“以前年度损益调整”。

【例 6-8】 安宁有限责任公司于 2018 年 6 月 8 日对企业全部的固定资产进行盘查，盘盈一台 6 成新的机器设备，折旧应计提 40 000 元，该设备同类产品市场价格为 100 000 元，企业所得税税率为 25%，按净利润的 10% 提取法定盈余公积金。

有关会计处理为：

（1）借：固定资产　　100 000

　　　贷：累计折旧　　40 000

　　　　　以前年度损益调整　　60 000

（2）借：以前年度损益调整　　15 000（60 000×25%）

　　　贷：应交税费——应交所得税　　15 000

（3）借：以前年度损益调整　　4 500［60 000－15 000）×10%］

　　　贷：盈余公积——法定盈余公积　　4 500

（4）借：以前年度损益调整　　40 500（45 000－4 500）

　　　贷：利润分配——未分配利润　　40 500

阅读材料

根据《企业会计准则第 4 号——固定资产》及其应用指南的有关规定，固定资产盘盈应作为前期差错记入“以前年度损益调整”科目，而原来则是作为当期损益，之所以新准则将固定资产盘盈作为前期差错进行会计处理，是以这些资产尤其是固定资产出现由于企业无法控制的因素而造成盘盈的可能性极小，甚至是不可能的为理论基础的，这些资产如果出现盘盈，必定是企业自身“主观”原因所造成的，或者说以前会计期间少计或漏计这些资产等会计差错而形成的，所以，应当按照前期差错进行更正处理。旧准则直接计入营业外收入，直接影响净利润，新准则通过以前年度损益调整，调整未分配利润，使企业的报表更加透明，这样也能在一定程度上控制人为的调节利润的可能性。

2. 固定资产盘亏

固定资产盘亏的处理。企业在财产清查中盘亏的固定资产，通过“待处理财产损溢——待处理固定资产损溢”科目核算，盘亏造成的损失，应当计入当期损益，通过“营业外支出——盘亏损失”科目核算。

【例 6-9】 安宁有限责任公司盘亏水泵一台，原值 5 200 元，账面已提折旧 1 400 元。

借：待处理财产损溢——待处理固定资产损溢　　3 800

　　累计折旧　　1 400

　贷：固定资产　　5 200

经查，盘亏水泵是自然灾害导致毁损，做非常损失处理：

借：营业外支出——固定资产盘亏　　3 800

　贷：待处理财产损溢——待处理固定资产损溢　　3 800

（五）往来款项清查结果的账务处理

在财产清查中查明确实无法收回的应收款项和无法支付的应付款项，不通过“待处理财产损溢”科目进行核算。

对应收款项应合理计提坏账准备。坏账准备属于资产类备抵账户，企业可自行确定计提坏账准备的方法，但计提方法一经确定，不得随意变更。对于财产清查中不能收回的，按照企业管理权限，经股东大会或董事会，或经理（厂长）会议或类似机构批准作为坏账损失，冲销提取的坏账准备。经批准作为坏账的应收款项，借记“坏账准备”科目，贷记应“收账款”。已确认并转销的坏账损失，如果以后又收回，按实际收回原金额，借记本科目，贷记“坏账准备”科目；同时，借记“银行存款”科目，贷记“应收账款”。

对确实无法支付的应付账款，计入“营业外收入”科目，作为企业和利得计入当期利润。

● **请注意**

财产盘盈、盘亏和毁损，必须分别进行账务处理，不得合并或相互抵消。

思考与练习

一、单项选择题

1. 对于长期挂账的应付账款，在批准转销时应记入（　　）科目。

A. 营业外支出　　B. 营业外收入

C. 资本公积　　D. 待处理财产损溢

2. 采用实地盘存制时，财产物资的期末结存数就是（　　）。

A. 账面结存数　　B. 实地盘点数

C. 收支抵减数　　D. 滚存结余数

3. 对现金的清查方法应采用（　　）。

A. 技术推算法　　B. 实物盘点法

C. 实地盘点法　　D. 查询核对法

4. 银行存款的清查是将银行存款日记账记录与（　　）核对。

A. 银行存款收款、付款凭证　　B. 总分类账银行存款科目

C. 银行对账单　　D. 开户银行的会计记录

5. 清查库存现金采用的方法是（　　）。

A. 实地盘点法　　B. 技术推算法

C. 余额调节法　　D. 核对账目法

6. 现金清查时，在盘点结束后应根据盘点结果，编制（　　）。

A. 盘存单　　B. 实存账存对比表

C. 现金盘点报告表　　D. 银行对账单

7. 在永续盘存制下，平时（　　）。
A. 对各项财产物资的增加和减少数，都不在账簿中登记
B. 只在账簿中登记财产物资的减少数，不登记财产物资的增加数
C. 只在账簿中登记财产物资的增加数，不登记财产物资的减少数
D. 对各项财产物资的增加和减少数，都要根据会计凭证在账簿中登记
8. 下列情况中，需要进行全面清查的是（　　）。
A. 出现未达账项时　　B. 年终决算前
C. 更换出纳人员时　　D. 现金短缺时
9. 在记账无误的情况下，银行对账单与银行存款日记账账面余额不一致的原因是（　　）。
A. 应付账款　　B. 应收账款　　C. 外埠存款　　D. 未达账项
10. "现金盘点报告表"应由（　　）签章方能生效。
A. 经理和出纳　　B. 会计和盘点人员
C. 盘点人员和出纳　　D. 会计和出纳

二、多项选择题

1. 查询核对法一般适用于（　　）的清查。
A. 债权债务　　B. 银行存款
C. 现金　　D. 往来款项
2. 企业银行存款日记账账面余额大于银行对账单余额的原因有（　　）。
A. 企业账簿记录有差错　　B. 银行账簿记录有差错
C. 企业已作收入入账，银行未达　　D. 银行已作支出入账，企业未达
3. 财产清查中遇到有账实不符时，用以调整账簿记录的原始凭证有（　　）。
A. 实存账存对比表　　B. 现金盘点报告表
C. 银行对账单　　D. 银行存款余额调节表
4. 采用实地盘点法的清查对象有（　　）。
A. 固定资产　　B. 材料　　C. 银行存款　　D. 现金
5. 通过财产清查要求做到（　　）。
A. 账物相符　　B. 账款相符　　C. 账账相符　　D. 账证相符

三、判断题

1. 存货的盘亏、毁损和报废，在报经批准后均应记入"管理费用"科目。（　　）
2. 各种财产物资发生盘盈、盘亏和毁损，在报经批准以前都必须先记入"待处理财产损溢"科目。（　　）
3. 全面清查可以定期进行，也可以不定期进行。（　　）
4. 通过银行存款余额调节表可以检查账簿记录上存在的差错。（　　）
5. 局部清查一般适用于流动性较大的财产物资和货币资金的清查。（　　）
6. 定期清查可以是局部清查也可以是全面清查。（　　）
7. 对于银行存款的未达账项应编制银行存款进行调节，同时将未达账项编成记账

凭证登记入账。 ( )

8. 在债权债务往来款项中，也存在未达账项。 ( )

9. 更换财产物资保管员时，应进行不定期的全面清查。 ( )

10. 造成企业银行存款日记账与银行对账单余额不符的原因肯定是双方或一方记账错误。 ( )

四、业务计算题

1. 某企业年终进行财产清查，在清查中发现以下事项：

(1) 甲材料盘盈 4 000 元，200 千克。经查明原因属于日常收发计量差错。

(2) 乙材料盘亏 2 000 元，500 千克。经查明其中 100 千克为定额损耗，50 千克为日常收发计量差错，200 千克为自然灾害造成的损失，其余的应由保险公司赔偿。

(3) 盘亏设备一台，账面原值 6 000 元，已提折旧 1 800 元。后经查明系自然灾害造成的损失。

(4) 发现账外机器一台，估计原值 5 000 元，累计折旧 1 000 元。账外机器尚可使用，交车间投入生产。

(5) 库存现金长款 1 000 元，经查明其中 300 元为少付职工王某款项，另外 700 元无法查明原因。

(6) 由于对方单位撤销，30 000 元应付账款无法归还，经批准予以转销。

要求：编制上述关于财产清查的会计分录。

2. 实务题

资料：

企业 2018 年 7 月 31 日的银行存款日记账账面余额为 691 600 元，而银行对账单上企业存款余额为 681 600 元，经逐笔核对，发现有以下未达账项：

(1) 7 月 26 日企业开出转账支票 3 000 元，持票人尚未到银行办理转账，银行尚未登账。

(2) 7 月 28 日企业委托银行代收款项 4 000 元，银行已收款入账，但企业未接到银行的收款通知，因而未登记入账。

(3) 7 月 29 日，企业送存购货单位签发的转账支票 15 000 元，企业已登账，银行未登账。

(4) 7 月 30 日，银行代企业支付水电费 2 000 元，企业尚未接到银行的付款通知，故未登记入账。

要求：

根据以上有关内容，编制“银行存款余额调节表”，并分析调节后是否需要编制有关会计分录，在编制表时企业可动用的银行存款的限额是多少？

项目七

会 计 报 表

认知目标：

1. 了解会计报表的概念和组成
2. 掌握资产负债表的概念、作用、结构、内容及编制方法
3. 掌握利润表的概念、作用、结构、内容及编制方法
4. 了解现金流量表的概念、内容及编制方法
5. 了解所有者权益变动表的概念
6. 了解会计报表附注的编写内容

学习重点与难点：

1. 熟记会计报表的组成
2. 掌握资产负债表的编制方法
3. 掌握利润表的编制方法

任务一

会计报表概述

> **引例**　这天，李芳和张明在看会计杂志时，看到“目前我国上市公司财务报表编制时普遍存在不规范现象，注册会计师对年报的审计意见更应引起投资者的关注。三大会计报表就上市公司的资产负债结构、盈利能力、现金流动情况向投资者提供了全面的信息……”这么一段话时，便开始向主管孙林讨教什么是会计报表，杂志上所提到三大会计报表指的又是什么？

一、会计报表的概念

阅读材料

根据《中华人民共和国会计法》对会计报表的规定：

第二十条　财务会计报告应当根据经过审核的会计账簿记录和有关资料编制，并符合本法和国家统一的会计制度关于财务会计报告的编制要求、提供对象和提供期限的规定；其他法律、行政法规另有规定的，从其规定。

财务会计报告由会计报表、会计报表附注和财务情况说明书组成。向不同的会计资料使用者提供的财务会计报告，其编制依据应当一致。有关法律、行政法规规定会计报表、会计报表附注和财务情况说明书须经注册会计师审计，注册会计师及其所在的会计师事务所出具的审计报告应当随同财务会计报告一并提供。

● **概念熟记**

会计报表：是企业财务报告的主要组成部分，也是企业向外传递会计信息的主要手段。

财务报表是企业财务状况、经营成果和现金流量的结构性表述。财务报表是以前面项目中提到的账簿记录和有关资料作为主要依据，将日常核算中数量繁多、分散的会计资料，按照统一的会计准则的要求，加以归类、整理、汇总而形成的一整套指标体系。

财务会计报告包括会计报表及其附注和其他应当在财务会计报告中披露的相关信息和资料。会计报表作为企业财务报告的主要部分，是企业向外传递会计信息的主要手段。会计报表是根据日常会计核算资料定期编制的，综合反映企业某一特定日期财务状况和某一会计期间经营成果、现金流量的总结性书面文件。

二、会计报表的作用

会计报表提供的资料与其他核算资料相比，具有更集中、更概括、更系统和更有条理性的特点。因此，会计报表所提供的信息，无论对于国家经济管理部门，还是企业的投资者或债权人，以及企业、行政、事业单位本身，都具有十分重要的作用。

1. 为评价企业经营业绩和改善经营管理提供重要信息

企业各级管理人员，通过会计报表了解各单位在一定时期内的经济活动情况和成果，了解财务、成本各项指标的完成情况和计划经费收支预算的执行情况，从而分析、考核内部各部门的工作业绩，总结经验，发现问题，采取措施，改进管理，提高经济效益，并为单位进行经济预测和决策提供重要依据。

2. 为国家经济管理机构进行宏观调控与管理提供必要信息

财政、税务、银行、审计等国家经济管理部门，运用单位上报的会计报表，了解各单位财务状况和经营成果，便于检查、监督各单位财经政策、法规、纪律、制度的执行情况，更好地发挥国家经济管理部门的指导、监督、调控作用。

3. 为投资者和债权人进行决策提供有用信息

企业的投资者、潜在投资者和债权人，利用会计报表提供的财务信息，了解有关经营成果、财务状况及其变动情况，分析企业的偿债能力和获利能力，预测其发展前景，据此作出正确地投资决策和信贷决策。

三、会计报表的种类

按照不同的划分标准，可以将会计报表作如下分类：

1. 按照报表反映内容的性质划分

会计报表可分为静态会计报表和动态会计报表。静态会计报表是反映企业在某一特定日期资产和权益总额的会计报表，比如，资产负债表反映了企业某一时点上的资产、负债和所有者权益的情况，因此资产负债表属于静态会计报表；动态会计报表是反映企业在一定时期内经营成果和现金流量的会计报表，比如，利润表反映了企业一定时期内所实现的经营成果，现金流量表反映了企业一定时期内现金的流入、现金的流出及净增加数，因此利润表和现金流量表属于动态会计报表。

2. 按照会计报表的编制时间划分

会计报表可分为中期会计报表和年度会计报表。其中，中期会计报表又可再划分为月度报表、季度报表和半年度报表。月度报表简称为月报，每月编报一次，包括资产负债表和利润表；季度报表简称为季报，每季度编报一次，包括资产负债表和利润表；半年度报表简称为半年报，每年6月30日编报一次，包括资产负债表和利润表及现金流量表，与月报和季报在部分指标上有一定的差异，它要求完整、全面地反映企业的财务状况、经营成果和现金流量情况。

3. 按照会计报表的使用者划分

会计报表可分为对外会计报表和对内会计报表。对内会计报表是指为企业内部经营管理服务而编制的不对外公开的会计报表，它不要求统一格式，没有统一指标体系，如成本表就属于对内报表；对外会计报表是指企业为满足国家宏观经济管理部门、投资者、债权人及其他有关会计信息使用者对会计信息的需求而编制的对外提供服务的会计报表，它要求有统一的报表格式、指标体系和编制时间等，资产负债表、利润表和现金流量表等均属于对外报表。

4. 按编报的会计主体不同划分

会计报表可分为个别报表和合并报表。个别报表是指在以母公司和子公司组成的具有控股关系的企业集团中，由母公司和子公司各自为主体分别单独编制的报表，用以分别反映母公司和子公司本身各自的财务状况和经营成果以及现金流量情况。合并报表是以母公司和子公司组成的企业集团为一会计主体，以母公司和子公司单独编制的个别财务报表为基础，由母公司编制的综合反映企业集团经营成果、财务状况及其资金变动情况的财务报表。

四、编制会计报表的要求

1. 真实可靠

会计报表指标应当能够如实反映企业的财务状况、经营成果和现金流量。因此，必须在编制会计报表前作如下准备工作：

（1）企业在编制年度财务会计报告前，应当按照规定，全面清查资产、核实债务。

（2）核对各会计账簿记录与会计凭证的内容、金额等是否一致，记账方向是否相同。

（3）依照规定的结账日进行结账，结出有关会计账簿的余额和发生额，并核对各会计账簿之间的余额。

（4）检查相关的会计核算是否按照国家统一的会计制度的规定进行。

（5）对于国家统一的会计制度没有规定统一核算方法的交易、事项，检查其是否按照会计核算的一般原则进行确认和计量以及相关账务处理是否合理。

（6）检查是否存在因会计差错、会计政策变更等原因需要调整前期或者本期相关项目。在前期工作中发现问题的，应当按照国家统一的会计制度的规定进行处理。

2. 全面完整

会计报表应当反映企业生产经营活动的全貌，全面反映企业的财务状况。因此，企业应按规定编报国家要求提供的各种会计报表，对于国家要求填报的有关指标和项目，应按照有关规定填列。

3. 前后一致

编制会计报表依据的会计方法，前后期应当遵循一致性原则，不能随意变更。如果确需改变某些会计方法，应报表附注中说明变更的原因及变更后对报表指标的影响。

4. 编报及时

企业应根据有关规定，按月、按季、按半年、按年及时对外报送会计报表。对于会计报表的报送期限，由国家统一加以规定：

（1）月报应于月度终了后6天内（节假日顺延，下同）对外提供。

（2）季报应于季度终了后15天内对外提供。

（3）半年报应于年度中期结束后60天内对外提供。

（4）年报应于年度终了后4个月对外提供。

● **提醒**

《中华人民共和国会计法》规定

第二十一条 财务会计报告应当由单位负责人和主管会计工作的负责人、会计机构负责人（会计主管人员）签名并盖章；设置总会计师的单位，还须由总会计师签名并盖章。单位负责人应当保证财务会计报告真实、完整。

【引例解答】

会计报表至少应当包括资产负债表、利润表、现金流量表等报表。所以三大会计报表指的就是资产负债表、利润表和现金流量表。

任务二

资 产 负 债 表

阅读材料

根据国务院2001年1月1日起施行《企业财务会计报告条例》规定：

第九条 资产负债表是反映企业在某一特定日期财务状况的报表。资产负债表应当按照资产、负债和所有者权益（或者股东权益，下同）分类分项列示。其中，资产、负债和所有者权益的定义及列示应当遵循下列规定：

（一）资产，是指过去的交易或者事项形成并由企业拥有或者控制的资源，该资源预期会给企业带来经济利益。在资产负债表上，资产应当按照其流动性分类分项列示，包括流动资产、长期投资、固定资产、无形资产及其他资产。银行、保险公司和非银行金融机构的各项资产有特殊性的，按照其性质分类分项列示。

（二）负债，是指过去的交易、事项形成的现时义务，履行该义务预期会导致经济利益流出企业。在资产负债表上，负债应当按照其流动性分类分项列示，包括流动负债、长期负债等。银行、保险公司和非银行金融机构的各项负债有特殊性的，按照其性质分类分项列示。

（三）所有者权益，是指所有者在企业资产中享有的经济利益，其金额为资产减去负债后的余额。在资产负债表上，所有者权益应当按照实收资本（或者股本）、资本公积、盈余公积、未分配利润等项目分项列示。

引例

李芳与张民第一次拿到资产负债表，看到资产负债表的正表上的货币资金项目时，李芳认为只需要将库存现金的金额填入该项即可，而张民则认为此栏目需要将银行存款的金额也合计进去，到底谁是对的呢，他们又再次请教财务经理。

问：资产负债表中的货币资金指的是什么？

一、资产负债表的概念

资产负债表是反映企业在某一特定日期财务状况的会计报表。资产负债表的编制原理是“资产＝负债＋所有者权益”会计恒等式。它既是一张平衡报表，反映资产总计（左方）与负债及所有者权益总计（右方）相等；又是一张静态报表，反映企业在某一时点的财务状况，如月末或年末。此外，通过在资产负债表上设立“年初余额”和“期末余额”栏，也能反映出企业财务状况的变动情况。

● **公式熟记**

资产负债表的编制原理：是“资产＝负债＋所有者权益”会计恒等式。

二、资产负债表的结构及内容

资产负债表一般分为表首和正表两个部分。其中，表首概括地说明报表名称、编制单位、编制日期、报表编号、货币名称、计量单位等。正表是资产负债表的主体，列示了用以说明企业财务状况的各个项目。资产负债表正表的格式一般有两种：报告式资产负债表和账户式资产负债表。账户式资产负债表分为左右两方，左方反映资产项目，右方反映负债和所有者权益项目。报告式资产负债表按资产、负债和所有者权益顺序上下排列。在我国，采用的是账户式资产负债表。

所有的资产负债表项目都列有“年初余额”和“期末余额”两栏，相当于两期的比较资产负债表。表中“年初余额”栏内各项数字，应根据上年末资产负债表“期末余额”栏内所列数字填列。如果本年度资产负债表规定的各个项目的名称和内容与上年度不一致，应对上年年末资产负债表各项目的名称和数字按照本年度的规定进行调整，填入本年资产负债表“年初余额”栏内。表中的“期末余额”，指月末、季末或年末数字，它们是根据各项目中有关的总账科目或明细科目的期末余额直接填列或计算分析填列。资产负债表的结构，如表7－1所示。

表7－1　　资产负债表

编制单位：　　×年×月×日　　单位：元

资　　产	年初余额	期末余额	负债及所有者权益	年初余额	期末余额
流动资产：			流动负债		
货币资金			短期借款		
交易性金融资产			交易性金融负债		
应收票据			应付票据		
应收账款			应付账款		
预付账款			预收账款		
应收利息			应付职工薪酬		
应收股利			应交税费		
其他应收款			应付利息		
存货			应付股利（利润）		

续表

资　　产	年初余额	期末余额	负债及所有者权益	年初余额	期末余额
一年到期的非流动资产			其他应付款		
其他流动资产			一年到期的非流动资产		
流动资产合计			其他流动负债		
非流动资产：			流动负债合计		
可供出售金融资产			非流动负债：		
持有至到期投资			长期借款		
长期应收款			应付债券		
长期股权投资			长期应付款		
投资性房地产			专项应付款		
固定资产			预计负债		
在建工程			递延所得税负债		
工程物资			其他非流动负债		
固定资产清理			非流动负债合计		
生产性生物资产			负债合计		
无形资产			实收资本		
开发支出			资本公积		
商誉			减：库存股		
			其他综合收益		
长期待摊费用			盈余公积		
递延所得税资产			未分配利润		
其他非流动资产			所有者权益合计		
非流动资产合计					
资产总计			负债及所有者权益合计		

三、资产负债表的编制方法

资产负债表的编制是一个以日常会计核算记录的数据为依据进行再确认的过程，根据有关规定，企业编制的年度、半年度会计报表至少应反映相连续的两个会计期间的比较数据，即本期“期末余额”与“年初余额”（上一会计期间期末余额）。

（一）“年初余额”与“期末余额”的基本填列方法

1.“年初余额”的填列方法

一般可根据上年年末资产负债表上的“期末余额”填列。

2.“期末余额”的填列方法

（1）直接根据总分类账户余额填列。包括：“应收票据”科目、“其他应收款”科目、“固定资产清理”科目、“无形资产”科目、“短期借款”科目、“实收资本”科目等。

（2）根据同类总账科目期末余额合并计算填列。包括：货币资金项目、存货项目等。

（3）根据总账科目余额减去其备抵项目后的净额填列。包括：“固定资产”科目、“无形资产”科目、“应收账款”科目、“长期股权投资”科目等。

（4）根据结算科目的有关明细科目期末余额调整填列。包括：“应收账款”科目、“预收账款”科目、“预付账款”科目、“应付账款”科目。

（二）表中各项目“期末余额”的具体填列方法

1. 资产项目的内容和填列方法。

（1）“货币资金”项目，反映企业库存现金、银行存款、外埠存款、银行汇票存款、银行本票存款、信用卡存款、信用证保证金存款等的合计数。本项目应根据“库存现金”、“银行存款”、“其他货币资金”科目的期末余额合计填列。

（2）“应收票据”项目，反映企业收到的尚未到期收款也未向银行贴现的应收票据，包括商业承兑汇票和银行承兑汇票。本项目应根据“应收票据”科目的期末余额填列。

（3）“应收股利（利润）”项目，反映企业因股权投资而应收取的现金股利，企业应收其他单位的利润，也包括在本项目内。本项目应根据“应收股利（利润）”科目的期末余额填列。

（4）“应收利息”项目，反映企业因债权投资而应收取的利息。企业购入到期还本付息债券应收的利息，不包括在本项目内。本项目应根据“应收利息”科目的期末余额填列。

（5）“应收账款”项目，反映企业因销售商品、产品和提供劳务等应向购买单位收取的各种款项，减去已计提的坏账准备后的净额。本项目应根据“应收账款”科目所属各明细科目的期末借方余额合计，减去“坏账准备”科目中有关应收账款计提的坏账准备期末余额后的金额填列。如果“应收账款”科目所属明细科目期末有贷方余额，应在本表“预收账款”项目内填列。

（6）“其他应收款”项目，反映企业对其他单位和个人的应收和暂付的款项，减去已计提的坏账准备后的净额。本项目应根据“其他应收款”科目的期末余额，减去“坏账准备”科目中有关其他应收款计提的坏账准备期末余额后的金额填列。

（7）“预付账款”项目，反映企业预付给供应单位的款项。本项目应根据“预付账款”科目所属各明细科目的期末借方余额合计填列。如果“预付账款”科目所属有关明细科目期末有贷方余额，应在本表“应付账款”项目内填列。如果“应付账款”科目所属明细科目有借方余额，也应包括在本项目内。

（8）“存货”项目，反映企业期末在库、在途和在加工中的各项存货的可变现净值，包括各种材料、商品、在产品、半成品等。本项目应根据“物资采购”、“原材料”、“库存商品”、“生产成本”等科目的期末余额合计填列。

2. 负债类项目的内容和填列方法。

（1）“短期借款”项目，反映企业借入尚未归还的一年期以下（含一年）的借款。本项目应根据“短期借款”科目的期末余额填列。

（2）“应付票据”项目，反映企业为了抵付货款等而开出并承兑的尚未到期付款的应付票据，包括银行承兑汇票和商业承兑汇票。本项目应根据“应付票据”科目的期末余额填列。

（3）“应付账款”项目，反映企业购买原材料、商品和接受劳务供应等而应付给供应单位的款项。本项目应根据“应付账款”科目所属各有关明细科目的期末贷方余额合计填列；如“应付账款”科目所属各明细科目期末有借方余额，应在本表“预付账款”项目内填列。

（4）“预收账款”项目，反映企业预收购买单位的账款。本项目应根据“预收账款”科目所属各有关明细科目的期末贷方余额合计填列。如“预收账款”科目所属有关明细科目有借方余额的，应在本表“应收账款”项目内填列；如“应收账款”科目所属明细科目有贷方余额的，也应包括在本项目内。

（5）“应付职工薪酬”项目，反映企业应付未付的职工工资。本项目应根据“应付职工薪酬”科目期末贷方余额填列。

（6）“应付股利（利润）”项目，反映企业尚未支付的现金股利（利润）。本项目应根据“应付股利（利润）”科目的期末余额填列。

（7）“应交税费”项目，反映企业期末未交、多交或未抵扣的各种税金。本项目应根据“应交税费”科目的期末贷方余额填列。如“应交税费”科目期末为借方余额，以“－”号填列。

（8）“长期借款”项目，反映企业借入尚未归还的一年期以上（不含一年）的借款本息。本项目应根据“长期借款”科目的期末余额填列。

3. 所有者权益项目的内容和填列方法。

（1）“实收资本（或股本）”项目，反映企业各投资者实际投入的资本（或股本）总额。本项目应根据“实收资本（或股本）”科目的期末余额填列。

（2）“资本公积”项目，反映企业资本公积的期末余额。本项目应根据“资本公积”科目的期末余额填列。

（3）“盈余公积”项目，反映企业盈余公积的期末余额。本项目应根据“盈余公积”科目的期末余额填列。

（4）“其他综合收益”项目。是指企业根据企业会计准则规定未在损益中确认的各项利得和损失扣除所得税影响后的净额。这是新会计准则中新设定的科目，替代以前“资本公积其他资本公积”的部分用途。

（5）“未分配利润”项目，反映企业尚未分配的利润。本项目应根据“本年利润”科目和“利润分配”科目的余额计算填列。未弥补的亏损在本项目内以“－”号填列。

四、资产负债表的应用举例

【例 7－1】安宁有限责任公司 2018 年编制资产负债表的有关资料，如表 7－2 所示。

表 7－2　　**总账科目余额表**

编制单位：安宁有限责任公司　　2018 年 12 月 31 日　　单位：元

科目名称	借方金额	贷方金额
库存现金	1 200	
银行存款	1 890 000	
其他货币资金	9 000	
应收账款	10 500	
原材料	20 000	
库存商品	600 000	
固定资产	50 000	
累计折旧		1 000
短期借款		67 000

续表

科目名称	借方金额	贷方金额
长期借款		900 000
实收资本		1 100 000
应付账款		250 000
应交税费		136 700
应付职工薪酬		56 000
利润分配		70 000

根据上表资料，编制安宁有限责任公司2018年12月31日的资产负债表，如表7－3所示。

表7－3　　资产负债表

编制单位：安宁有限责任公司　　2018年12月31日　　单位：元

资　产	年初余额	期末余额	负债及所有者权益	年初余额	期末余额
流动资产：			流动负债		
货币资金		1 900 200	短期借款		67 000
交易性金融资产			交易性金融负债		
应收票据			应付票据		
应收账款		10 500	应付账款		250 000
预付账款			预收账款		
应收利息			应付职工薪酬		56 000
应收股利			应交税费		136 700
其他应收款			应付利息		
存货		620 000	应付股利		
一年到期的非流动资产			其他应付款		
其他流动资产			一年到期的非流动资产		
流动资产合计		2 530 700	其他流动负债		
非流动资产：			流动负债合计		509 700
可供出售金融资产			非流动负债：		
持有至到期投资			长期借款		900 000
长期应收款			应付债券		
长期股权投资			长期应付款		
投资性房地产			专项应付款		
固定资产		49 000	预计负债		
在建工程			递延所得税负债		
工程物资			其他非流动负债		
固定资产清理			非流动负债合计		900 000
生产性生物资产			负债合计		1 409 700
无形资产			实收资本		1 100 000

续表

资　　产	年初余额	期末余额	负债及所有者权益	年初余额	期末余额
开发支出			资本公积		
商誉			减：库存股		
长期待摊费用			其他综合收益		
递延所得税资产			盈余公积		
其他非流动资产			未分配利润		70 000
非流动资产合计		49 000	所有者权益合计		1 170 000
资产总计		2 579 700	负债及所有者权益合计		2 579 700

【引例解答】

资产负债表中的货币资金包括“库存现金”“银行存款”“其他货币资金”。

任务三

利　润　表

阅读材料

根据国务院2001年1月1日起施行的《企业财务会计报告条例》规定：

第十条　利润表是反映企业在一定会计期间经营成果的报表。利润表应当按照各项收入、费用以及构成利润的各个项目分类分项列示。其中，收入、费用和利润的定义及列示应当遵循下列规定：

（一）收入，是指企业在销售商品、提供劳务及让渡资产使用权等日常活动中所形成的经济利益的总流入。收入不包括为第三方或者客户代收的款项。在利润表上，收入应当按照其重要性分项列示。

（二）费用，是指企业为销售商品、提供劳务等日常活动所发生的经济利益的流出。在利润表上，费用应当按照其性质分项列示。

（三）利润，是指企业在一定会计期间的经营成果。在利润表上，利润应当按照营业利润、利润总额和净利润等利润的构成分类分项列示。

一、利润表的概念

利润表是企业的主要财务报表之一，是反映企业在一定会计期间经营成果的会计报表。一般要求企业应按月编制利润表。通过利润表可以了解一定时期内净收益的实现情况以及影响企业净收益增减的诸多要素；进而分析影响净收益增减的主要原因和重要项目，寻求增加净收益的最佳途径；同时便于分析、考核企业利润计划的执行情况，提高管理水平；此外，可以了解和评估企业的获利能力，预测企业未来一定期间内的盈利趋势。

二、利润表的结构及内容

利润表的结构有多步式和单步式。单步式利润表是将本期发生的所有收入集中在一起列示，将所有的成本、费用支出类也集中在一起列示，然后将收入类合计减去成本费用类合计，计算出本期净利润（或亏损）。多步式利润表是通过对当期的收入、费用、支出项目按性质加以归类，按利润形成的主要环节列示一些中间性利润指标，分步计算当期净损益。我国一般采用多步式利润表。利润表主要是由表首和正表两个部分组成。表头部分包括报表名称、编制单位名称、编表日期和金额计量单位；主表部分包括净收益（净利润）的计算过程。

多步式利润表结构，如表7-4所示。

表7-4　　利　润　表

编制单位：　　×年×月×日　　单位：元

项目名称	本期金额	本年累计金额
一、营业收入		
减：营业成本		
营业税金及附加		
销售费用		
管理费用		
财务费用		
资产减值损失		
加：公允价值变动收益		
投资收益		
二、营业利润		
加：营业外收入		
减：营业外支出		
其中：非流动资产处置损失		
三、利润总额		
减：所得税费用		
四、净利润		
五、其他综合收益的税后净额		
六、综合收益总额		
七、每股收益		
（一）基本每股收益		
（二）稀释每股收益		

三、利润表的编制方法

（一）“本期金额”和“本年累计金额”的基本填列方法

1.“本期金额”的基本填列方法

（1）根据有关账户的发生额计算填列。如“营业收入”项目为“主营业务收入”和“其他业务收入”账户发生额之和。

（2）根据有关账户的发生额直接填列。如“税金及附加”“销售费用”和“管理费用”等。

2.“本年累计金额”的基本填列方法

反映各项目自本年年初起至报告期末（本月末）止的累计发生数。应根据上期（如上月）的“本年累计金额”加“本期金额”填列。

（二）表中各项目“本期金额”的具体填列方法

（1）“营业收入”项目，反映企业经营业务所取得的收入总额。本项目应根据“主营业务收入”科目和“其他业务收入”账户发生额分析填列。

（2）“营业成本”项目，反映企业经营业务发生的实际成本。本项目应根据“主营业务成本”科目的发生额和“其他业务成本”账户发生额之和分析填列。

（3）“税金及附加”项目，该项目核算企业经营活动发生的消费税、城市维护建设税、资源税、教育费附加及房产税、土地使用税、车船使用税、印花税等相关税费；本项目应根据“税金及附加”科目的发生额分析填列。

（4）“管理费用”项目，反映企业发生的管理费用。本项目应根据“管理费用”科目的发生额分析填列。

（5）“财务费用”项目，反映企业发生的财务费用。本项目应根据“财务费用”科目的发生额分析填列。

（6）“销售费用”项目，反映企业发生的销售费用。本项目应根据“销售费用”科目的发生额分析填列。

（7）“营业外收入”项日和“营业外支出”项目，反映企业发生的与其生产经营无直接关系的各项收入和支出。这两个项目应分别根据“营业外收入”科目和“营业外支出”科目的发生额分析填列。

（8）“利润总额”项目，反映企业实现的利润总额。如为亏损总额，以“-”号填列。

（9）“所得税费用”项目，反映企业当期发生的所得税费用。本项目应根据“所得税费用”科目的发生额分析填列。

（10）“净利润”项目，反映企业实现的净利润。如为净亏损，以“-”号填列。

（11）“其他综合收益的税后净额”项目，包括以后不能分类进损益的其他综合收益、以后将重分类进损益的其他综合收益。

（12）“综合收益总额”项目包括反映企业净利润与其他综合收益的合计金额。

四、利润表的应用举例

【例7-2】安宁有限责任公司编制利润表的有关资料如下：

（1）该公司有关损益类科目的本月发生额，如表7-5所示。

表7-5　　损益类科目本月发生额

编制单位：安宁有限责任公司　　2018年12月31日　　单位：元

科目名称	借方发生额	贷方发生额
主营业务收入		1 500 000
主营业务成本	1 360 000	

续表

科目名称	借方发生额	贷方发生额
税金及附加	7 000	
其他业务收入		13 500
其他业务成本	10 000	
销售费用	20 000	
管理费用	10 000	
财务费用	43 000	
营业外收入		9 000
营业外支出		8 000
所得税费用	16 125	

（2）该公司 2018 年 12 月份利润表中各项目“本年累计金额”栏的金额，如表 7－6所示。

表 7－6　　损益类科目累计金额

编制单位：安宁有限责任公司　　2018 年 12 月 31 日　　单位：元

科目名称	本年累计金额
主营业务收入	19 500 000
主营业务成本	11 860 000
税金及附加	870 000
其他业务收入	150 000
其他业务成本	140 000
销售费用	200 000
管理费用	230 000
财务费用	503 000
营业外收入	13 000
营业外支出	65 000
所得税费用	1 464 875

根据上述资料，编制安宁有限责任公司 2018 年 12 月份的利润表，如表 7－7 所示。

表 7－7　　利　润　表

编制单位：安宁有限责任公司　　2018 年 12 月　　单位：元

项目名称	本期金额	本年累计金额
一、营业收入	1 513 500	21 163 500
减：营业成本	1 370 000	13 370 000
税金及附加	7 000	877 000
销售费用	20 000	220 000
管理费用	10 000	240 000
财务费用	43 000	546 000
资产减值损失		

续表

项目名称	本期金额	本年累计金额
加：公允价值变动损益		
投资收益		
二、营业利润	63 500	5 910 500
加：营业外收入	9 000	22 000
减：营业外支出	8 000	73 000
其中：非流动资产处置损失		
三、利润总额	64 500	5 859 500
减：所得税费用	16 125	1 464 875
四、净利润	48 375	4 394 625
五、其他综合收益的税后净额		
六、综合收益总额		
七、每股收益		
（一）基本每股收益		
（二）稀释每股收益		

*任务四

现金流量表

阅读材料

根据国务院2001年1月1日起施行的《企业财务会计报告条例》规定：

第十一条 现金流量表是反映企业一定会计期间现金和现金等价物（以下简称现金）流入和流出的报表。现金流量表应当按照经营活动、投资活动和筹资活动的现金流量分类分项列示。其中，经营活动、投资活动和筹资活动的定义及列示应当遵循下列规定：

（一）经营活动，是指企业投资活动和筹资活动以外的所有交易和事项。在现金流量表上，经营活动的现金流量应当按照其经营活动的现金流入和流出的性质分项列示；银行、保险公司和非银行金融机构的经营活动按照其经营活动特点分项列示。

（二）投资活动，是指企业长期资产的构建和不包括在现金等价物范围内的投资及其处置活动。在现金流量表上，投资活动的现金流量应当按照其投资活动的现金流入和流出的性质分项列示。

（三）筹资活动，是指导致企业资本及债务规模和构成发生变化的活动。在现金流量表上，筹资活动的现金流量应当按照其筹资活动的现金流入和流出的性质分项列示。

一、现金流量表的概念

现金流量表是以现金为计量基础的，反映企业在一定会计期间的现金和现金等价物流入和流出的会计报表。现金流量表中的现金是指企业的库存现金、可以随时用于支付的银行存款，以及现金等价物等。其具体内容包括：

（1）库存现金。库存现金是指企业持有可随时用于支付的现金限额。

（2）银行存款。银行存款是指企业存在金融企业随时可以用于支付的存款。

（3）其他货币资金。其他货币资金是指企业存在金融企业有特定用途的可以随时用于支付的款项。

（4）现金等价物。现金等价物是指企业持有的期限短、流动性强、易于转换为已知金额的现金、价值变动风险很小的投资。在实务中，通常指的是企业购买的在3个月或更短的时间内到期或可转换为现金的短期债券投资。

二、现金流量的分类

现金流量是指一定会计期间内企业现金流入和流出的数量。反映现金流量的指标有现金流入量、现金流出量和现金净流量。现金流入量是指一定会计期间企业现金流入的数量；现金流出量是指一定会计期间现金流出的数量，现金净流量是指一定会计期间现金流入量减去现金流出量后的差额。现金流量是衡量企业经营状况是否良好，偿还债务和支付能力是否具备、产生未来现金流量能力是否较强的指标。

为了有助于会计报表的使用者了解不同经济活动对企业现金流量的影响程度，需要按照一定的标准对现金流量进行分类。《企业会计准则》对于现金流量的规定，将企业的经济业务按其性质划分为经营活动、投资活动和筹资活动三大类；再按照每一类经济活动对现金流量的影响，将现金流量划分为：

（1）经营活动产生的现金流量。主要包括：销售或购买商品、提供或接受劳务、支付工资、缴纳税款等产生的现金流量。

（2）投资活动产生的现金流量。主要包括：取得和收回的投资，购建和处置固定资产、无形资产、其他长期资产等产生的现金流量。

（3）筹资活动产生的现金流量。主要包括：吸收投资、发行股票、分配利润和借入款项等产生的现金流量。

三、现金流量表的结构及内容

为了给会计报表使用者提供企业在一定会计期间有关现金流入和流出的信息，目前我国企业现金流量表包括正表和补充资料两部分。

（一）正表

正表是现金流量表的主体，企业一定会计期间现金流量的信息主要是由正表提供的。正表采用报告式的结构，按照现金流量的性质，依次分类反映经营活动、投资活动和筹资活动产生的现金流量，最后汇总反映企业现金及现金等价物的净增加额。

（二）补充资料

补充资料包括以下三部分内容：

（1）将净利润调节为经营活动的现金流量。

（2）不涉及现金收支的投资和筹资活动。

（3）现金及现金等价物净增加额。

现金流量表的结构，如表7－8所示。

表7－8　　现金流量表

编制单位：　　年　月　　单位：元

项　　目	金　　额
一、经营活动产生的现金流量	
销售商品、提供劳务收到的现金	
收到的税费返还	
收到的其他与经营活动有关的现金	
现金流入小计	
购买商品、接受劳务支付的现金	
支付给职工以及为职工支付的现金	
支付的各项税费	
支付的其他与经营活动有关的现金	
现金流出小计	
经营活动产生的现金流量净额	
二、投资活动产生的现金流量	
收回投资所收到的现金	
取得投资收益收到的现金	
收到的其他与经营活动有关的现金	
处置固定资产、无形资产和其他长期资产而收回的现金净额	
收到的其他与投资活动有关的现金	
现金流入小计	
购建固定资产、无形资产和其他长期资产所支付的现金	
投资所支付的现金	
购买子公司所支付的现金	
支付的与其他与投资活动有关的现金	
现金流出小计	
投资活动产生的现金流量净额	
三、筹资活动产生的现金流量	
吸收投资所收到的现金	
借款所收到的现金	
收到的其他与筹资活动有关的现金	
现金流入小计	
偿还债务所支付的现金	
分配股利、利润或偿付利息所支付的现金	
支付的其他与筹资活动有关的现金	
现金流出小计	
筹资活动产生的现金流量净额	
四、汇率变动对现金的影响	
五、现金及现金等价物净增加额	
补充资料：	
1. 将净利润调节为经营活动的现金流量	
净利润	
加：少数股东权益	
减：未确认的投资损失	
（略）	

四、现金流量表的编制方法

编制现金流量表时，列报经营活动现金流量的方法有两种，一是直接法，一是间接法。在直接法下，一般是以利润表中的营业收入为起算点，调节与经营活动有关的项目的增减变动，然后计算出经营活动产生的现金流量。在间接法下，将净利润调节为经营活动现金流量，实际上就是将按权责发生制原则确定的净利润调整为现金净流入，并剔除投资活动和筹资活动对现金流量的影响。

采用直接法编报的现金流量表，便于分析企业经营活动产生的现金流量的来源和用途，预测企业现金流量的未来前景；采用间接法编报现金流量表，便于将净利润与经营活动产生的现金流量净额进行比较，了解净利润与经营活动产生的现金流量差异的原因，从现金流量的角度分析净利润的质量。所以，我国企业会计准则规定企业应当采用直接法编报现金流量表，同时要求在附注中提供以净利润为基础调节到经营活动现金流量的信息。

*任务五

所有者权益变动表

一、所有者权益变动表的概念

所有者权益变动表是反映构成所有者权益的各组成部分当期的增减变动情况的报表。通过所有者权益变动表，既可以为报表使用者提供所有者权益总量增减变动的信息，也能为其提供所有者权益增减变动的结构性信息，特别是能够让报表使用者理解所有者权益增减变动的根源。

2007年以前，公司所有者权益变动情况是以资产负债表附表形式予以体现的。新准则颁布后，要求上市公司于2007年正式对外呈报所有者权益变动表，所有者权益变动表将成为与资产负债表、利润表和现金流量表并列披露的第四张财务报表。

二、所有者权益变动表的编制

所有者权益变动表各项目均需填列“本年金额”和“上年金额”两栏。所有者权益变动表“上年金额”栏内各项数字，应根据上年度所有者权益变动表“本年金额”内所列数字填列。上年度所有者权益变动表规定的各个项目的名称和内容同本年度不一致的，应对上年度所有者权益变动表各项目的名称和数字按照本年度的规定进行调整，填入所有者权益变动表的“上年金额”栏内。

所有者权益变动表的“本年金额”栏内各项数字一般应根据“实收资本（或股本）”、“资本公积”、“盈余公积”、“利润分配”、“库存股”、“以前年度损益调整”科目的发生额分析填列。其中：

（1）净利润。来源于利润表，从当年的利润表中转录。

（2）直接计入所有者权益的利得和损失。一是可供出售金融资产公允价值变动净额，可根据“可供出售金融资产”科目分析计算填列。二是权益法下被投资单位其所有者权益变动的影响，可根据“长期股权投资”科目分析计算填列。三是计入所有者权益项目相关的所得税影响，可根据“递延所得税资产”或“递延所得税负债”科目分析计算填列。

（3）所有者投入和减少资本。可根据“实收资本”、“资本公积”和“股份支付”科目分析计算填列。

（4）利润分配。可根据“利润分配”、“盈余公积”和“应付股利”科目分析计算填列。

（5）所有者权益内部结转。可根据“资本公积”、“实收资本”和“股本”等科目分析计算填列。所有者权益变动表，如表7－9所示。

表7－9　所有者权益变动表

编制单位：　年　月　单位：元

项目	本年金额						上年金额					
	实收资本（或股本）	资本公积	减：库存股	盈余公积	未分配利润	所有者权益合计	实收资本（或股本）	资本公积	减：库存股	盈余公积	未分配利润	所有者权益合计
一、上年年末余额												
加：会计政策变更												
前期差错更正												
二、本年年初余额												
三、本年增减变动金额（减少以“－”号填列）												
（一）净利润												
（二）直接计入所有者权益的利得和损失												
1. 可供出售金融资产公允价值变动净额												
2. 权益法下被投资单位其他所有者权益变动的影响												
3. 与计入所有者权益项目相关的所得税影响												
4. 其他												
上述（一）和（二）小计												
（三）所有者投入和减少资本												
1. 所有者投入资本												
2. 股份支付计入所有者权益的金额												
3. 其他												
（四）利润分配												
1. 提取盈余公积												
2. 对所有者（或股东）的分配												
3. 其他												
（五）所有者权益内部结转												
1. 资本公积转增资本（或股本）												
2. 盈余公积转增资本（或股本）												
3. 盈余公积弥补亏损												
4. 其他												
四、本年年末余额												

*任务六

会计报表附注

阅读材料

根据国务院2001年1月1日起施行的《企业财务会计报告条例》规定：

第十四条 会计报表附注是为便于会计报表使用者理解会计报表的内容而对会计报表的编制基础、编制依据、编制原则和方法及主要项目等所作的解释。会计报表附注至少应当包括下列内容：

（一）不符合基本会计假设的说明；

（二）重要会计政策和会计估计及其变更情况、变更原因及其对财务状况和经营成果的影响；

（三）或有事项和资产负债表日后事项的说明；

（四）关联方关系及其交易的说明；

（五）重要资产转让及其出售情况；

（六）企业合并、分立；

（七）重大投资、融资活动；

（八）会计报表中重要项目的明细资料；

（九）有助于理解和分析会计报表需要说明的其他事项。

一、会计报表附注概述

会计报表附注是会计报表的重要组成部分，是对会计报表本身无法或难以充分表达的内容和项目所作的补充说明和详细解释。

二、会计报表附注的内容

会计报表附注究竟应包括哪些内容，目前尚无统一的说法。一般而言，传统报表附注包括五方面的内容：

（1）企业的一般情况：包括企业概况、经营范围和企业结构等内容，必要时，还可对诸如上市改组时资产的剥离情况进行说明；

（2）企业的会计政策：包括企业执行的会计制度、会计期间、记账原则、计价基础、利润分配办法等内容，对于需要编制合并报表的企业来说，还要说明其合并报表的编制方法；对于会计政策与上年相比发生变化的企业，应说明其变更的情况、原因及对企业财务状况和经营成果的影响；

（3）会计报表主要项目附注：包括对主要报表项目的详细说明，例如，对应收账款的账龄分析，报表项目的异常变化及其产生原因的说明等；

（4）分行业资料：如果企业的经营涉及到不同的行业，且行业收入占主营业务收入的10%（含10%）以上的，应提供分行业的有关数据；

（5）重要事项的揭示：主要包括对承诺事项、或有事项、资产负债表日后事项和关联方交易等内容的说明。

三、会计报表附注编写范例

会 计 报 表 附 注

××××年×月×日

（单位：人民币/元）

一、公司简介

二、不符合会计核算前提的说明

本公司无不符合会计核算前提的情况。

三、主要会计政策、会计估计的说明

1. 会计制度

本公司执行企业会计准则及其补充规定。

2. 会计年度

本公司会计年度自公历1月1日起至12月31日止。

3. 记账本位币

本公司以人民币为记账本位币。

4. 记账原则和计价基础

本公司以“权责发生制”为记账原则，以“历史成本”为计价基础。

5. 外币业务的核算方法及折算方法

本公司对发生的外币经济业务，采用业务发生时当月月初中国人民银行公布的市场汇率（中间价）折合为记账本位币记账，年末按市场汇率（中间价）对外币账户余额进行调整，按年末市场汇率（中间价）折合的记账本位币金额与账面记账本位币金额之间的差额作为汇兑损益处理。其中属筹建期间发生的汇兑损益计入长期待摊费用；属购建固定资产发生的汇兑损益，在固定资产达到预定可使用状态前计入各项在建工程成本；除上述情况以外发生的汇兑损益计入当期财务费用。

6. 现金及现金等价物的确定标准

（1）现金为本公司库存现金以及可以随时用于支付的存款。

（2）现金等价物为本公司持有的期限短（一般为从购买日起，三个月到期）、流动性强、易于转换为已知金额的现金、价值变动风险很小的投资。

7. 应收款项

（1）坏账的确认标准：本公司对债务人破产或死亡，以其破产财产或遗产清偿后，仍然不能收回的应收款项；或因债务人逾期未履行其清偿责任，且具有明显特征表明无法收回时经公司管理当局批准确认为坏账损失。

（2）坏账损失的核算方法及坏账准备的计提方法和计提比例：本公司采用备抵法核算坏账损失，账龄1年以内不计提坏账准备；账龄1—3年计提比例10%；账龄3—5

年计提比例50%；账龄5年以上计提比例100%；对于有证据证明确实无法收回的应收款项，采用个别认定法计提坏账准备。

8. 存货

（1）存货的分类：本公司存货主要包括原材料、库存商品和在产品。

（2）存货的核算方法：原材料、库存商品均采用实际成本法核算；发出时采用月末一次加权平均法。

（3）存货跌价准备的计提方法：采用成本与可变现净值孰低法计价并计提跌价准备。

9. 长期股权投资

（1）长期股权投资的核算方法。

①公司对子公司及对被投资单位无控制、共同控制或重大影响且在活跃市场无公开报价、公允价值无法可靠取得的长期股权投资采用成本法核算；投资收益于被投资单位宣告派发现金股利时确认，该现金股利超出投资日以后累计未分配利润的部分作为投资成本的收回。

②公司对被投资单位具有共同控制或重大影响的（通常指占被投资单位有表决权资本总额20%或20%以上，或虽不足20%但有重大影响），采用权益法核算；采用权益法核算时，长期股权投资的初始投资成本大于应享有被投资单位所有者权益份额之间的差额，不调整长期股权投资的账面价值，长期股权投资的初始投资成本小于应享有被投资单位所有者权益份额之间的差额，确认为当期损益。

（2）长期股权投资减值准备。由于市价持续下跌或被投资单位经营状况恶化等原因导致其可收回金额低于账面价值的，本公司根据实际情况作出估计后按可收回金额低于长期股权投资账面价值的差额，提取长期股权投资减值准备，并计入当期损益。已提取的长期股权投资减值准备不得转回。

10. 固定资产

（1）固定资产标准：本公司的固定资产是指使用期限超过一年，为生产商品、提供劳务、出租或经营管理而持有的单位价值较高的有形资产。

（2）固定资产计价：固定资产以取得时的实际成本为原价入账；

（3）固定资产折旧政策：以平均年限法分类计提折旧。

固定资产在不考虑减值准备的情况下，固定资产的类别、估计的经济使用年限和预计的净残值分别确定折旧年限和年折旧率如下：

固定资产类别	预计净残值%	预计使用寿命	年折旧率%
房屋及建筑物			
机器设备			
运输设备			
办公设备			
办公家具			
物流设备			
工具仪器			

（4）固定资产减值准备的计提方法：期末对固定资产逐项进行检查，如果由于市价持续下跌、技术陈旧、损坏或长期闲置等原因，导致其可收回金额低于账面价值的差

额，提取固定资产减值准备。根据对固定资产的使用情况、技术状况以及为公司带来未来经济利益的情况进行分析，如果固定资产实质上已经发生了减值，则按照估计减值计提减值准备。对存在下列情况之一的固定资产，全额计提减值准备。

（5）长期闲置不用，在可预见的未来不会再使用，且已无转让价值的。

（6）或由于技术进步原因，已不可使用的固定资产。

（7）虽可使用，但使用后产生大量不合格品的。

（8）已遭毁损，不再具有使用价值和转让价值。

（9）其他实质上不能再给企业带来经济利益的固定资产。

（10）已全额计提减值准备的固定资产，不再计提折旧。

11. 在建工程

本公司的在建工程按工程项目分别核算，以实际发生的全部支出入账，并在工程达到预定可使用状态时，按工程全部成本结转固定资产。为购建固定资产而借入的专门借款所发生的利息、折价或溢价的摊销、汇兑差额在为达到预定可使用状态所必要的购建活动开始后至所购建的固定资产达到预定可使用状态所发生的对应资产支出部分计入所购建固定资产的成本，其余部分及所购建的固定资产达到预定可使用状态后计入当期损益。

在建工程减值准备计提方法：公司于期末对在建工程进行全面检查，如果有证据表明在建工程已经发生了减值，则提取在建工程减值准备。

12. 无形资产

本公司的无形资产是指为生产商品、提供劳务、出租或经营管理而持有的没有实物形态的非货币性长期资产。包括专利权、非专利权、商标权、著作权、土地使用权。无形资产按取得时的实际成本入账。

无形资产从开始使用之日起，在有效使用期限内平均摊入管理费用。无形资产的有效使用期限按照下列原则确定：

（1）法律和合同分别规定有法定有效期限和受益年限的，按照法定有效期限与合同规定的受益年限孰短的原则确定。

（2）法律没有规定有效期限，企业合同中规定有受益年限的，按照合同规定的受益年限确定。

（3）法律和合同均未规定法定有效期限或者受益年限的，按照不超过 10 年的期限确定。

无形资产减值准备的计提：年末本公司对无形资产按账面价值与可收回金额孰低计量，按单项资产预计可收回金额低于其账面价值的差额，分项提取无形资产减值准备，并计入当期损益。

13. 长期待摊费用

本公司的长期待摊费用是指已经支出、但将于正常生产经营后摊销或摊销期超过一年的各项费用，主要包括租入固定资产装修费用。长期待摊费用均在各项目的预计受益期间内平均摊销，计入各摊销期的损益。

14. 借款费用

本公司借款费用指因借款而发生的利息、折价或溢价的摊销和辅助费用，以及因外币借款而发生的汇兑差额。除为购建固定资产和需要经过相当长时间的生产才能达到销售状态的存货而借入的专门借款和一般借款所发生的借款费用外，其他借款费用均应于发生当期确认为费用，直接计入当期财务费用。

15. 收入确认原则

本公司的商品销售在商品所有权上的主要风险和报酬已转移给买方，本公司不再对该商品实施继续管理权和实际控制权，与交易相关的经济利益很可能流入企业，并且与销售该商品相关的收入和成本能够可靠地计量时，确认营业收入的实现。

本公司提供的劳务在同一会计年度开始并完成的，在劳务已经提供，收到价款或取得收取价款的证据时，确认营业收入的实现；劳务的开始和完成分属不同会计年度的，在劳务合同的总收入、劳务的完成程度能够可靠地确定，与交易相关的价款能够流入，已经发生的成本和为完成劳务将要发生的成本能够可靠地计量时，按完工百分比法确认营业收入的实现；长期合同工程在合同结果已经能够合理地预见时，按结账时已完成工程进度的百分比法确认营业收入的实现。

本公司让渡资产使用权取得的利息收入和使用费收入，在与交易相关的经济利益能够流入企业，且收入的金额能够可靠地计量时，确认收入的实现。

16. 所得税的会计处理方法

本公司所得税的会计核算采用资产负债表债务法，资产负债表日比较各项资产、负债的账面价值和计税基础的差异，分别应纳税暂时性差异和可抵减暂时性差异按照未来差异转回时的适用税率确认递延所得税负债和递延所得税资产，同时确认递延所得税费用。按照税法规定应缴所得税作为当期所得税费用，递延所得税费用和当期所得税费用共同构成利润表上的所得税费用。

本公司所得税分季预缴，在年终汇算清缴时，少缴的所得税税额，在下一年度内缴纳；多缴纳的所得税税额，在下一年度内抵缴。

四、主要税项

本公司使用的主要税种及税率列示如下：

税项	计税基础	税率
×××××××××	××××××××××××	××××
×××××××××	××××××××××××	××××

五、会计报表项目注释

1. 货币资金

项　目	年初余额	年末余额
现　金		
银行存款		
合　计		

2. 应收票据

票据种类	年末余额	年初余额
银行承兑汇票		
商业承兑汇票		
合　计		

3. 应收账款

（1）年初、年末余额

账　龄	年末余额		年初余额	
	金额	比例	金额	比例
1 年以内				
1—3 年				
3—5 年				
5 年以上				
合　计				

（2）应收账款前五名

单位名称	金　额	备　注
……		
……		
合　计		

4. 预付账款

（1）年初、年末余额

账　龄	年末余额		年初余额	
	金额	比例	金额	比例
1 年以内				
1—3 年				
3—5 年				
5 年以上				
合　计				

（2）预付账款前五名

单位名称	金　额	备　注
……		
……		
合　计		

5. 其他应收款

（1）年初、年末余额

账　龄	年末余额		年初余额	
	金额	比例	金额	比例
1 年以内				
1—3 年				
3—5 年				
5 年以上				
合　计				

（2）其他应收款

单位名称	金　额	备　注
……		
……		
合　计		

6. 存货

项　目	年初余额	本年增加额	本年减少额	年末余额
原材料				
库存商品				
生产成本				
合　计				

7. 固定资产

项　目	年初余额	本年增加额	本年减少额	年末余额
一、原价合计				
其中：机器设备				
办公设备				
运输设备				
物流设备				
工具仪器				
房屋建筑物				
二、累计折旧合计				
其中：机器设备				
办公设备				
运输设备				
物流设备				
工具仪器				
房屋建筑物				

8. 无形资产

项目或名称	原始入账价值	期初账面价值	本期增加金额	本期减少金额	本期摊销金额	期末账面价值
……						
……						
合 计						

9. 应付账款

（1）年初、年末余额

账 龄	年末余额		年初余额	
	金额	比例	金额	比例
1 年以内				
1—3 年				
3—5 年				
5 年以上				
合 计				

（2）应付账款前五名

单位名称	金 额	备 注
……		
……		
合 计		

10. 预收账款

（1）年初、年末余额

账 龄	年末余额		年初余额	
	金额	比例	金额	比例
1 年以内				
1—3 年				
3—5 年				
5 年以上				
合 计				

（2）预收账款明细

单位名称	金 额	备 注
……		
……		
合 计		

11. 应交税费

项　目	适用税率	年初余额	年末余额
……			
……			
合　计			

12. 其他应付款

（1）年初、年末余额

账　龄	年末余额		年初余额	
	金额	比例	金额	比例
1年以内				
1—3年				
3—5年				
5年以上				
合　计				

（3）其他应付款前五名

单位名称	金　额	备　注
……		
……		
合　计		

13. 实收资本

投资者名称	年末余额		本年增加	本年减少	年初余额	
	投资金额	所占比例%			投资金额	所占比例%
合　计						

14. 未分配利润

项　目	金　额
上年年末余额	
加：年初未分配利润调整数	
其中：会计政策变更	
前期会计差错更正	

续表

项　　目	金　　额
本年年初余额	
本年增加数	
其中：本年净利润转入	
其他增加	
本年减少数	
其中：本年提取盈余公积数	
本年分配现金股利数	
本年分配股票股利数	
其他减少	
年末余额	

15. 营业收入、营业成本

项　　目	上年数	本年数
营业收入		
营业成本		

16. 销售费用

项　　目	上年数	本年数
……		
……		
……		
合　　计		

17. 管理费用

项　　目	上年数	本年数
……		
……		
……		
合　　计		

18. 财务费用

项　　目	上年数	本年数
……		
……		
合　　计		

19. 营业外支出

主要项目类别	本年数	上年数
1. 赔偿金		
2. 价格调节基金		
3. 固定资产报废、处理损失		
4. 滞纳金、罚款支出		
5. 违约金		
6. 捐赠		
7. 其他		
合　计		

六、或有事项的说明

本公司无需要披露的或有事项。

七、资产负债表日后事项

本公司无需要说明的资产负债表日后事项。

八、其他需要说明重要事项

本公司无其他需要说明重要事项。

××有限公司

××××年×月×日

思考与练习

一、单项选择题

1. 按照经济内容分类，资产负债表属于（　　）。

A. 财务状况报表　　B. 财务成果报表

C. 成本费用报表　　D. 合并会计报表

2. 资产负债表头的编报日期应填列（　　）。

A. 一定时期，如 2018 年 1 月 1 日至 1 月 15 日

B. 一个会计期间，如 2018 年 1 月份

C. 任何一个时点，如 2018 年 1 月 23 日

D. 某一个会计期间的期末，如 2018 年 1 月 31 日

3. 资产负债表内各项的填列主要依据（　　）。

A. 总账账户的期末余额

B. 总账各账户的本期发生额

C. 总账各账户的期末余额和有关明细账的本期发生额

D. 总账各账户的本期发生额和明细账户的本期发生额

4. 资产负债表的编制基础是（ ）。
A. 发生额试算平衡公式
B. 余额试算平衡公式
C. 基本的会计等式
D. 扩展的会计等式
5. 反映某一特定期间财务成果的报表是（ ）。
A. 资产负债表
B. 利润表
C. 所有者权益变动表
D. 现金流量表
6. 账户式资产负债表中的项目，采用按照（ ）的类别左右对照的方式排列。
A. 资产、负债和所有者权益
B. 收入、费用和利润
C. 资产、负债、所有者权益、收入、费用和利润
D. 资产来源、资金运用、流动资产、流动负债
7. 资产负债表中的应收账款项目，应根据（ ）填列。
A. "应收账款"总账账户的期末余额
B. "应收账款"总账账户所属的明细账户的期末余额
C. "应收账款"和"预收账款"总账科目所属各明细科目的期末贷方余额的合计数
D. "应收账款"和"预收账款"总账科目所属各明细科目的期末借方余额的合计数
8. 资产负债表中的应付账款项目，应根据（ ）填列。
A. "应付账款"总账账户的期末余额
B. "应收账款"总账账户的所属明细账户的期末余额
C. "应收账款"和"应付账款"总账账户的本期借方余额的差额
D. "应付账款"和"预付账款"总账账户所属明细账户的本期贷方余额的合计数
9. 资产负债表和利润表同属于（ ）。
A. 财务状况报表
B. 财务成果报表
C. 成本费用报表
D. 外部报表
10. 资产负债表的所有者权益项目中，不包括（ ）。
A. 实收资本
B. 递延资产
C. 盈余公积
D. 未分配利润

二、多项选择题

1. 企业对外报送的会计报表是提供给（ ）等单位或个人使用的。
A. 投资者
B. 债权人
C. 各级主管机关和国家经济管理机关
D. 购货客户
E. 供货单位
2. 企业对外报送的会计报表应包括（ ）。
A. 会计报表主表
B. 会计报表附表
C. 会计报表附注
D. 财务情况说明书
E. 财务分析报告
3. 在下列报表中，（ ）属于年度会计报表。

A. 现金流量表
B. 利润表
C. 资产负债表
D. 所有者权益变动表
E. 成本表

4. 企业编制会计报表应符合的基本要求是（　　）。
A. 内容完整、数字真实
B. 计算正确、编报及时
C. 指标口径一致
D. 数字清晰明了
E. 文字书写规范

5. 企业会计报表主表包括（　　）。
A. 资产负债表
B. 成本计划表
C. 利润表
D. 现金流量表
E. 主营业务收支明细表

6. 利用资产负债表的资料，可以了解（　　）。
A. 企业资产数额及分布情况
B. 债权人和所有者权益情况
C. 企业财务实力、短期偿债能力和支付能力情况
D. 主营业务收支情况
E. 企业利润形成和分配情况

7. 资产负债表和利润表同属于（　　）。
A. 对外报表
B. 动态报表
C. 财务状况报表
D. 财务成果报表
E. 月度报表

8. 在编制资产负债表时，下列项目中可根据有关总账科目的期末余额直接填列的有（　　）。
A. 存货
B. 固定资产原价
C. 短期借款
D. 应收账款净额
E. 实收资本

9. 属于反映企业财务成果及其分配情况的会计报表有（　　）。
A. 主营业务收支明细表
B. 资产负债表
C. 现金流量表
D. 利润表
E. 利润分配表

10. 按会计报表包括的会计主体范围分类，会计报表可分为（　　）。
A. 个别会计报表
B. 合并会计报表
C. 财务状况报表
D. 汇总会计报表
E. 财务成果报表

三、判断题

1. 利润表是反映企业在某一特定日期的财务状况的会计报表。（　　）
2. 企业购买商品所产生的现金流出属于经营活动产生的现金流量。（　　）
3. 资产负债表的编制基础是“资产 = 负债 + 所有者权益”。（　　）

四、业务题

目的：编制利润表

资料：2018 年度 12 月，金明糖果厂损益类账户的发生净额，如表 7－10 所示。

要求：根据表 7－10 编制年度利润表。

表 7－10　　　　损益类科目本月发生额

编制单位：金明糖果厂　　　　2018 年 12 月 31 日　　　　单位：元

科目名称	借方发生额	贷方发生额
主营业务收入		10 000
主营业务成本	6 000	
其他业务收入		500
其他业务成本	300	
销售费用	900	
管理费用	400	
财务费用	100	
营业外收入		1 000

根据上述资料，编制金明糖果厂 2018 年 12 月份的利润表。

利　润　表

编制单位：金明糖果厂　　　　2018 年 12 月　　　　单位：元

项目名称	本期金额	本年累计金额（略）
一、营业收入		
减：营业成本		
税金及附加		
销售费用		
管理费用		
财务费用		
资产减值损失		
加：公允价值变动损益		
投资收益		
二、营业利润		
加：营业外收入		
减：营业外支出		
其中：非流动资产处置损失		
三、利润总额		
减：所得税费用		
四、净利润		
五、基他综合收益的税后净额		
六、综合收益总额		
七、每股收益		
（一）基本每股收益		
（二）稀释每股收益		

项目八

会计核算形式

认知目标：

1. 理解会计核算形式的概念及其意义
2. 掌握会计核算的种类及其记账程序
3. 了解各种会计核算形式的优缺点及其适用范围
4. 掌握科目汇总表和会计记账凭证的编制方法

学习重点与难点：

1. 科目汇总表的编制方法
2. 会计记账凭证的编制方法

任务一

会计核算形式概述

阅读材料

根据《中华人民共和国会计法》的规定：

第三章　公司、企业会计核算的特别规定

第二十四条　公司、企业进行会计核算，除应当遵守本法第二章的规定外，还应当遵守本章规定。

第二十五条　公司、企业必须根据实际发生的经济业务事项，按照国家统一的会计制度的规定确认、计量和记录资产、负债、所有者权益、收入、费用、成本和利润。

第二十六条　公司、企业进行会计核算不得有下列行为：

（一）随意改变资产、负债、所有者权益的确认标准或者计量方法，虚列、多列、不列或者少列资产、负债、所有者权益

（二）虚列或者隐瞒收入，推迟或者提前确认收入

（三）随意改变费用、成本的确认标准或者计量方法，虚列、多列、不列或者少列费用、成本

（四）随意调整利润的计算、分配方法，编造虚假利润或者隐瞒利润

（五）违反国家统一的会计制度规定的其他行为

引例

会计学徒李芳每天工作都是登记明细账，数量明细账，关于账务处理的事都没接触，一天会计主管孙林叫住李芳，谈了很多，最后希望李芳想想会计核算的流程。并布置了一个任务：思考工业企业会计核算流程。

一、会计核算形式的意义

会计核算形式又称会计核算组织程序或财务处理程序，是指在会计核算中，会计凭证组织、会计账簿组织、记账程序和方法有机结合的一种技术组织程序。

在会计工作中，不仅要了解会计凭证的填制、账簿的设置和登记，以及会计报表的编制，还必须明确规定各会计凭证、会计账簿和会计报表之间的关系，使之构成一个有机整体。而不同的账簿组织、记账程序和记账方法的有机结合，就构成了不同的会计核算形式。

一个单位由于业务性质、规模大小和经济业务的繁简程度各异，决定其适用会计核算形式也不同。各单位都应依据《会计法》，根据会计准则和行业会计制度的要求，结合本单位的具体情况，采用适当的账务处理程序。适用的、合理的会计核算形式，主要

应符合以下方面的要求：一要与企业单位规模大小和业务繁简相适应；二要能正确、全面、及时地提供有关经济活动和财务收支情况的指标，满足企业单位经营管理的需要；三要在保证核算指标正确、真实和系统完整的前提下，尽可能地简化不必要的核算手续，节约核算工作的人力、物力和财力。

因此科学地组织会计核算形式，对提高会计核算质量和会计工作效率，充分发挥会计的核算和监督职能，具有重要意义：

（1）合理的会计核算形式可以保证会计数据整个处理过程的各环节有条不紊地进行传递，保证会计记录的正确、及时、完整，并能迅速编制财务报表，从而提高会计核算工作的质量。

（2）合理的会计核算形式可以保证会计信息方便而迅速地形成，保证为经营管理者和报表的使用者及时提供全面、准确、有用的财务信息，从而提高会计核算工作的质量。

（3）合理的会计核算形式可以减少不必要的核算环节和手续，避免烦琐重复，节约人力、物力，从而提高会计核算工作的效益。

（4）合理的会计核算形式可以对会计核算工作进行合理分工协作，明确责任，加强岗位责任制，充分发挥会计的监督职能。

二、会计核算形式的种类

目前，我国企业、事业、机关等单位会计核算一般采用的主要形式有以下六种：

（1）记账凭证核算形式。

（2）汇总记账凭证核算形式。

（3）科目汇总表核算形式。

（4）多栏式日记账核算形式。

（5）日记总账核算形式。

（6）通用日记账核算形式。

以上六种会计核算形式既有共同点，又有各自的特点。其共同之处在于：都要根据原始凭证编制记账凭证，根据原始凭证和记账凭证登记日记账和明细分类账，在账账核对相符的基础上，根据账簿记录编制财务报表。其主要的区别，即各自的特点主要表现在登记总分类账的依据和方法不同。其中，记账凭证核算形式是最基本的一种，其他核算形式都是由此发展、演变而来的。在实际工作中，各经济单位可根据实际需要选择其中一种会计核算形式，也可将多种会计核算形式的优点结合起来使用，以满足本单位经营管理的需要。

本项目主要介绍记账凭证核算形式、汇总记账凭证核算形式和科目汇总表核算形式。

【引例解答】

李芳经过思考后，绘制了会计核算流程图，如图8－1所示。

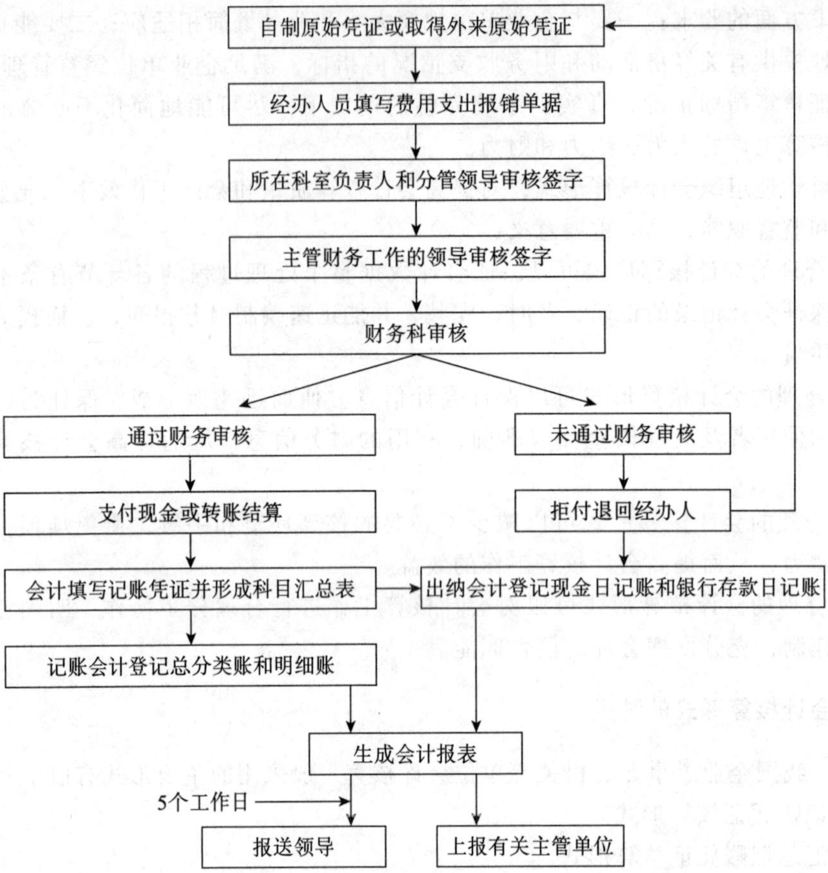

图 8－1　会计核算流程图

任务二

记账凭证核算形式

引例

李芳学做记账凭证汇总登记，资料如下：

12 月 1 日—31 日管理费用有 20 笔，记账凭证金额 24 000 元；12 月 1 日—31 日销售费用有 10 笔，记账凭证金额 30 000 元，李芳分别将 24 000 元、30 000 元分别登记到管理费用、销售费用科目汇总表里，请问这样做是否符合记账凭证核算形式？

一、记账凭证核算形式概述

记账凭证核算形式是指经济业务发生后，根据所填制的记账凭证直接逐笔登记总分类账，并定期编制财务报表的一种会计核算形式。它的特点是：各种记账凭证不需汇总，而是直接逐笔登记总分类账。

记账凭证核算形式是会计核算组织程序中的最基本的一种会计核算组织程序，在一定意义上，其他会计核算形式，是在这种会计核算组织程序的基础上的延伸和发展。在记账凭证核算形式下，记账凭证一般采用收款凭证、付款凭证和转账凭证三种格式，也可以采用一种通用的格式。对于账簿而言，可设置现金日记账、银行存款日记账、明细分类账和总分类账。日记账和总账可采用三栏式；明细分类账可根据需要采用三栏式、数量金额式和多栏式；记账凭证一般使用收款凭证、付款凭证和转账凭证三种格式，也可采用通用记账凭证，如图 8－2 所示。

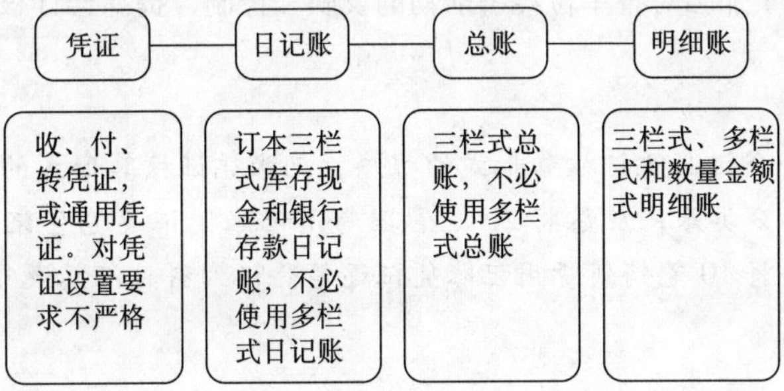

图 8－2

二、记账凭证核算形式的程序

记账凭证核算形式的程序，如图 8－3 所示。

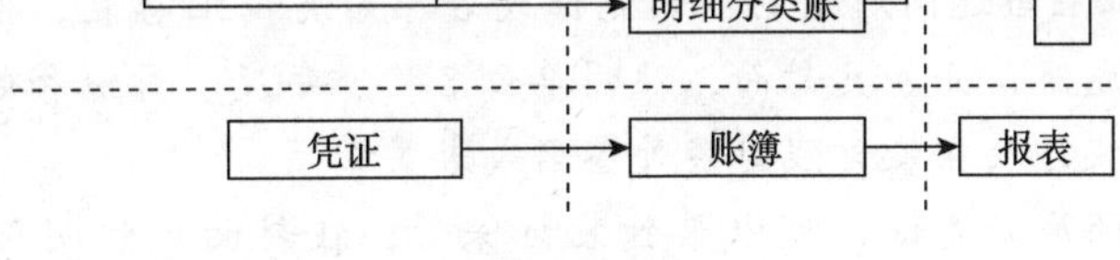

图 8－3

①根据原始凭证或原始凭证汇总表填制记账凭证。

②根据收款凭证和付款凭证逐笔登记现金日记账和银行存款日记账。

③根据原始凭证、原始凭证汇总表或记账凭证登记各种明细分类账。

④根据记账凭证逐笔登记总分类账。

⑤月末，将现金日记账、银行存款日记账的余额，以及各种明细分类账的余额合计数，分别与总分类账中相关账户的余额核对相符。

⑥月末，根据核对无误的总分类账和明细分类账的相关资料，编制会计报表。

三、记账凭证核算形式的评价

记账凭证核算形式无需汇总，直接据以登记总账，因此比较简单明了，能够清晰的反映账户之间的对应关系，总分类账也能够比较详细地反映经济业务的发生情况。缺点是总分类账登记工作量过大，账页耗用多，预留账页多少难以把握。因此，记账凭证核算形式一般只适用于规模较小、经济业务量比较少、会计凭证不多的会计主体。为了克服这种会计核算形式工作量大的缺点，有两条途径可供参与：其一是尽可能采用原始凭证汇总表，从而可减少记账凭证数量；其二是现金日记账和银行存款日记账采用多栏式账簿，月末根据各种科目汇总金额登记总分类账，这样，既简化了总分类账的核算工作，而且又能反映出业务的来龙去脉，有利于加强对各单位经济活动的反映和控制，提高会计核算工作的质量。

【引例解答】

李芳这样做不符合记账凭证核算形式的程序，记账凭证核算形式的程序④要求：根据记账凭证逐笔登记总分类账；应该将20笔管理费用记账凭证逐笔登记到科目汇总表管理费用科目，同理应该将10笔销售费用记账凭证逐笔登记到科目汇总表销售费用科目。

任务三

汇总记账凭证核算形式

阅读材料

根据财政部关于《会计基础工作规范》的通知规定：

第五十五条　会计机构、会计人员要妥善保管会计凭证。

（一）会计凭证应当及时传递，不得积压。

（二）会计凭证登记完毕后，应当按照分类和编号顺序保管，不得散乱丢失。

（三）记账凭证应当连同所附的原始凭证或者原始凭证汇总表，按照编号顺序，折叠整齐，按期装订成册，并加具封面，注明单位名称、年度、月份和起讫日期、凭证种类、起讫号码，由装订人在装订线封签外签名或者盖章。

对于数量过多的原始凭证，可以单独装订保管，在封面上注明记账凭证日期、编号、种类，同时在记账凭证上注明“附件另订”和原始凭证名称及编号。各种经济合同、存出保证金收据以及涉外文件等重要原始凭证，应当另编目录，单独登记保管，并在有关的记账凭证和原始凭证上相互注明日期和编号。

第五十九条　启用会计账簿时，应当在账簿封面上写明单位名称和账簿名称。在账簿扉页上应当附启用表，内容包括：启用日期、账簿页数、记账人员和会计机构负责人、会计主管人员姓名，并加盖名章和单位公章。记账人员或者会计机构负责人、会计主管人员调动工作时，应当注明交接日期、接办人员或者监交人员姓名，并由交接双方人员签名或者盖章。

一、汇总记账凭证核算形式概述

汇总记账凭证核算形式，是一种根据记账凭证定期编制汇总记账凭证，并据以登记总分类账的会计核算形式。它的主要特点是：定期根据收款凭证、付款凭证和转账凭证分类编制汇总收款凭证、汇总付款凭证、汇总转款凭证，然后根据各种汇总记账凭证登记总分类账。

采用汇总记账凭证账务处理程序时，其账簿设置、各种账簿的格式以及记账凭证的种类和格式基本上与记账凭证账务处理程序相同。但应增设汇总记账凭证、汇总收款凭证和汇总转账凭证，以作为登记总分类账的依据。另外，总分类账的账页格式必须增设“对应账户”栏。如图 8－4 所示。

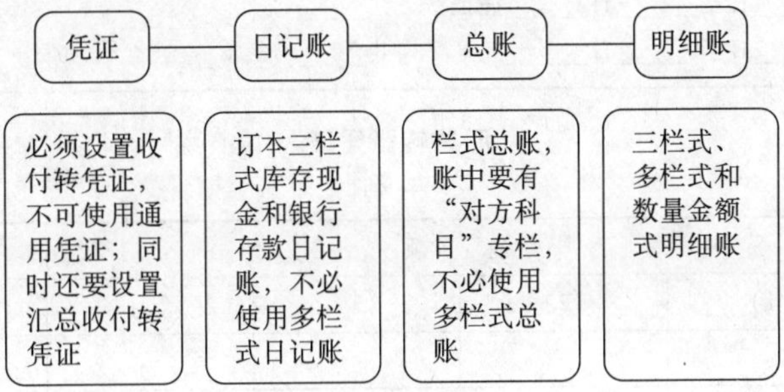

图 8－4

二、汇总记账凭证及其编制方法

汇总记账凭证分为汇总收款凭证、汇总付款凭证和汇总转账凭证三种。其格式如表 8－1、表 8－2、表 8－3 所示。它是根据收款凭证、付款凭证和转账凭证定期汇总编制而成，间隔天数视业务量多少而定，一般 5 天或 10 天汇总填制一次，每月编制一张。

表 8－1　　汇总收款凭证

借方科目：　　×年×月　　汇收×号

贷方科目	金额				总账页数	
	(1)	(2)	(3)	合计	借方	贷方
合　计						

附件　(1) 自＿＿日至＿＿日＿＿凭证　共＿＿张
　　　(2) 自＿＿日至＿＿日＿＿凭证　共＿＿张
　　　(3) 自＿＿日至＿＿日＿＿凭证　共＿＿张

表8－2　　　　　　　　　　**汇总付款凭证**

贷方科目：　　　　　　　　×年×月　　　　　　　　汇付×号

借方科目	金额				总账页数	
	（1）	（2）	（3）	合计	借方	贷方
合　计						

附件　（1）自______日至______日______凭证　共______张
　　　（2）自______日至______日______凭证　共______张
　　　（3）自______日至______日______凭证　共______张

表8－3　　　　　　　　　　**汇总转账凭证**

贷方科目：　　　　　　　　×年×月　　　　　　　　汇转×号

借方科目	金额				总账页数	
	（1）	（2）	（3）	合计	借方	贷方
合　计						

附件　（1）自______日至______日______凭证　共______张
　　　（2）自______日至______日______凭证　共______张
　　　（3）自______日至______日______凭证　共______张

汇总收款凭证应根据现金和银行存款收款凭证，分别按“现金”、“银行存款”的借方设置，按对应贷方科目进行归类汇总。月末，结算出汇总收款凭证的合计数，分别记入现金、银行存款总分类账的借方以及其各对应账户总分类账的贷方。

在填制时，若现金和银行存款之间的相互划转业务，则应按付款凭证进行汇总，以免重复。如将现金存入银行的业务，只须根据现金付款凭证汇总，银行存款收款凭证就不再汇总。

汇总转账凭证应根据转账凭证中有关账户的贷方设置，按对应借方科目进行归类汇总。月末，结算出汇总转账凭证的合计数，分别记入该汇总转账凭证所开设的应贷账户总分类账的贷方，以及其各对应账户总分类账的借方。

为便于汇总转账凭证的编制，所有转账凭证应是一贷一借或一贷多借，否则，会给汇总凭证的编制带来不便。

三、汇总记账凭证核算形式的基本内容

汇总记账凭证核算形式的基本内容（如图8－5所示）。

①根据原始凭证或原始凭证汇总表填制记账凭证。

②根据收款凭证和付款凭证逐笔登记现金日记账和银行存款日记账。

③根据原始凭证、原始凭证汇总表或记账凭证登记各种明细分类账。

④根据记账凭证定期编制各种汇总记账凭证。

⑤月末，根据编制的汇总记账凭证登记总分类账。

⑥月末，将现金日记账、银行存款日记账的余额，以及各种明细分类账的余额合计数，分别与总分类账中相关账户的余额核对相符。

⑦月末，根据核对无误的总分类账和明细分类账的相关资料，编制会计报表。

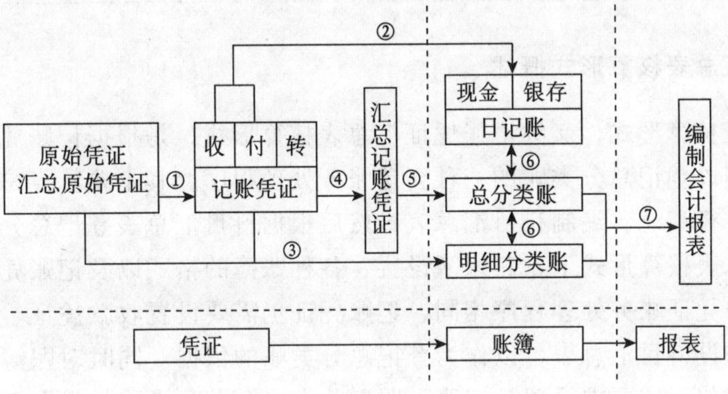

图 8－5

四、汇总记账凭证核算形式的评价

在汇总记账凭证核算形式下，由于作为登记总分类账依据的汇总记账凭证是根据记账凭证按照科目对应关系进行归类、汇总编制的，因而在汇总记账凭证和总分类账中，可以清晰地反映科目之间的对应关系，便于查账；但由于汇总转账凭证是根据每一账户的贷方而不是按经济业务类型归类汇总的，故不利于会计分工。因此，一般适用于规模较大、经济业务较多的企业。

＊任务四

科目汇总表核算形式

阅读材料

根据财政部关于印发《会计基础工作规范》的通知规定：

第六十三条　各单位应当定期对会计账簿记录的有关数字与库存实物、货币资金、有价证券、往来单位或者个人等进行相互核对，保证账证相符、账账相符、账实相符。对账工作每年至少进行一次。

（一）账证核对。核对会计账簿记录与原始凭证、记账凭证的时间、凭证字号、内容、金额是否一致，记账方向是否相符。

（二）账账核对。核对不同会计账簿之间的账簿记录是否相符，包括：总账有关账户的余额核对，总账与明细账核对，总账与日记账核对，会计部门的财产物资明细账与财产物资保管和使用部门的有关明细账核对等。

（三）账实核对。核对会计账簿记录与财产等实有数额是否相符。包括：现金日记账账面余额与现金实际库存数相核对；银行存款日记账账面余额定期与银行对账单相核对；各种财物明细账账面余额与财物实存数额相核对；各种应收、应付款明细账账面余额与有关债务、债权单位或者个人核对等。

一、科目汇总表核算形式概述

科目汇总表核算形式，又称记账凭证汇总表核算形式，是根据记账凭证定期编制科目汇总表，并据以登记总分类账的一种会计账务处理程序。其主要特点是：先定期将所有的记账凭证进行汇总，编制科目汇总表，然后根据科目汇总表登记总分类账。

在科目汇总表核算形式下，其账簿设置、各种账簿的格式以及记账凭证的种类和格式基本上与记账凭证账务处理程序相同，记账凭证仍需要设置收款凭证、付款凭证和转账凭证，但应增设科目汇总表，以作为登记总分类账的依据。同时对账簿的要求与记账凭证核算形式相似，即要求设置日记账、明细分类账和总分类账，如图 8－6 所示。

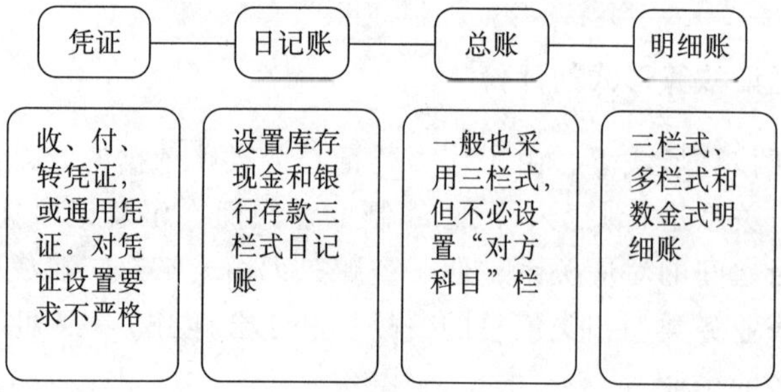

图 8－6

二、科目汇总表的填制方法

科目汇总表的填制方法是：先将汇总期内各项经济业务所涉及到的会计科目填列在科目汇总表的“会计科目”栏内，填列的顺序最好与总分类账上会计科目的顺序相同，以便于登记总分类账；然后，依据汇总期内所有的记账凭证，按照相同的会计科目归类，分别计算各会计科目的借方发生额和贷方发生额，并将其填入科目汇总表的相应栏内；最后，进行本期发生额试算平衡。试算无误后，据以登记总分类账。

科目汇总表可以每月汇总一次编制一张，也可视业务量大小每 5 天或 10 天汇总一次，每月编制一张。为便于编制科目汇总表，所有的记账凭证可采用单式记账凭证来填制，这样便于汇总计算其借贷方发生额，不易出错。

科目汇总表的基本格式，如表 8－4 所示。

表 8-4　　科目汇总表

×年×月

总账账户	1—10 日发生额		11—20 日发生额		21—30 日发生额		合　计	
	借方	贷方	借方	贷方	借方	贷方	借方	贷方
合　计								

三、科目汇总表核算形式的基本内容

科目汇总表核算形式的基本内容（如图 8-7 所示）：

①根据原始凭证或原始凭证汇总表填制记账凭证。

②根据收款凭证和付款凭证逐笔登记现金日记账和银行存款日记账。

③根据原始凭证、原始凭证汇总表或记账凭证登记各种明细分类账。

④根据记账凭证定期编制科目汇总表。

⑤月末，根据编制的科目汇总表登记总分类账。

⑥月末，将现金日记账、银行存款日记账的余额，以及各种明细分类账的余额合计数，分别与总分类账中相关账户的余额核对相符。

⑦月末，根据核对无误的总分类账和明细分类账的相关资料，编制会计报表。

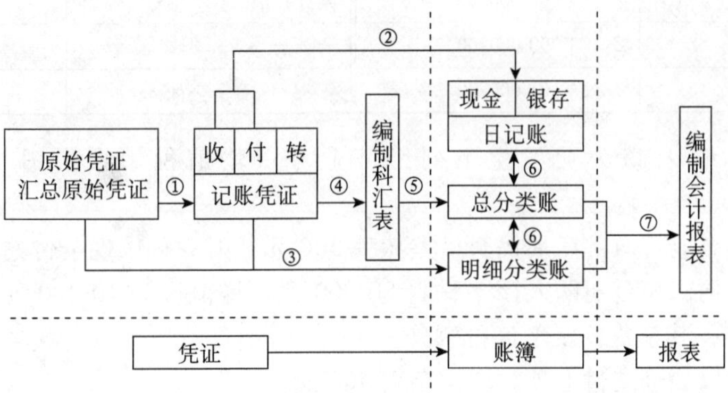

图 8-7

四、科目汇总表核算形式的评价

科目汇总表核算形式的主要优点是：根据定期编制的科目汇总表登记总分类账，可大大地简化总分类账的登记工作；其次，通过科目汇总表的编制，可进行发生额试算平衡，及时发现差错。但由于科目汇总表是定期汇总计算每一账户的借方、贷方发生额，并不考虑账户间的对应关系，因而在科目汇总表和总分类账中，不能明确反映账户的对应关系，不便于了解经济业务的具体内容。所以，它一般适用于经济业务量较大的企业。

● **提醒**

日记账是一种特殊的明细账，如现金日记账和银行存款日记账，为了加强现金和银行存款的管理，手工记账的单位，现金日记账和银行存款日记账必须采用订本式账簿，不得用银行对账单或者其他方法代替日记账。

五、科目汇总表账务处理程序举例

举例说明科目汇总表账务处理程序，各种记账凭证和科目汇总表的编制方法，以及现金日记账、银行存款日记账、总分类账和各相关明细账的登记。

1. 安宁有限责任公司全资子公司安信建筑模板有限公司 2018 年 12 月 1 日有关账户余额，如表 8－5 所示。

表 8－5　　安信建筑模板有限公司有关账户余额

2018 年 12 月 1 日　　单位：元

账户名称	借方金额	账户名称	贷方金额
库存现金	2 000.00	应付账款	85 800.00
银行存款	101 000.00	短期借款	30 000.00
应收账款	20 000.00	实收资本	3 000 000.00
其他应收款	1 000.00	盈余公积	137 500.00
原材料	97 000.00	利润分配（年初数）	151 700.00
库存商品	90 000.00	累计折旧	696 000.00
固定资产	3 790 000.00		
合　计	4 101 000.00	合　计	4 101 000.00

2. 2018 年 12 月该公司发生下列经济业务（增值税销项税为 16%，进项税为 13%）：

（1）1 日，企业行政部门周民暂借差旅费 300 元，财务科以现金付讫。

（2）2 日，向南海公司购入园木材料 80 000 元，增值税为 10 400 元，货款先用银行存款支付一半，其余货款及增值税暂欠。

（3）3 日，以现金支付上项材料运杂费 400 元。

（4）3 日，上项材料验收入库，结转采购成本。

（5）4 日，从银行提取现金 40 700 元。

（6）4 日，以现金 40 000 元发放职工工资。

（7）8 日，领用园木材料 136 400 元，其中防水模板领用 81 000 元，普通模板领用 43 500 元，车间修理用 6 400 元，工厂行政部门用 5 500 元。

（8）11 日，售给南山建筑公司防水模板 1 500 件，货款 90 000 元，增值税销项税 14 400 元，款项存入银行。

（9）12 日，以银行存款支付本公司普通模板赔偿费 1 000 元。

（10）13日，以银行存款支付本月产品广告费800元。

（11）15日，以银行存款支付设备修理费100元，法律咨询费300元。

（12）18日，售给金山建筑公司普通模板1 200张，货款60 000元、增值税销项税9 600元，款尚未收到。

（13）19日，以银行存款支付本月销售产品包装费700元。

（14）29日，计提本月供电公司电费7 000元，其中制造车间耗电6 500元，厂部耗电500元。欠供电部门电费，在其他应付款科目核算。

（15）29日，计提本月职工工资40 000元，其中防水模板工人工资15 000元，普通模板工人工资20 000元，车间管理人员工资1 700元，厂部管理人员工资3 300元。

（16）30日，计提本月固定资产折旧15 000元，其中车间10 000元，厂部5 000元。

（17）31日，根据防水模板、普通模板生产工时比例分配本月发生的制造费用（防水模板600小时，普通模板400小时）。

（18）31日，本月投产的防水模板2 250张和普通模板2 000张全部完工，并验收入库。

（19）31日，计提本月税金及附加（增值税销项税额与进项税额的差额，按7%提城建税，3%提教育附加费）。

（20）31日，按先进先出法，发出本月销售防水模板1 500张，普通模板1 200张，请计算防水模板、普通模板的主营业务成本。

（21）31日，结转本月收入、费用等账户到“本年利润”科目。

（22）31日，按规定计提本月所得税费用（税率25%），并将所得税费用结转到本年利润科目。

（23）31日，将本年净利润结转利润分配——未分配科目。

（24）31日，按税后利润的10%提取盈余公积。

（25）31日，计提税后利润2 015元分配给投资者。

（26）31日，将利润分配（提取盈余公积、应付利润）明细科目余额转到利润分配——未分配科目。

3. 科目汇总表账务处理业务流程

（1）原始凭证或原始凭证汇总表（具体表格略），以上述文字代替。

（2）根据原始凭证编制记账凭证，如表8－6至表8－33所示。

注：以上发生的经济业务编号与表8－6至表8－33内摘要栏中的编号相互对应。

表8－6　　付　款　凭　证

贷方科目：库存现金　　2018年12月1日　　现付字1号

摘　要	借方科目		金　额
	一级科目	二级科目	
行政部门小周出差借款（1）	其他应收款	周民	300.00
合　计			300.00

表 8－7

付 款 凭 证

贷方科目：银行存款　　2018 年 12 月 2 日　　银付字 1 号

摘　要	借方科目		金　额
	一级科目	二级科目	
购入园木材料付款（2）	在途物资	园木	40 000.00
合　计			400 00.00

表 8－8

转 账 凭 证

2018 年 12 月 2 日　　转字 1 号

摘　要	总账科目	明细科目	借方金额	贷方金额
购入园木材料欠款（2）	在途物资	园木	40 000.00	
	应交税费	应交增值税——进项税额	10 400.00	
	应付账款	南海公司		50 400.00
合　计			50 400.00	50 400.00

表 8－9

付 款 凭 证

贷方科目：库存现金　　2018 年 12 月 3 日　　现付字 2 号

摘　要	借方科目		金　额
	一级科目	二级科目	
现金支付材料运杂费（3）	在途物资	园木	400.00
合　计			400.00

表 8－10

转 账 凭 证

2018 年 12 月 3 日　　转字 2 号

摘　要	总账科目	明细科目	借方金额	贷方金额
材料验收入库（4）	原材料	园木	80 400.00	
	在途物资	园木		80 400.00
合　计			80 400.00	80 400.00

表 8－11

付 款 凭 证

贷方科目：银行存款　　2018 年 12 月 4 日　　银付字 2 号

摘　要	借方科目		金　额
	一级科目	二级科目	
银行提取现金（5）	库存现金		40 700.00
合　计			40 700.00

表 8－12

付 款 凭 证

贷方科目：库存现金　　2018 年 12 月 4 日　　现付字 3 号

摘　要	借方科目		金　额
	一级科目	二级科目	
支付职工工资（6）	应付职工薪酬	工资	40 000.00
合　计			40 000.00

表 8－13 **转 账 凭 证**

2018 年 12 月 8 日 转字 3 号

摘　要	总账科目	明细科目	借方金额	贷方金额
领用园木材料（7）	生产成本	直接材料——防水模板	81 000.00	
		直接材料——普通模板	43 500.00	
	制造费用		6 400.00	
	管理费用		5 500.00	
	原材料	园木		136 400.00
合　计			136 400.00	136 400.00

表 8－14 **收 款 凭 证**

借方科目：银行存款 2018 年 12 月 11 日 银收字 1 号

摘　要	借方科目		金　额
	一级科目	二级科目	
销售产品（8）	主营业务收入	防水模板	90 000.00
	应交税费	应交增值税——销项税额	14 400.00
合　计			104 400.00

表 8－15 **付 款 凭 证**

贷方科目：银行存款 2018 年 12 月 12 日 银付字 3 号

摘　要	借方科目		金　额
	一级科目	二级科目	
支付普通模板赔偿费（9）	营业外支出		1 000.00
合　计			1 000.00

表 8－16 **付 款 凭 证**

贷方科目：银行存款 2018 年 12 月 13 日 银付字 4 号

摘　要	借方科目		金　额
	一级科目	二级科目	
支付产品广告费（10）	销售费用	广告费	800.00
合　计			800.00

表 8－17 **付 款 凭 证**

贷方科目：银行存款 2018 年 12 月 15 日 银付字 5 号

摘　要	借方科目		金　额
	一级科目	二级科目	
支付修理费、咨询费（11）	制造费用 管理费用	修理费 咨询费	100.00 300.00
合　计			400.00

表 8－18 **转 账 凭 证**

2018 年 12 月 18 日 转字 4 号

摘　　要	总账科目	明细科目	借方金额	贷方金额
销售商品（普通模板）(12)	应收账款	金山建筑公司	69 600.00	
	主营业务收入	普通模板		60 000.00
	应交税费	应交增值税——销项税额		9 600.00
合　　计			69 600.00	69 600.00

表 8－19 **付 款 凭 证**

贷方科目：银行存款 2018 年 12 月 19 日 银付字 6 号

摘　　要	借方科目		金　　额
	一级科目	二级科目	
支付产品包装费（13）	销售费用	包装费	700.00
合　　计			700.00

表 8－20 **转 账 凭 证**

2018 年 12 月 29 日 转字 5 号

摘　　要	总账科目	明细科目	借方金额	贷方金额
计提本日电费（14）	制造费用		6 500.00	
	管理费用		500.00	
	其他应付款	供电公司		7 000.00
合　　计			7 000.00	7 000.00

表 8－21 **转 账 凭 证**

2018 年 12 月 29 日 转字 6 号

摘　　要	总账科目	明细科目	借方金额	贷方金额
计提职工工资进成本（15）	生产成本	直接人工——防水模板	15 000.00	
		直接人工——普通模板	20 000.00	
	制造费用		1 700.00	
	管理费用		3 300.00	
	应付职工薪酬			40 000.00
合　　计			40 000.00	40 000.00

表 8－22 **转 账 凭 证**

2018 年 12 月 30 日 转字 7 号

摘　　要	总账科目	明细科目	借方金额	贷方金额
计提本月折旧（16）	制造费用	折旧	10 000.00	
	管理费用	折旧	5 000.00	
	累计折旧			15 000.00
合　　计			15 000.00	15 000.00

表 8－23

转 账 凭 证

2018 年 12 月 31 日 转字 8 号

摘 要	总账科目	明细科目	借方金额	贷方金额
分配制造费用（17）=24 700（6 400 + 100 + 6 500 + 1 700 +10 000）	生产成本	制造费用——防水模板	14 820.00	
分配系数 =24 700/（600 +400）=24.7 元/小时	生产成本	制造费用——普通模板	9 880.00	
	制造费用			24 700.00
合 计			24 700.00	24 700.00

表 8－24

转 账 凭 证

2018 年 12 月 31 日 转字 9 号

摘 要	总账科目	明细科目	借方金额	贷方金额
产品完工入库（18）	库存商品	防水模板（2 250 张）	110 820.00	
单价分别是 49.25 元/张，36.69 元/张	库存商品	普通模板（2 000 张）	73 380.00	
	生产成本	防水模板		110 820.00
	生产成本	普通模板		73 380.00
合 计			184 200.00	184 200.00

表 8－25

转 账 凭 证

2018 年 12 月 31 日 转字 10 号

摘 要	总账科目	明细科目	借方金额	贷方金额
计提税金及附加（19）	税金及附加		1 360.00	
销项税（14 400 + 9 600）=24 000	应交税费	应交城建税		952.00
进项税 10 400，应缴增值税 13 600（税金附加计提基数）	应交税费	应交教育附加费用		408.00
合 计			1 360.00	1 360.00

表 8－26

转 账 凭 证

2018 年 12 月 31 日 转字 11 号

摘 要	总账科目	明细科目	借方金额	贷方金额
结转销售成本（20）	主营业务成本	防水模板（1 500 张）	73 875.00	
单价分别是 49.25 元/张，36.69 元/张	主营业务成本	普通模板（1 200 张）	44 028.00	
	库存商品	防水模板		73 875.00
	库存商品	普通模板		44 028.00
合 计			117 903.00	117 903.00

表 8－27　　转　账　凭　证

2018 年 12 月 31 日　　转字 12 号

摘　　要	总账科目	明细科目	借方金额	贷方金额
结转成本进本年利润（21）	本年利润		136 363.00	
	管理费用			14 600.00
	营业外支出			1 000.00
	销售费用			1 500.00
	主营业务成本	防水模板		73 875.00
	主营业务成本	普通模板		44 028.00
	税金及附加			1 360.00
合　　计			136 363.00	136 363.00

表 8－28　　转　账　凭　证

2018 年 12 月 31 日　　转字 13 号

摘　　要	总账科目	明细科目	借方金额	贷方金额
结转收入进本年利润（21）	主营业务收入	防水模板	90 000.00	
	主营业务收入	普通模板	60 000.00	
	本年利润			150 000.00
合　　计			150 000.00	150 000.00

表 8－29　　转　账　凭　证

2018 年 12 月 31 日　　转字 14 号

摘　　要	总账科目	明细科目	借方金额	贷方金额
计提所得税税率 25%（22）（150 000－136 363＝13 637）	所得税费用		3 409.25	
	应交税费	应交所得税		3 409.25
合　　计			3 409.25	3 409.25

表 8－30　　转　账　凭　证

2018 年 12 月 31 日　　转字 15 号

摘　　要	总账科目	明细科目	借方金额	贷方金额
结转所得税进本年利润（22）	本年利润		3 409.25	
	所得税费用			3 409.25
合　　计			3 409.25	3 409.25

表 8－31　　转　账　凭　证

2018 年 12 月 31 日　　转字 16 号

摘　　要	总账科目	明细科目	借方金额	贷方金额
结转本年利润至利润分配（23）	本年利润	•	10 227.75	
	利润分配			10 227.75
合　　计			10 227.75	10 227.75

表 8－32　　　　　　　　　　　转　账　凭　证

2018 年 12 月 31 日　　　　　　　　转字 17 号

摘　　要	总账科目	明细科目	借方金额	贷方金额
提取盈余公积（24）＝10 227.75×10%＝1 022.78	利润分配	提取盈余公积	1 022.78	
应付投资者利润（25）	利润分配	应付利润	2 015.00	
	盈余公积			1 022.78
	应付利润			2 015.00
合　　计			3 037.78	3 037.78

说明：利润分配期初（上年末）已提盈余公积、对期初利润本期不再提取盈余公积。

表 8－33　　　　　　　　　　　转　账　凭　证

2018 年 12 月 31 日　　　　　　　　转字 18 号

摘　　要	总账科目	明细科目	借方金额	贷方金额
结转利润分配（提取盈余公积、应付利润）明细科目余额（26）	利润分配	未分配利润	3 037.78	
	利润分配	应付利润		2 015.00
	利润分配	提取盈余公积		1 022.78
合　　计			3 037.78	3 037.78

（3）根据收款、付款凭证登记现金、银行存款日记账，如表 8－34 和表 8－35 所示。

表 8－34　　　　　　　　　　　现金日记账

2018 年		凭　证		摘　　要	对应科目	借　　方	贷　　方	余　　额
月	日	字	号					
12	1			期初余额				2 000.00
12	1	现付	1	借支差旅费	其他应收款		300.00	1 700.00
12	3	现付	2	支付采购运杂费	在途物资		400.00	1 300.00
12	4	银付	2	提现	银行存款	40 700.00		42 000.00
12	4	现付	3	发放工资	应付职工薪酬		40 000.00	2 000.00
12	31			本月合计		40 700.00	40 700.00	2 000.00

表 8－35　　　　　　　　　　　银行存款日记账

2018 年		凭　证		摘　　要	对应科目	借　　方	贷　　方	余　　额
月	日	字	号					
12	1			期初余额				101 000.00
12	2	银付	1	购料付款	在途物资		40 000.00	61 000.00
12	4	银付	2	提现	库存现金		40 700.00	20 300.00
12	11	银收	1	销售商品	主营业务收入	104 400.00		124 700.00

续表

2018年		凭证		摘要	对应科目	借方	贷方	余额
月	日	字	号					
12	12	银付	3	支付技校经费	营业外支出		1 000.00	123 700.00
12	13	银付	4	支付广告费	销售费用		800.00	122 900.00
12	15	银付	5	支付修理费	制造费用		100.00	122 800.00
				咨询费	管理费用		300.00	122 500.00
12	19	银付	6	支付包装费	销售费用		700.00	121 800.00
12	31			本月合计		104 400.00	83 600.00	121 800.00

（4）根据原始凭证及原始凭证汇总表或记账凭证登记明细账。为简化业务，本书只列举“生产成本”明细账的登记（多栏式），其他明细账虽然采用的账页格式（三栏式、数量金额式）不同，但登记的方法基本一致，所以这里从略。如表8－36和表8－37所示。

表8－36　　生产成本（基本生产成本）明细账

产品名称：防水模板　　单位：元

2018年		凭证		摘要	借方				转出
月	日	字	号		直接材料	直接人工	制造费用	合计	
12	1			期初余额					
12	8	转	3	领用材料	81 000.00			81 000.00	
12	29	转	6	计提工资		15 000.00		15 000.00	
12	31	转	10	分配制造费用			14 820.00	14 820.00	
12	31			本月合计	81 000.00	15 000.00	14 820.00	110 820.00	110 820.00
12	31			本月完工	81 000.00	15 000.00	14 820.00	110 820.00	110 820.00
12	31			期末余额					

表8－37　　生产成本（基本生产成本）明细账

产品名称：普通模板　　单位：元

2018年		凭证		摘要	借方				转出
月	日	字	号		直接材料	直接人工	制造费用	合计	
12	1			期初余额					
12	8	转	3	领用材料	43 500.00			43 500.00	
12	29	转	6	计提工资		20 000.00		20 000.00	
12	31	转	10	分配制造费用			9 880.00	9 880.00	
12	31			本月合计	43 500.00	20 000.00	9 880.00	73 380.00	73 380.00
12	31			本月完工	43 500.00	20 000.00	9 880.00	73 380.00	73 380.00
12	31			期末余额					

注：表8－36、表8－37 □ 中为红字。

（5）根据记账凭证编制科目汇总表，如表 8－38 所示。

表 8－38　　　　**科 目 汇 总 表**

2018 年 12 月

科目名称	科汇 1 1—10 日发生额		科汇 2 11—20 日发生额		科汇 3 21—31 日发生额		本月合计	
	借方	贷方	借方	贷方	借方	贷方	借方	贷方
库存现金	40 700.00	40 700.00		1 800.00			40 700.00	40 700.00
银行存款		80 700.00	104 400.00	2 900.00			104 400.00	83 600.00
应收账款			69 600.00				69 600.00	
其他应收款	300.00						300.00	
原材料	80 400.00	136 400.00					80 400.00	136 400.00
库存商品					184 200.00	117 903.00	184 200.00	117 903.00
应付账款		50 400.00				7 000.00		50 400.00
其他应付款						7 000.00		7 000.00
盈余公积						1 022.78		1 022.78
利润分配					6 075.56	13 265.53	6 075.56	13 265.53
累计折旧						15 000.00		15 000.00
在途物资	80 400.00	80 400.00					80 400.00	80 400.00
应付职工薪酬	40 000.00					40 000.00	40 000.00	40 000.00
生产成本（基本生产成本）	124 500.00				59 700.00	184 200.00	184 200.00	184 200.00
制造费用	6 400.00		100.00		18 200.00	24 700.00	24 700.00	24 700.00
管理费用	5 500.00		300.00		8 800.00	14 600.00	14 600.00	14 600.00
主营业务收入				150 000.00	150 000.00		150 000.00	150 000.00
营业外支出			1 000.00			1 000.00	1 000.00	1 000.00
销售费用			1 500.00			1 500.00	1 500.00	1 500.00
应交税费	10 400.00			24 000.00		4 769.25	10 400.00	28 769.25
税金及附加					1 360.00	1 360.00	1 360.00	1 360.00
主营业务成本					117 903.00	117 903.00	117 903.00	117 903.00
本年利润					150 000.00	150 000.00	150 000.00	150 000.00
所得税费用					3 409.25	3 409.25	3 409.25	3 409.25
应付利润						2 015.00		2 015.00
合　　计	388 600.00	388 600.00	176 900.00	176 900.00	699 647.81	699 647.81	1 265 147.81	1 265 147.81

（6）登记总分类账簿：月终时，根据编制的科目汇总表登记有关总分类账。总账的登记工作可在每旬汇总后登记，也可在月末根据全月发生额每月登记一次，如表 8－39 至表 8－65 所示。

表 8－39　　　　**总 分 类 账**

会计科目：库存现金　　　　单位：元

2018 年		凭　证		摘　要	借　方	贷　方	借或贷	余　额
月	日	字	号					
12	1			期初余额			借	2 000.00
12	10	科汇	1	1—10 日发生额	40 700.00	40 700.00	借	2 000.00
12	31			本月合计	40 700.00	40 700.00	借	2 000.00

表 8-40　**总　分　类　账**

会计科目：银行存款　　单位：元

2018年		凭证		摘要	借方	贷方	借或贷	余额
月	日	字	号					
12	1			期初余额			借	101 000.00
12	10	科汇	1	1—10日发生额		80 700.00	借	20 300.00
12	20	科汇	2	11—20日发生额	104 400.00	2 900.00	借	121 800.00
12	31			本月合计	104 400.00	83 600.00	借	121 800.00

表 8-41　**总　分　类　账**

会计科目：应收账款　　单位：元

2018年		凭证		摘要	借方	贷方	借或贷	余额
月	日	字	号					
12	1			期初余额			借	20 000.00
12	20	科汇	2	11—20日发生额	69 600.00		借	89 600.00
12	31			本月合计	69 600.00		借	89 600.00

表 8-42　**总　分　类　账**

会计科目：其他应收款　　单位：元

2018年		凭证		摘要	借方	贷方	借或贷	余额
月	日	字	号					
12	1			期初余额			借	1 000.00
12	10	科汇	1	1—10日发生额	300.00		借	1 300.00
12	31			本月合计	300.00		借	1 300.00

表 8-43　**总　分　类　账**

会计科目：在途物资　　单位：元

2018年		凭证		摘要	借方	贷方	借或贷	余额
月	日	字	号					
12	1			期初余额			平	
12	10	科汇	1	1—10日发生额	80 400.00	80 400.00	平	
12	31			本月合计	80 400.00	80 400.00	平	

表 8-44　**总　分　类　账**

会计科目：原材料　　单位：元

2018年		凭证		摘要	借方	贷方	借或贷	余额
月	日	字	号					
12	1			期初余额			借	97 000.00
12	10	科汇	1	1—10日发生额	80 400.00	136 400.00	借	41 000.00
12	31			本月合计	80 400.00	136 400.00	借	41 000.00

表 8-45 总 分 类 账

会计科目：库存商品 单位：元

2018年		凭证		摘要	借方	贷方	借或贷	余额
月	日	字	号					
12	1			期初余额			借	90 000.00
12	31	科汇	3	21—31 日发生额	184 200.00	117 903.00	借	156 297.00
12	31			本月合计	184 200.00	117 903.00	借	156 297.00

表 8-46 总 分 类 账

会计科目：累计折旧 单位：元

2018年		凭证		摘要	借方	贷方	借或贷	余额
月	日	字	号					
12	1			期初余额			贷	696 000.00
12	31	科汇	3	21—31 日发生额		15 000.00	贷	711 000.00
12	31			本月合计		15 000.00	贷	711 000.00

表 8-47 总 分 类 账

会计科目：固定资产 单位：元

2018年		凭证		摘要	借方	贷方	借或贷	余额
月	日	字	号					
12	1			期初余额			借	3 790 000.00
12	31			本月合计			借	3 790 000.00

表 8-48 总 分 类 账

会计科目：其他应付款 单位：元

2018年		凭证		摘要	借方	贷方	借或贷	余额
月	日	字	号					
12	20	科汇	2	11—20 日发生额		7 000.00	贷	7 000.00
12	31			本月合计		7 000.00	贷	7 000.00

表 8-49 总 分 类 账

会计科目：应付账款 单位：元

2018年		凭证		摘要	借方	贷方	借或贷	余额
月	日	字	号					
12	1			期初余额			贷	85 800.00
12	10	科汇	1	1—10 日发生额		50 400.00	贷	136 200.00
12	31			本月合计		50 400.00	贷	136 200.00

表 8 - 50　　　　总　分　类　账

会计科目：应交税费　　　　单位：元

2018 年		凭证		摘　要	借　方	贷　方	借或贷	余　额
月	日	字	号					
12	1			期初余额			平	0
12	31	科汇	1	1—10 日发生额	10 400. 00		贷	- 10 400. 00
		科汇	2	11—20 日发生额		24 000. 00	贷	13 600. 00
		科汇	3	21 日发生额		4 769. 25	贷	18 369. 25
12	31			本月合计	10 400. 00	28 769. 25	贷	18 369. 25

表 8 - 51　　　　总　分　类　账

会计科目：应付职工薪酬　　　　单位：元

2018 年		凭证		摘　要	借　方	贷　方	借或贷	余　额
月	日	字	号					
12	1			期初余额			平	
12	10	科汇	1	1—10 日发生额	40 000. 00		借	40 000. 00
12	20	科汇	3	21—31 日发生额		40 000. 00	平	
12	31			本月合计	40 000. 00	40 000. 00	平	

表 8 - 52　　　　总　分　类　账

会计科目：应付利润　　　　单位：元

2018 年		凭证		摘　要	借　方	贷　方	借或贷	余　额
月	日	字	号					
12	1			期初余额			平	
12	31	科汇	3	21—31 日发生额		2 015. 00	贷	2 015. 00
12	31			本月合计		2 015. 00	贷	2 015. 00

表 8 - 53　　　　总　分　类　账

会计科目：实收资本　　　　单位：元

2018 年		凭证		摘　要	借　方	贷　方	借或贷	余　额
月	日	字	号					
12	1			期初余额			贷	3 000 000. 00
12	31			本月合计			贷	3 000 000. 00

表 8 - 54　　　　总　分　类　账

会计科目：盈余公积　　　　单位：元

2018 年		凭证		摘　要	借　方	贷　方	借或贷	余　额
月	日	字	号					
12	1			期初余额			贷	137 500. 00
12	31	科汇	3	21—31 日发生额		1 022. 78	贷	138 522. 78
12	31			本月合计		1 022. 78	贷	138 522. 78

表 8 – 55　　总　分　类　账

会计科目：利润分配　　单位：元

2018 年		凭证		摘要	借方	贷方	借或贷	余额
月	日	字	号					
12	1			期初余额			贷	151 700.00
12	31	科汇	3	21—31 日发生额	6 075.56	13 265.53	贷	158 889.97
12	31			本月合计	6 075.56	13 265.53	贷	158 889.97

表 8 – 56　　总　分　类　账

会计科目：本年利润　　单位：元

2018 年		凭证		摘要	借方	贷方	借或贷	余额
月	日	字	号					
12	1			期初余额			贷	
12	31	科汇	3	21—31 日发生额	150 000.00	150 000.00	贷	
12	31			本月合计	150 000.00	150 000.00	贷	

表 8 – 57　　总　分　类　账

会计科目：生产成本　　单位：元

2018 年		凭证		摘要	借方	贷方	借或贷	余额
月	日	字	号					
12	1			期初余额			借	
12	10	科汇	1	1—10 日发生额	124 500.00		借	124 500.00
12	31	科汇	3	21—31 日发生额	59 700.00	184 200.00	平	
12	31			本月合计	184 200.00	184 200.00	平	

表 8 – 58　　总　分　类　账

会计科目：制造费用　　单位：元

2018 年		凭证		摘要	借方	贷方	借或贷	余额
月	日	字	号					
12	10	科汇	1	1—10 日发生额	6 400.00		借	6 400.00
12	20	科汇	2	11—20 日发生额	100.00		借	6 500.00
12	31	科汇	3	21—31 日发生额	18 200.00	24 700.00	平	
12	31			本月合计	24 700.00	24 700.00	平	

表 8 – 59　　总　分　类　账

会计科目：管理费用　　单位：元

2018 年		凭证		摘要	借方	贷方	借或贷	余额
月	日	字	号					
12	10	科汇	1	1—10 日发生额	5 500.00		借	5 500.00
12	20	科汇	2	11—20 日发生额	300.00		借	5 800.00
12	31	科汇	3	21—31 日发生额	8 800.00	14 600.00	平	
12	31			本月合计	14 600.00	14 600.00	平	

表 8－60　　总　分　类　账

会计科目：税金及附加　　单位：元

2018年		凭证		摘要	借方	贷方	借或贷	余额
月	日	字	号					
12	31	科汇	3	21—31日发生额	1 360.00	1 360.00	平	
12	31			本月合计	1 360.00	1 360.00	平	

表 8－61　　总　分　类　账

会计科目：主营业务成本　　单位：元

2018年		凭证		摘要	借方	贷方	借或贷	余额
月	日	字	号					
12	31	科汇	3	21—31日发生额	117 903.00	117 903.00	平	
12	31			本月合计	117 903.00	117 903.00	平	

表 8－62　　总　分　类　账

会计科目：销售费用　　单位：元

2018年		凭证		摘要	借方	贷方	借或贷	余额
月	日	字	号					
12	20	科汇	2	11—20日发生额	1 500.00		借	1 500.00
12	31	科汇	3	21—31日发生额		1 500.00	平	
12	31			本月合计	1 500.00	1 500.00	平	

表 8－63　　总　分　类　账

会计科目：所得税费用　　单位：元

2018年		凭证		摘要	借方	贷方	借或贷	余额
月	日	字	号					
12	31	科汇	3	21—31日发生额	3 409.25	3 409.25	平	
12	31			本月合计	3 409.25	3 409.25	平	

表 8－64　　总　分　类　账

会计科目：营业外支出　　单位：元

2018年		凭证		摘要	借方	贷方	借或贷	余额
月	日	字	号					
12	20	科汇	2	11—20日发生额	1 000.00		借	1 000.00
12	31	科汇	3	21—31日发生额		1 000.00	平	
12	31			本月合计	1 000.00	1 000.00	平	

表 8－65　　总　分　类　账

会计科目：主营业务收入　　单位：元

2018年		凭证		摘要	借方	贷方	借或贷	余额
月	日	字	号					
12	20	科汇	2	11—20日发生额		150 000.00	贷	150 000.00
12	31	科汇	3	21—31日发生额	150 000.00		平	
12	31			本月合计	150 000.00	150 000.00	平	

（7）将总分类账与日记账、明细账核对。

如现金与银行存款日记账的余额分别是：2 000 元、121 800 元（如表 8－34 现金日记账、表 8－35 银行存款日记账）。

现金与银行存款总分类账的余额分别是：2 000 元、121 800 元（如表 8－39 现金总分类账、表 8－40 银行存款总分类账）。这说明总账与明细账是相符的，其他的类推。

（8）根据总分类账与明细账编制财务会计报表。

资产负债表报表项目的取数，可根据总分类账的余额值填入。

①将总分类账的期末余额直接填入资产负债表或利润表中，如其他应收款如表 8－42 期末余额 1 300 元、应付账款如表 8－49 期末余额 136 200 元、应付利润如表 8－52 期末余额 2 015 元。

②将总分类账的期末余额相加或相减并分析后填入资产负债表或利润表中，如货币资金见表 8－39 期末余额 2 000 元、银行存款见表 8－40 期末余额 121 800 元，两者相加后为 123 800 元；同理存货是将原材料、库存商品的期末余额相加作为资产负债表中存货期末数据。

根据上述总分类账经整理后，编制资产负债表、利润表如表 8－66、表 8－67 所示：

（9）资产负债表与利润及利润分配表的勾稽关系。可供分配利润 = 本年净利润 10 227.75 + 年初净利润 151 700 = 161 927.75，期末未分配利润 = 可供分配利润 161 927.75 － 盈余公积 1 022.78 － 应付利润 2 015 = 158 889.97 元。期末未分配利润就是资产负债表未分配利润的期末数据。

表 8－66　　**资 产 负 债 表**

会企 01 表

编制单位：安信建筑模板有限公司　　2018 年 12 月 31 日　　单位：元

资　产	期末余额	期初余额	负债及所有者权益	期末余额	期初余额
流动资产：			流动负债		
货币资金	123 800.00	103 000.00	短期借款	30 000.00	30 000.00
交易性金融资产			交易性金融负债		
应收票据			应付票据		
应收账款	89 600.00	20 000.00	应付账款	136 200.00	85 800.00
待摊费用			预收利息		
应收利息			应付职工薪酬		
应收股利			应交税费	18 369.25	
其他应收款	1 300.00	1 000.00	应付利息		
存货	197 297.00	187 000.00	应付股利（利润）	2 015.00	
一年到期的非流动资产			其他应付款	7 000	
其他流动资产			一年到期的非流动资产		
流动资产合计	411 997.00	311 000.00	其他流动负债		
非流动资产：			流动负债合计	193 584.25	115 800.00
可供出售金融资产			非流动负债：		

续表

资　　产	期末余额	期初余额	负债及所有者权益	期末余额	期初余额
持有至到期投资			长期借款		
长期应收款			应付债券		
长期股权投资			长期应付款		
投资性房地产			专项应付款		
固定资产	3 079 000.00	3 094 000.00	预计负债		
在建工程			递延所得税负债		
工程物资			其他非流动负债		
固定资产清理			非流动负债合计		
生产性生物资产			负债合计	193 584.25	115 800.00
油气资产			所有者权益		
无形资产			实收资本	3 000 000.00	3 000 000.00
开发支出			资本公积		
商誉			减：库存股		
			其他综合收益		
长期待摊费用			盈余公积	138 522.78	137 500.00
递延所得税资产			未分配利润	158 889.97	151 700.00
其他非流动资产			所有者权益合计	3 297 412.75	3 289 200.00
非流动资产合计	3 079 000.00	3 094 000.00			
资产总计	3 490 997.00	3 405 000.00	负债及所有者权益合计	3 490 997.00	3 405 000.00

表 8－67　　　　**利　润　表**

会企 02 表

编制单位：安信建筑模板有限公司　　　　2018 年 12 月　　　　单位：元

项目名称	本月数	本年累计数
一、营业收入	150 000.00	
减：营业成本	117 903.00	
税金及附加	1 360.00	
销售费用	1 500.00	
管理费用	14 600.00	
财务费用		
资产减值损失		
加：公允价值变动收益		
投资收益		
二、营业利润	14 637.00	
加：营业外收入		
减：营业外支出	1 000.00	
其中：非流动资产处置损失		

续表

项目名称	本月数	本年累计数
三、利润总额	13 637.00	
减：所得税费用	3 409.25	
四、净利润	10 227.75	
五、其他综合收益的税后净额		
六、综合收益总额		
七、每股收益：		
（一）基本每股收益		
（二）稀释每股收益		

思考与练习

一、单项选择题

1. 采用科目汇总表账务处理程序，（　　）是其登记总账的直接依据。

A. 汇总记账凭证　　B. 科目汇总表

C. 记账凭证　　D. 原始凭证

2. 常见的三种账务处理程序中会计报表是根据（　　）资料编制的。

A. 日记账、总账和明细账　　B. 日记账和明细分类账

C. 明细账和总分类账　　D. 日记账和总分类账

3. 以下项目中，属于科目汇总表账务处理程序缺点的是（　　）。

A. 增加了会计核算的账务处理程序　　B. 增加了登记总分类账的工作量

C. 不便于检查核对账目　　D. 不便于进行试算平衡

4. 在各种不同账务处理程序中，不能作为登记总账依据的是（　　）。

A. 记账凭证　　B. 汇总记账凭证

C. 汇总原始凭证　　D. 科目汇总表

5. 科目汇总表是依据（　　）编制的。

A. 记账凭证　　B. 原始凭证

C. 原始凭证汇总表　　D. 各种总账

6. 下列属于记账凭证账务处理程序优点的是（　　）。

A. 总分类账反映经济业务较详细　　B. 减轻了登记总分类账的工作量

C. 有利于会计核算的日常分工　　D. 便于核对账目和进行试算平衡

7. 汇总记账凭证是依据（　　）编制的。

A. 记账凭证　　B. 原始凭证

C. 原始凭证汇总表　　D. 各种总账

8. （　　）账务处理程序是最基本的一种账务处理程序。

A. 日记总账　　B. 汇总记账凭证

C. 科目汇总表　　D. 记账凭证

9. 下列属于记账凭证核算程序主要缺点的是（　　）。
A. 不能体现账户的对应关系　　B. 不便于会计合理分工
C. 方法不易掌握　　D. 登记总账的工作量较大
10. 汇总记账凭证账务处理程序与科目汇总表账务处理程序的相同点是（　　）。
A. 登记总账的依据相同　　B. 记账凭证的汇总方法相同
C. 保持了账户间的对应关系　　D. 简化了登记总分类账的工作量
11. 关于记账凭证账务处理程序，下列说法不正确的是（　　）。
A. 根据记账凭证逐笔登记总分类账，是最基本的账务处理程序
B. 简单明了，易于理解，总分类账可以较详细地反映经济业务的发生情况
C. 登记总分类账的工作量较大
D. 适用于规模较大、经济业务量较多的单位
12. 规模较小、业务量较少的单位适用（　　）。
A. 记账凭证账务处理程序　　B. 汇总记账凭证账务处理程序
C. 多栏式日记账账务处理程序　　D. 科目汇总表账务处理程序
13. 下列不属于科目汇总表账务处理程序优点的是（　　）。
A. 科目汇总表的编制和使用较为简便，易学易做
B. 可以清晰地反映科目之间的对应关系
C. 可以大大减少登记总分类账的工作量
D. 科目汇总表可以起到试算平衡的作用，保证总账登记的正确性
14. 各种账务处理程序之间的区别在于（　　）。
A. 总账的格式不同　　B. 编制会计报表的依据不同
C. 登记总账的程序和方法不同　　D. 会计凭证的种类不同
15. 在科目汇总表账务处理程序下，一般应采用（　　）账凭证。
A. 一借多贷　　B. 多借多贷
C. 一贷一借　　D. 一贷多借

二、多项选择题

1. 对于汇总记账凭证账务处理程序，下列说法错误的有（　　）。
A. 登记总账的工作量大
B. 不能体现账户之间的对应关系
C. 明细账与总账无法核对
D. 当转账凭证较多时，汇总转账凭证的编制工作量较大
2. 各种会计账务处理程序下，登记明细账的依据可能有（　　）。
A. 原始凭证　　B. 汇总原始凭证
C. 记账凭证　　D. 汇总记账凭证
3. 下列不属于科目汇总表账务处理程序优点的有（　　）。
A. 便于反映各账户间的对应关系　　B. 便于进行试算平衡
C. 便于检查核对账目　　D. 简化登记总账的工作量
4. 下列项目中，属于科学、合理地选择适用于本单位的账务处理程序的意义有

（　　）。

A. 有利于会计工作程序的规范化　　B. 有利于增强会计信息可靠性

C. 有利于提高会计信息的质量　　D. 有利于保证会计信息的及时性

5. 在我国，常用的账务处理程序主要有（　　）。

A. 记账凭证账务处理程序　　B. 汇总记账凭证账务处理程序

C. 多栏式日记账账务处理程序　　D. 科目汇总表账务处理程序

6. 以下属于记账凭证账务处理程序优点的有（　　）。

A. 简单明了、易于理解

B. 总分类账可较详细地记录经济业务发生情况

C. 便于进行会计科目的试算平衡

D. 减轻了登记总分类账的工作量

7. 在常见的账务处理程序中，共同的账务处理工作有（　　）。

A. 均应填制和取得原始凭证　　B. 均应编制记账凭证

C. 均应填制汇总记账凭证　　D. 均应设置和登记总账

8. 在不同的会计核算组织程序下，登记总账的依据可以有（　　）。

A. 记账凭证　　B. 汇总记账凭证

C. 科目汇总表　　D. 汇总原始凭证

9. 账务处理程序也叫会计核算程序，它是指（　　）。

A. 会计凭证　　B. 会计账簿

C. 会计报表　　D. 会计科目

10. 各种账务处理程序的相同之处是（　　）。

A. 根据原始凭证编制汇总原始凭证

B. 根据原始凭证和记账凭证登记明细账

C. 根据收款凭证和付款凭证登记现金、银行存款日记账

D. 根据总账和明细账编制会计报表

11. 关于记账凭证账务处理程序，下列说法正确的是（　　）。

A. 根据记账凭证逐笔登记总分类账，是最基本的账务处理程序

B. 简单明了，易于理解，总分类账可以较详细地反映经济业务的发生情况

C. 登记总分类账的工作量较大

D. 适用于规模较大、经济业务量较多的单位

12. 以记账凭证为依据，按有关账户的贷方设置，按借方账户归类的有（　　）。

A. 汇总收款凭证　　B. 汇总转账凭证

C. 汇总付款凭证　　D. 科目汇总表

三、判断题

1. 汇总记账凭证账务处理程序既能保持账户的对应关系，又能减轻登记总分类账的工作量。（　　）

2. 科目汇总表不仅可以起到试算平衡的作用，还可以反映账户之间的对应关系。（　　）

3. 汇总记账凭证账务处理程序的缺点在于保持账户之间的对应关系。 （ ）

4. 记账凭证账务处理程序的特点是直接根据记账凭证逐笔登记总分类账，是最基本的账务处理程序。 （ ）

5. 库存现金日记账和银行存款日记账不论在何种账务处理程序下，都是根据收款凭证和付款凭证逐日逐笔顺序登记的。 （ ）

6. 科目汇总表账务处理程序能科学地反映账户的对应关系，且便于账目核对。 （ ）

7. 汇总记账凭证账务处理程序和科目汇总表账务处理程序都适用于经济业务较多的单位。 （ ）

8. 科目汇总表可以每汇总一次编制一张，也可以按旬汇总一次，每月编制一张。 （ ）

9. 在不同的账务处理程序中，登记总账的依据相同。 （ ）

10. 科目汇总表账务处理程序不能反映各科目的对应关系，不便于查对账目，但汇总记账凭证账务处理程序可以克服科目汇总表账务处理程序的这个缺点。 （ ）

11. 记账凭证账务处理程序的特点是直接根据记账凭证逐笔登记总分类账，是最基本的账务处理程序。 （ ）

项目九

工作过程演练

学习情境载体：

纳税类型

会计工作过程：

填制原始凭证、填制记账凭证、登记明细账（T型账）、登记总账（汇总科目余额）、编制报表。

学习情境内容：

小规模纳税人账务处理、一般纳税人简易增值税账务处理、一般纳税人账务处理。

任务一

小规模纳税人缴纳增值税

学习情境：海明大米加工厂是由两位股东出资成立的，加工厂当月投资、当月投产，员工3人，新建钢结构厂房。大米厂加工的运作过程是：公司吸收投资、借入款项、购买设备、装修厂房、购入稻谷、生产加工、包装出售，收回资金。该大米加工厂年销售额在50万元以下，纳税类型为小规模纳税人，增值税征收率3%，免征企业所得税。

能力要求：编制收款、付款、转账凭证，编制有期初、期末格式的T形账户，编制试算平衡表、利润表，不要求结转本年利润科目。

2018年10月31日银行存款余额30 000元、固定资产余额50 000元、实收资本余额80 000元。

2018年11月发生如下经济业务。

一、业务工作过程

（一）填制原始凭证

2018年11月2日向朝阳机械厂购买设备一台价款10 000元，增值税1 600元（最新制造业增值税率为16%），小规模纳税人的增值税计入固定资产原值，海明大米厂银行存款支付合计11 600元，支付银行为：中国工商银行南宁城北分行，账号为工行20180008。填写转账支票原始凭证（见表9－1）。

表9－1　　**转账支票**

<table>
<tr>
<td rowspan="6">中国工商银行
转账支票存根
IX II 01232150
科　目________
对方科目________
出票日期　　年　月　日

收款人：
金额：
用途：

单位主管　　　会计</td>
<td colspan="12">中国工商银行　转账支票　　IX II 01232150
出票日期（大写）　　年　　月　　日　付款行名称：
收款人：　　　　　　　　　　　　　　出票人账号：</td>
</tr>
<tr>
<td rowspan="2">人民币
（大写）</td><td>亿</td><td>千</td><td>百</td><td>十</td><td>万</td><td>千</td><td>百</td><td>十</td><td>元</td><td>角</td><td>分</td>
</tr>
<tr>
<td></td><td></td><td></td><td></td><td></td><td></td><td></td><td></td><td></td><td></td><td></td>
</tr>
<tr>
<td colspan="12">用途________
上列款项请从
我账户内支付
出票人签章　　　　　　　　出纳　　　复核　　　记账</td>
</tr>
</table>

（二）编制记账凭证（含收款凭证、付款凭证、转账凭证）

选择有代表性的收款凭证、付款凭证、转账凭证填制在书上，另外领用真实的记账凭证填制所有经济业务到纸质的凭证。

（1）11月3日，收到股东唐明20 000元股本金，存入银行，请编制表9－2的收款凭证。

表9－2　　　　　　　　　　**收　款　凭　证**

借方科目：　　　　　　　　　　年　月　日　　　　　　　　　　收字第　号

摘要	贷方科目		记账	金额									
	总账科目	明细科目		千	百	十	万	千	百	十	元	角	分
合计													

附件　张

财务主管：　　　　记账：　　　　出纳：　　　　审核：　　　　制单：

（2）11月4日，从中国建设银行获取短期贷款15 000元，已存入银行。

（3）11月5日，预收南星食品公司货款10 000元，已存入银行。

（4）11月7日，用银行存款支付行政部办公费用500元，编制表9－3的付款凭证。

表9－3　　　　　　　　　　**付　款　凭　证**

贷方科目：　　　　　　　　　　年　月　日　　　　　　　　　　付字第　号

摘要	借方科目		记账	金额									
	总账科目	明细科目		千	百	十	万	千	百	十	元	角	分
合计													

附件　张

财务主管：　　　　记账：　　　　出纳：　　　　审核：　　　　制单：

（5）11月8日，采购稻谷4吨（已入库），单价3 200元/吨，银行存款支出12 800元，海明大米加工厂是小规模纳税人，不考虑进项税。

（6）11月25日，本月累计领取稻谷4吨，12 800元用于加工大米，请填表9－4转账凭证。

表 9－4　　　　转 账 凭 证

年　月　日　　　　转字第　号

摘要	总账科目	明细科目	记账	金额										金额										
				千	百	十	万	千	百	十	元	角	分	千	百	十	万	千	百	十	元	角	分	附件
																								张
合计																								

财务主管：　　记账：　　出纳：　　审核：　　制单：李芳

（7）11 月 25 日，本月稻谷加工后实得大米 3.2 吨，全部销售给南星食品公司，不含税价款 19 840 元，增值税率为 3%，其销项税额为 595.2 元，价税合计 20 435.2 元，要求用预收账款法确认收入。

（8）11 月 30 日，收到南星食品公司货款余款 10 435.2 元，已存入银行。

（9）11 月 30 日，银行存款支付车间水电费用 1 100 元。

（10）11 月 30 日，月底计提行政人员工资 1 800 元、生产工人工资 700，车间管理人员工资 800 元。

（11）11 月 30 日，月底计提车间折旧费用 200 元。

（12）11 月 30 日，计提银行贷款利息 80 元。

（13）计算本月的应交增值税（销项税）。

（14）结转制造费用到生产成本。

（15）结转生产成本到库存商品。

（16）结转库存商品到主营业务成本。

（三）根据收款、付款、转账凭证编制 T 型账户（表 9－5）

表 9－5　　　　科目 T 型账户

银行存款	
期初	
期末	

固定资产	
期初	
期末	

累计折旧	
	期初
	期末

原材料	
期初	
期末	

生产成本	
期初	
期末	

应收账款	
期初	
期末	

制造费用	
期初	
期末	

财务费用	
期初	
期末	

管理费用	
期初	
期末	

主营业务收入	
	期初
	期末

应交税费	
	期初
	期末

实收资本	
	期初
	期末

应付职工薪酬	
	期初
	期末

预收账款	
	期初
	期末

应付利息	
	期初
	期末

短期借款	
	期初
	期末

（四）编制科目试算平衡表（表9－6）

表9－6　科目试算平衡表

单位：

科目名称	期初余额		本期发生额		期末余额	
	借方	贷方	借方	贷方	借方	贷方
库存现金						
银行存款						
应收账款						
其他应收款						
原材料						
固定资产						
累计折旧						
库存商品						
短期借款						
应付利息						
长期借款						
应付利润						

续表

科目名称	期初余额		本期发生额		期末余额	
	借方	贷方	借方	贷方	借方	贷方
应付账款						
其他应付款						
应交税费						
应付职工薪酬						
实收资本						
本年利润						
制造费用						
生产成本						
主营业务收入						
营业外收入						
主营业务成本						
管理费用						
财务费用						
销售费用						
营业外支出						
税金及附加						
所得税费用						
盈余公积						
利润分配						
预收账款						
合计						

（二）根据科目试算平衡表，编制利润表（表9－7）

表9－7　　**利润表**

编制单位：　　年　月　　单位：元

项目名称	本期金额	上期金额
一、营业收入		
减：营业成本		
税金及附加		
销售费用		
管理费用		
财务费用		
资产减值损失		
公允价值变动收益		
投资收益		
二、营业利润		
加：营业外收入		

续表

项目名称	本期金额	上期金额
减：营业外支出		
其中：非流动资产处置损失		
三、利润总额		
减：所得税		
四、净利润		
五、其他综合收益的税后净额		
六、综合收益总额		
七、每股收益		
（一）基本每股收益		
（二）稀释每股收益		

任务解释

（1）教师要求学生事先准备空白转账支票、收款凭证、付款凭证、转账凭证、科目汇总表、科目试算平衡表、利润表等纸质材料，教师手把手教会学生制作以下凭证，分录如表9－8所示。

表9－8

经济业务	凭证号	科目	借	贷
（1）	银付1	借：固定资产	11 600.00	
		贷：银行存款		11 600.00
（2）	银收1	借：银行存款	20 000.00	
		贷：实收资本		20 000.00
（3）	银收2	借：银行存款	15 000.00	
		贷：短期借款		15 000.00
（4）	银收3	借：银行存款	10 000.00	
		贷：预收账款——南星公司		10 000.00
（5）	银付2	借：管理费用	500.00	
		贷：银行存款		500.00
（6）	银付3	借：原材料——稻谷	12 800.00	
		贷：银行存款		12 800.00
（7）	转1	借：生产成本——直接材料	12 800.00	
		贷：原材料		12 800.00
（8）	转2	借：预收账款——南星公司	20 435.20	
		贷：主营业务收入		19 840.00
		应交税费应交增值税（销项税）		595.2
（9）	银收4	借：银行存款	10 435.20	
		贷：预收账款——南星公司		10 435.20

续表

经济业务	凭证号	科目	借	贷
(10)	银付4	借：制造费用	1 100.00	
		贷：银行存款		1 100.00
(11)	转3	借：管理费用	1 800.00	
		生产成本	700.00	
		制造费用	800.00	
		贷：应付职工薪酬		3 300.00
(12)	转4	借：制造费用	200.00	
		贷：累计折旧		200.00
(13)	转5	借：财务费用	80.00	
		贷：应付利息		80.00
(14)		(1) 计算应交纳的增值税税额 19 840 × 0.03 = 595.2		
(15)	转6	结转制造费用到生产成本 借：生产成本 贷：制造费用	2 100.00	2 100.00
(16)	转7	稻米入库成本 直接材料 + 工资 + 制造费用 = 12 800 + 700 + 2 100 = 15 600 借：库存商品（大米） 贷：生产成本	15 600.00	15 600.00
(17)	转8	结转库存商品到主营业务成本 借：主营业务成本 贷：库存商品（大米）	15 600.00	15 600.00
		合计	151 550.40	151 550.40

(2) 根据上述凭证逐一登记T型账户，如表9－9所示。

表9－9　　T型账户

银行存款

借方		贷方	
期初	30 000		
(2)	20 000	(1)	11 600
(3)	15 000	(5)	500
(4)	10 000	(6)	12 800
(9)	10 435.2	(10)	1 100
本期	55 435.2		26 000
期末	59 435.2		

固定资产

借方		贷方
期初	50 000	
(1)	11 600	
本期	11 600	
期末	61 600	

累计折旧

期初	
	（12）　200
	本期　200
	期末　200

原材料

期初	
（6）　12 800	（7）　12 800
本期　12 800	12 800
期末　0	

生产成本（大米）

期初	
（7）　12 800	（15）　15 600
（11）　700	
（15）　2 100	
本期　15 600	本期　15 600
期末　0	

应收账款

期末　0	

制造费用

期初	
（10）　1 100	（15）　2 100
（11）　800	
（12）　200	
本期　2 100	本期　2 100
期末　0	

财务费用

期初	
（13）　80	
本期　80	
期末　80	

管理费用

期初	
（5）　500	
（10）　1 800	
本期　2 300	
期末　2 300	

主营业务收入

	期初
	（8）　19 840
	本期　19 840
	期末　19 840

应交税费

	期初
	（8）　595.2
	本期　595.2
	期末　595.2

实收资本

	期初　80 000
	（1）　20 000
	本期　20 000
	期末　100 000

应付职工薪酬	
	期初
	（10）　3 300
	本期　3 300
	期末　3 300

预收账款	
	期初
（8）　20 435.2	（4）　10 000
	（9）　10 435
本期　20 435.2	本期　20 435
	期末　0

应付利息	
	期初
	（13）　80
	期末　80

短期借款	
	期初
	（3）　15 000
	本期　15 000
	期末　15 000

库存商品	
期初	
（16）　15 600	（17）　15 600
本期　15 600	15 600
	期末　0

主营业务成本	
期初	
（17）　15 600	
本期　15 600	
期末　15 600	

（3）根据T型账户的期初、本期、期末余额编制科目试算平衡表，如表9－10所示。

表9－10　　科目试算平衡表

科目名称	期初余额		本期发生额		期末余额	
	借方	贷方	借方	贷方	借方	贷方
库存现金						
银行存款	30 000.00		55 435.20	26 000.00	59 335.20	
应收账款						
其他应收款						
原材料			12 800.00	12 800.00		
固定资产	50 000.00		11 600.00		61 600.00	
累计折旧				200.00	－200.00	
库存商品			15 600.00	15 600.00		
短期借款				15 000.00		15 000.00

续表

科目名称	期初余额		本期发生额		期末余额	
	借方	贷方	借方	贷方	借方	贷方
应付利息				80.00		80.00
长期借款						
应付利润						
应付账款						
其他应付款						
应交税费				595.20		595.20
应付职工薪酬				3 300.00		3 300.00
实收资本		80 000.00		20 000.00		100 000.00
本年利润						
制造费用			2 100.00	2 100.00		
生产成本			15 600.00	15 600.00		
主营业务收入				19 840.00		19 840.00
营业外收入						
主营业务成本			15 600.00		15 600.00	
管理费用			2 300.00		2 300.00	
财务费用			80.00		80.00	
销售费用						
营业外支出						
税金及附加						
所得税费用						
盈余公积						
利润分配						
预收账款			20 435.20	20 435.20		
合计	80 000.00	80 000.00	151 550.40	151 550.40	138 815.20	138 815.20

（4）根据试算平衡表编制利润表，如表 9－11 所示。

表 9－11　　　　利润表

项目名称	本期金额	上期金额
一、营业收入	19 840.00	
减：营业成本	15 600.00	
税金及附加		
销售费用		
管理费用	2 300.00	
财务费用	80.00	

续表

项目名称	本期金额	上期金额
资产减值损失		
公允价值变动收益		
投资收益		
二、营业利润	1 860.00	
加：营业外收入		
减：营业外支出		
其中：非流动资产处置损失		
三、利润总额	1 860.00	
减：所得税		
四、净利润	1 860.00	
五、其他综合收益的税后净额		
六、综合收益总额		
七、每股收益		
（一）基本每股收益		
（二）稀释每股收益		

课堂要求

（1）教师与学生在课堂上共同完成这份答案，学生将相关答案填写在样表中，体会学中做，做中学。

（2）学生学习完任务一后，教师布置一份相同难度的作业，要求学生能够独立完成。

任务二

增值税一般纳税人选择简易办法计算缴纳增值税

学习情境：盛明混凝土有限公司是由两位股东于2018年9月出资成立的，12月份正式生产混凝土。公司员工60人，公司部门分成行政部、销售部、制造部、试验室。主要产品为C25混凝土、C30混凝土。

公司为增值税一般纳税人，选择简易办法计算缴纳增值税，国家规定商品混凝土的增值税税率为3%。按简易办法计算增值税；进项税不予抵扣。公司主要交纳增值税、按主税的7%缴纳城建税，3%缴纳教育附加费用。混凝土资金运转过程是：公司吸收投资、借入款项、购买设备、购入原材料、生产加工、产品出售，收回资金。

能力要求：掌握最基本的会计账务处理，掌握增值税一般纳税人，选择简易办法计算缴纳增值税，正确编制通用记账凭证、掌握划线更正法、红字更正法、补充登记法，资产盘盈亏的处理，掌握汇总科目试算余额表、熟练编制利润表。

盛明混凝土有限公司11月30日各科目余额资料如表9－12所示。

表9－12　　盛明混凝土有限公司各科目余额资料　　单位：元

资产	期末余额	期初余额	负债及所有者权益	期末余额	期初余额
库存现金	8 000.00		短期借款	9 000 000.00	
银行存款	13 992 000.00		应付账款	4 846 000.00	
其他应收款	2 000.00		其他应付款	1 800.00	
原材料	4 846 000.00		实收资本	20 000 000.00	
固定资产	14 999 800.00				
合计	33 847 800.00			33 847 800.00	

2018年12月份，盛明混凝土有限公司主要经济业务如下：

一、业务工作过程

（一）填制原始凭证

该原始凭证包括：（1）业务记账凭证的原始资料。12月1日，李明报销差旅费用7 200元，费用构成是住宿费用4 000元，南宁至桂林往返飞机票1 200元，培训费用1 800元。途中补助费用200元。填写差旅费用报销单，见表9－13。

表9－13　　差旅费报销单

姓名______ 职级别______ 填报：　年　月　日
出差事由____________ 记账：　年　月　日

总字第　号　字第　号	账页	记账

日期						地点		车船费		宿费	途中补助费		住勤费			其他	合计金额							备注
起			讫																					
月	日	时	月	日	时	起	讫	类别	金额		天数	金额	地点	天数	金额		万	千	百	十	元	角	分	
以上单据共　张　总计金额（大写）																								
预借款：　报销费用：　补付款：　收现款：																								

附单据　张

单位领导：　会计：　分录：　审核：　出差人：

（二）编制通用记账凭证

（1）12月1日，销售部人员李明桂林报销差旅费用7 200元。出纳现金支付5 200元，另2 000元冲李明期初借款，报销单据见差旅费用原始单据。（注：差旅发票不符合进项税抵扣条件）。

（2）12月2日，向建设银行借入15个月长期借款300万元，款项已存入银行。

（3）12月3日，用银行存款购入汽车混凝土泵车一辆价格200万元，增值税款32

万元，车辆入户支出8万元。

（4）12月4日，出纳从银行提现8 000元，用于当天日常支出已到账。

（5）12月5日，购进生产用的材料，材料已入库，相关税费如表9－14所示，款项没有支付 。按规定，根据简易办法纳税，增值税款不得抵扣，增值税计入材料成本。

表9－14 购进材料价格及税款表

材料名称	含税单价（元/吨）	税率	不含单价（元/吨）	本期购进			
				进料量（吨）	进料额（元）	增值税款（元）	价税合计（元）
海螺水泥	400	16%	344.8276	3 000.00	1 034 482.76	16 5517.24	1 200 000.00
明阳碎石	55	3%	53.3981	15 000.00	800 970.87	24 029.13	825 000.00
南星中砂	60	3%	58.2824	9 000.00	524 271.84	15 728.16	540 000.00
明威减水剂	2 800	16%	2413.7931	70.00	168 965.52	27 034.48	196 000.00
合计					2 528 690.99	232 309.01	2 761 000.00

（6）12月7日，用银行支付本月四笔应付账款，分别是海螺水泥货款200万元、明阳碎石货款70万元、南星中砂货款60万元、明威减水剂货款20万元。

（7）12月28日，本期生产部累计领用原材料，如表9－15所示，生产C25混凝土领用材料金额合计为474.50万元，生产C30混凝土领用材料金额合计为160.53万元。

表9－15 生产领料表

材料名称	单价（元/吨）①	C25产量20 000立方米			C30产量6 000立方米			合计（万元）
		配合比（吨/立方）②	总定额量 ③＝②×2	金额（万元）④＝①×③	配合比（吨/立方）⑤	总定额量 ⑥＝⑤×0.6	金额（万元）⑦＝①×⑥	
海螺水泥	400	0.280	5 600.00	224.00	0.350	2 100.00	84.00	308.00
明阳碎石	55	1.150	23 000.00	126.50	1.250	7 500.00	41.25	167.75
南星中砂	60	0.800	16 000.00	96.00	0.700	4 200.00	25.20	121.20
明威威减水剂	2 800	0.005	100.00	28.00	0.006	36.00	10.08	38.08
合计		2.235	44 700.00	474.50	2.235	13 836.00	160.53	635.03

（8）12月29日，计提人员工资如表9－16所示。

表9－16 人员工资表 单位：元

项目	人数	工资	职工福利及五险一金按38%计算	合计
行政部	6	18 000.00	6 840.00	24 840.00
销售部	3	12 000.00	4 560.00	16 560.00
产品直接人工C25	8	21 538.00	8 184.00	29 722.00
产品直接人工C30		6 462.00	2 456.00	8 918.00
制造部	40	116 000.00	44 080.00	160 080.00
试验室	9	27 000.00	10 260.00	37 260.00
合计	66	201 000.00	76 380.00	277 380.00

（9）12 月 29 日，资产设备月综合折旧率为 1%，计提费用分别为：行政部 28 000 元、销售部 5 000 元、制造部 110 000 元、试验室 6 000 元。

（10）12 月 30 日，用银行存款支付表 9－16 中的人员工资共计 277 380 元。

（11）12 月 30 日，本期考虑耗损因素，实际向中铁地王项目销售 C25 混凝土 19 950立方米，含税销售价格为 290 元/立方米。

销售 C30 混凝土 5 980 立方米、含税销售价格为 330 元/立方米，简易办法纳税的税率是 3%，请计算本月的销售额、应缴纳的增值税，款项还没收到。

（12）12 月 30 日，银行存款支付本月制造部电费 45 000 元、水费 7 000 元，修理用低值易耗品 38 000 元；管理部门业务招待费用 13 000 元，办公费用 2 000 元。支付环保部门罚款 1 500 元。

（13）12 月 30 日，本期盘点：水泥实存数量 1 270 吨，减水剂 55 吨；库存现金盘亏 150 元。如表 9－17 所示。请做盘盈，盘亏账务处理。

表 9－17　　实存账存对比表

编号	类别及名称	计量单位	单价（元）	实存①		账存②		差异				备注
								盘盈③		盘亏④		
				数量	金额（元）	数量	金额（元）	数量	金额（元）	数量	金额（元）	
1	水泥	吨	400.00	1 270	508 000.00	1 300	520 000.00			30	12 000.00	
2	减水剂	吨	2 800.00	55	154 000.00	54	151 200.00	1	2 800.00			
3	库存现金			2 650		2 800					150.00	

（14）查看制造费用 T 型账，汇总“制造费用－制造部”、“制造费用－试验室”，累计制造费用，并按 C25 混凝土 1 9950 立方米、C30 混凝土 5 980 立方米的实际产量分配制造费用，分配率保留 4 位小数。

表 9－18　　制造费用分配表

制造费用分配	产量（立方米）	分配率	分配金额（元）
C25 混凝土	19 950		
C30 混凝土	5 980		
合计	25 930		

（15）12 月 28 日，本期收到中铁地王项目混凝土货款 300 万元。

（16）12 月 30 日，支付银行利息 80 150 元。

（17）本月混凝土产品全部售出，无库存，计算 C25 混凝土、C30 混凝土的生产总成本及各标号单位成本；C25 混凝土、C30 混凝土入库到库存商品的转账凭证；库存商品结转到主营业务成本的转账凭证。

（18）12 月 30 日，按应交增值税销项税额减去进项税额的差额按 7% 计算应交城建税、按 3% 计算应交教育附加费。

（19）12月30日，按本年净利润的25%计提所得税费用。

（20）12月30日，结转本月主营业务收入到本年利润科目。

（21）12月30日，结转本月主营业务成本到本年利润科目。

（22）会计划线更正业务，经检查12月30日第16业务，支付利息凭证正确，但会计登记明细账时数字写错成80 510，请用划线更正法改成正确的金额80 150元，如表9－19所示。

表9－19　　**财务费用明细账**

2018年		凭证号	摘要	借方								贷方								余额							
月	日			十	万	千	百	十	元	角	分	十	万	千	百	十	元	角	分	十	万	千	百	十	元	角	分
12	30	转16	支付银行利息		8	0	5	1	0	0	0										8	0	5	1	0	0	0

（23）12月31日，结转本年净利润到利润分配－未分配利润科目。

（三）根据通用记账凭证编制T型账户，并结出本月期末数。

表9－20　　**科目T型账户**

银行存款		库存现金		固定资产	
期初		期初		期初	
期末		期末		期末	

应收账款－中铁地王		其他应收款		累计折旧	
期初		期初			
期末		期末		期末	

原材料		库存商品－C25		库存商品C30	
期初		期初		期初	
期末		期末		期末	

基本生产成本C25		基本生产成本C30		待处理财产损益	
期初		期初		期初	
期末		期末		期末	

制造费用

期初	
期末	

财务费用

期初	
期末	

营业外支出

期初	
期末	

销售费用

期初	
期末	

管理费用

期初	
期末	

营业税金及附加

期初	
期末	

主营业务成本 C25

期初	
期末	

主营业务成本 C30

期初	
期末	

所得税费用

期初	
期末	

期初	
期末	

期初	
期末	

期末	

短期借款

	期初
	期末

长期借款

	期初
	期末

应付职工薪酬

	期初
	期末

应付账款

	期初
	期末

应交税费

	期初
	期末

实收资本

	期初
	期末

营业外收入

	期初
	期末

主营业务收入 C25

	期初
	期末

主营业务收入 C30

	期初
	期末

本年利润

	期初		期初		期初
	期末		期末		期末

（四）编制科目试算平衡表（表9－21）

表9－21　　科目试算平衡表　　单位：元

科目名称	期初余额		本期发生额		期末余额	
	借方	贷方	借方	贷方	借方	贷方
库存现金						
银行存款						
应收账款						
其他应收款						
原材料						
在途物资						
库存商品						
固定资产						
累计折旧						
生产成本						
制造费用						
主营业务成本						
所得税费用						
税金及附加						
销售费用						
管理费用						
营业外支出						
短期借款						
应付账款						
其他应付款						
应交税费						
应付职工薪酬						
应付利润						
实收资本						
盈余公积						
本年利润						
利润分配						
主营业务收入						
长期借款						
待处理财产损益						
财务费用						
发出商品						
合计						

备注：期初余额借、贷方合计金额相等、同样本期发生额、期末余额的借、贷方合计金额相等。

二、编制报表

（一）编制资产负债表（表9-22）

表9-22　　资产负债表　　会企01表

编制单位：　　2018年12月31日　　单位：元

资产	期初余额	期末余额	负债及所有者权益	期初余额	期末余额
流动资产：			流动负债		
货币资金			短期借款		
应收账款			应付账款		
其他应收款			应付职工薪酬		
存货			应付利润		
待处理财产损益			其他应付款		
其他流动资产			应交税费		
流动资产合计			其他流动负债		
非流动资产：			流动负债合计		
可供出售金融资产			非流动负债：		
固定资产			长期借款		
生产性生物资产			负债合计		
油气资产			所有者权益		
无形资产			实收资本		
长期待摊费用			资本公积		
递延所得税资产			其他综合收益		
待处理财产损益			盈余公积		
其他非流动资产			未分配利润		
非流动资产合计			所有者权益合计		
资产总计			负债及所有者权益合计		

（二）编制利润表（表9-23）

表9-23　　利润表　　会企02表

编制单位：　　2018年12月31日　　单位：元

项目名称	本月数	本年累计数
一、营业收入		
减：营业成本		
税金及附加		
销售费用		
管理费用		
财务费用		
资产减值损失		
加：公允价值变动收益		
投资收益		

续表

项目名称	本月数	本年累计数
二、营业利润		
加：营业外收入		
减：营业外支出		
其中：非流动资产处置损失		
三、利润总额		
减：所得税费用		
四、净利润		
五、其他综合收益的税后净额		
六、综合收益总额		
七、每股收益：		
（一）基本每股收益		
（二）稀释每股收益		

任务三

增值税一般纳税人计算缴纳增值税

学习情境：明全板材有限公司生产家居用的夹心板，规格为12厘板和15厘板两个板材产品。公司员工20人，公司部门分为行政部、销售部、制造部、试验室。公司为增值税一般纳税人，主要交纳增值税，其中增值税销项税为16%，购进各种木材进项税为13%，按主税增值税的7%缴纳城建税，3%缴纳教育附加费用。

能力要求：掌握最基本的会计账务处理，掌握增值税一般纳税人计算缴纳增值税，正确编制通用记账凭证，掌握汇总科目试算余额表、掌握利润分配程序、熟练编制资产负债表、利润表。

明全板材有限公司2018年11月30日有关账户余额如表9－24所示。

表9－24　　明全板材有限公司有关账户余额

2018年11月30日　　单位：元

账户名称	借方金额	账户名称	贷方金额
库存现金	5 000.00	应付账款	124 300.00
银行存款	450 000.00	其他应付款	1 500.00
应收账款	260 000.00	应付职工薪酬	42 000.00
其他应收款（李明）	3 600.00	应付利息	1 500.00
原材料	133 200.00	应交税费	2 500.00
固定资产	2 800 000.00	短期借款	200 000.00
累计折旧	－280 000.00	实收资本	3 000 000.00
合　计	3 371 800.00	合　计	3 371 800.00

一、业务工作过程

（一）填制原始凭证

根据记账凭证业务（8）填写表 9－25 转账支票，12 月 11 日，公司收款金额 140 400元，转账基本信息如下：

付款人（出票人）：明园家居公司，开户行中国工商银行邕宁支行，账号 201810009。收款人：明全板材有限公司，开户行中国工商银行青秀支行，账号 202010005。转账支票如表 9－25 所示。

表 9－25　　工行转账支票

中国工商银行　**转账支票**　IX II 01232125

出票日期（大写）　年　月　日　付款行名称：

收款人：　出票人账号：

人民币（大写）		百	十	万	千	百	十	元	角	分

用途＿＿＿＿＿	科目（借）＿＿＿＿＿	支付密码
上列款项请从	对方科目（贷）＿＿＿＿＿	
我账户内支付	转账日期　年　月　日	
出票人签章	出纳　复核　记账	

填写 12 月 11 日中国工商银行进账单，收款金额 140 400 元，如表 9－26 所示。

表 9－26　　中国工商银行进账单（回单）

年　月　日　　第　号

付款人	全称		收款人	全称										
	账号			账号										
	开户银行			开户银行										
人民币（大写）					千	百	十	万	千	百	十	元	角	分
票据种类														
票据张数														

此联是收款人开户行交收款人收款通知

（二）填制记账凭证

（1）12 月 2 日，销售部门李明归还出差借款 3 600 元，出纳以现金收讫。

（2）12 月 3 日，向昌河木材公司购入实木 160 000 元，增值税为 20 800 元，用银行存款支付货款 100 000 元，其余货款及增值税暂欠。

（3）12 月 4 日，以现金支付上项材料装卸费 2 800 元。

（4）12 月 7 日，实木材料到货，验收部门验收入库。

（5）12月8日，从银行提取现金40 700元。

（6）12月9日，以现金42 000元发放上月计提的职工工资。

（7）12月10日，领用实木156 000元，其中12厘板领用82 000元，15厘板领用71 000元，车间修理用2 400元，工厂行政部门用600元。领用胶水、面板等辅助材料29 000元，其中12厘板领用15 000元，15厘板领用14 000元。

（8）12月11日，售给明园家居公司12厘板1 500张，不含税单价80元/张，价款120 000元，增值税率16%，增值税销项税19 200元，合计139 200元，款项存入银行。

（9）12月12日，以银行存款支付设备修理费1 200元。

（10）12月13日，以银行存款支付本月产品广告费1 600元（普通发票）。支付法律咨询费700元。

（11）12月16日，以银行存款支付工商管理罚款费用1 250元。

（12）12月22日，售给金山装饰公司15厘板1 200张，不含税单价105元/张，价款126 000元，增值税率16%，增值税销项税20 160元，合计146 160元，款项尚未收到。

（13）12月25日，以银行存款支付本月销售产品时的包装费1 700元。

（14）12月25日，银行存款支付上月应交增值税2 500元。支付上月利息费用1 500元。

（15）12月29日，分配本月供电公司电费9 000元，其中车间一般消耗8 000元，行政部耗用700元，销售部耗用300元。

（16）12月29日，计提本月职工工资58 200元，其中12厘板工人23 064元，15厘板工人18 636元，车间管理人员5 700元，厂部管理人员8 300元，销售人员2 500元。

（17）12月30日，计提本月固定资产折旧18 000元，其中车间12 000元，行政部5 000元，销售部1 000元。

（18）12月30日，计提本月短期借款利息1 650元。

（19）12月30日，根据12厘板、15厘板生产工时（12厘板280小时，15厘板220小时），按工时比例分配本月累计的制造费用。

（20）12月30日，本月投产的12厘板2 500张和15厘板1 600张全部完工，并验收入库，请计算两个产品入库单位成本。

（21）12月31日，计提本月税金及附加（按应交增值税7%计提城建税，3%计提教育附加费）。

（22）12月31日，本月销售12厘板1 500张、15厘板1 200张，结转本月销售产品成本。

（23）12月31日，按规定计提所得税费用（税率25%），并结转所得税费用。

（24）12月31日，将产品收入、成本及费用账户结转本年利润。

（25）12月31日，将本期净利润结转到利润分配－未分配利润科目。

（26）12月31日，按本月税后净利润的10%提取盈余公积。

（27）12月31日，经董事会同意，本年按净利润的20%分配利润。

（28）12月31日，结转利润分配明细科目到利润分配－未分配利润。

（三）编制科目试算平衡表

表 9-27　　科目试算平衡表　　单位：元

科目名称	期初余额		本期发生额		期末余额	
	借方	贷方	借方	贷方	借方	贷方
库存现金						
银行存款						
应收账款						
其他应收款						
原材料						
在途物资						
库存商品						
固定资产						
累计折旧						
生产成本						
制造费用						
主营业务成本						
所得税费用						
税金及附加						
销售费用						
管理费用						
营业外支出						
短期借款						
应付账款						
其他应付款						
应交税费						
应付职工薪酬						
应付利润						
实收资本						
盈余公积						
本年利润						
利润分配						
主营业务收入						
长期借款						
待处理财产损益						
财务费用						
发出商品						
应付利息						
合计						

备注：期初余额借、贷方合计金额相等、同样本期发生额、期末余额的借、贷方合计金额相等。

二、编制报表

（一）根据试算平衡表的期初、期末余额，编制资产负债表（表9－28）

表9－28 资产负债表

编制单位： 2018年12月31日 单位：元

资产	期初余额	期末余额	负债及所有者权益	期初余额	期末余额
流动资产：			流动负债		
货币资金			短期借款		
应收票据			应付账款		
应收账款			应付职工薪酬		
预付账款			应交税费		
其他应收款			应付利息		
存货			应付利润		
一年到期的非流动资产			其他应付款		
其他流动资产			一年到期的非流动资产		
流动资产合计			其他流动负债		
非流动资产：			流动负债合计		
可供出售金融资产			非流动负债：		
固定资产			预计负债		
在建工程			非流动负债合计		
生产性生物资产			负债合计		
油气资产			所有者权益		
无形资产			实收资本		
开发支出			资本公积		
长期待摊费用			其他综合收益		
递延所得税资产			盈余公积		
其他非流动资产			未分配利润		
非流动资产合计			所有者权益合计		
资产总计			负债及所有者权益合计		

（二）根据试算平衡表的损益类期末余额，编制利润表（表9－29）

表9－29 利润表

编制单位： 2018年12月31日 单位：元

项目名称	本月数	本年累计数
一、营业收入		
减：营业成本		
税金及附加		

续表

项目名称	本月数	本年累计数
销售费用		
管理费用		
财务费用		
资产减值损失		
加：公允价值变动损益		
投资收益		
二、营业利润		
加：营业外收入		
减：营业外支出		
其中：非流动资产处置损失		
三、利润总额		
减：所得税费用		
四、净利润		
五、其他综合收益的税后净额		
六、综合收益总额		
七、每股收益：		
（一）基本每股收益		
（二）稀释每股收益		

参考书目

[1] 李现宗．基础会计学［M］．第1版．北京：清华大学出版社，2012.
[2] 赵筠．基础会计［M］．第2版．大连：东北财经大学出版社，2011.
[3] 康萍．基础会计［M］．第1版．北京：中国水利水电出版社，2011.
[4] 李占国．基础会计学［M］．第2版．北京：高等教育出版社，2010.
[5] 任永平．基础会计学［M］．第2版．上海：立信出版社，2010.
[6] 陈国辉，迟旭升．基础会计［M］．第1版．大连：东北财经大学出版社，2012.
[7] 樊行健．基础会计［M］．第4版．北京：高等教育出版社，2012.
[8] 李海波．会计学原理［M］．第15版．上海：立信出版社，2011.
[9] 赵德武．会计学［M］．第5版．成都：西南财经大学出版社，2011.
[10] 陈立波．基础会计［M］．第1版．北京：北京理工大学出版社，2011.
[11] 姜大源．工作过程系统化课程的结构逻辑［J］．教育与职业，2017（13）：5-12.